大国大转型

中国经济转型与创新发展丛书

中国（海南）改革发展研究院组织编著

"十二五"国家重点图书出版规划项目

新常态下的
区域经济大变局

THE
GREAT CHANGE
OF
REGIONAL
ECONOMY
UNDER THE
NEW NORMAL

宋晓梧　武士国　许　欣◎著

ZHEJIANG UNIVERSITY PRESS
浙江大学出版社

图书在版编目（CIP）数据

新常态下的区域经济大变局／宋晓梧，武士国，许欣
著．—杭州：浙江大学出版社，2015.12（2016.10重印）
（大国大转型——中国经济转型与创新发展丛书）
ISBN 978-7-308-15250-1

Ⅰ.①新… Ⅱ.①宋…②武…③许… Ⅲ.①区域经
济发展－研究－中国 Ⅳ.①F127

中国版本图书馆 CIP 数据核字（2015）第 246262 号

新常态下的区域经济大变局

宋晓梧　武士国　许　欣　著

丛书策划	袁亚春　王长刚
责任编辑	曾　熙
责任校对	杨利军　於国娟
封面设计	卓义云天
出版发行	浙江大学出版社
	（杭州市天目山路 148 号　邮政编码 310007）
	（网址：http://www.zjupress.com）
排　　版	杭州中大图文设计有限公司
印　　刷	浙江印刷集团有限公司
开　　本	710mm×1000mm　1/16
印　　张	16.5
字　　数	200 千
版 印 次	2015 年 12 月第 1 版　2016 年 10 月第 2 次印刷
书　　号	ISBN 978-7-308-15250-1
定　　价	48.00 元

总　序

2020：经济转型升级的历史抉择

迟福林

13亿多人的大国，正处于"千年未有之变局"。变革、转型、创新，是这个时代的主旋律、主音符。在增长、转型、改革高度融合的新时代，"大转型"是决定中国命运的关键所在：不仅要在转型中全面清理传统体制遗留的"有毒资产"，而且要在转型中加快形成新的发展方式，释放新的发展动力。

"十三五"的中国"大转型"具有历史决定性。以经济转型为重点，社会转型、政府转型都处于承上启下、攻坚克难的关键时期。总的判断是，2020年是一个坎：化解短期增长压力的希望在2020；转变经济发展方式的关键在2020；实现全面小康、迈向高收入国家行列的关节点在2020。如果谋划好、把握好2020这个"中期"，就能奠定中长期公平可持续增长的坚实基础；如果错失2020"中期"这个重要历史机遇期，就会失去"大转型"的主动权，并带来多方面系统性的经济风险。

"十三五"实现经济转型升级的实质性突破，关键是把握和处理好"四个三"。首先,抓住三大趋势:一是从"中国制造"走向"中国智造"的工业转型升级大趋势;二是从规模城镇化走向人口城镇化的城镇化转型升级大趋势;三是从物质型消费走向服务型消费的消费结构升级大趋势。其次,应对三大挑战:一是在经济下行压力下,加大结构调整力度,实现结构改革的重大突破;二是应对全球新一轮科技革命,加快提升创新能力,实现"弯道超车";三是在改革上要"真改"、"实改"。当前,转型更加依赖于改革的全面突破,对改革的依赖性更强。没有制度结构的变革,转型寸步难行,增长也将面临巨大压力。再次,实现三大目标:一是在产业上,加快推进制造业服务化进程,形成服务业主导的产业结构;二是增长动力上,形成消费主导的经济增长新格局,消费引导投资,内需成为拉动经济增长的主要动力;三是对外开放上,形成以服务贸易为主的开放新格局,实现服务贸易规模倍增。最后,处理好三大关系:一是短期与中长期关系,做好2020"中期"这篇大文章,立足中期、化解短期、着眼长期;二是速度与结构关系,在保持7%左右增速的同时,加快结构调整的进度;三是政策与体制关系。在经济下行压力下,关键是在制度创新中形成政策优势。

近40年的改革开放,给我们留下许多宝贵的财富。最重要的一条就是:越是形势复杂,越是环境巨变,越需要坚定改革的决心不动摇,坚持转型的方向不动摇。这就需要对"大转型"进行大布局、大谋划,需要实现产业结构、城乡结构、区域结构、所有制结构、开放结构、行政权力结构等改革的重大突破,需要对绿色可持续发展、"互联网十"等发展趋势进行前瞻性的谋划,布好"先手棋"。

基于对"十三五"转型改革的判断,中国(海南)改革发展研究院与浙江大学出版社联合策划出版这套"大国大转型——中国经济转型与创新发展丛书"。丛书在把握战略性、前瞻性和学术性的基础上，注重可读性。我们期望，本套丛书能够对关注中国转型改革的读者有所启示，对促进"十三五"转型改革发挥积极作用。

本套丛书的作者大多是所在领域的知名专家学者。他们在繁忙的工作之余参加了丛书的撰写。作为丛书编委会主任，我首先对为丛书出版付出艰辛努力的顾问、编委会成员，以及作者和出版社的领导和编辑，表示衷心感谢！

本套丛书跨越多个领域，每本书代表的都是作者自己的研究结论和学术观点，丛书不追求观点的一致性。欢迎读者批评指正！

2015 年 9 月

前　言

中国区域发展战略的回顾与展望

人类历史演进至今,形成了许多领土广阔、人口众多的大国。各大国都面临着国内不同区域自然环境、资源禀赋、人口密度、经济发展以及民族分布的差异。如何在一个统一国家的内部,平衡不同区域发展水平,搞好区域布局与区域协调,保障不同区域居民都享有基本的国民待遇,从而增加国家的整体凝聚力,是大国治理中不可或缺的重要战略。中国面临的区域问题,与其他大国大致相同。需要注意的是,改革开放之后,与实行高度集中的计划经济时期相比,地方政府在经济发展上获得了很大的自主权,可以说目前的区域问题很大程度构建在中央政府与地方政府的关系之上,当一个区域规划覆盖了几个地方行政区划时,区域政策才更加显现出其区域性特征,而各类区域规划的实施,中央政府要主导,更关键的还是要地方落实。因此,论及区域发展战略,必然涉及中央与地方的关系。

现代中国是一个拥有 5000 年文明史、13 亿人口、56 个民族、960 万平方千米国土面积的大国。自秦朝建立统一的郡县制,2000 多年以来,中央与地方之间统分之争不断,但总体来说,统的时间长,分的时间短。辛亥革命推翻了腐朽的清政府,民国在军阀割据、外战内乱的局面中,始终未能真正统一中国,更无暇顾及区域发展问题。

1949年新中国建立,面对的是一个极其不均衡的区域发展格局。1948年,全国工业总产值77%以上集中在占国土面积不到12%的东部沿海狭长地带,而占国土面积68%的西北、西南广大地区的工业产值仅占全国的9%。这一局面是殖民地半殖民地经济的产物。1840年鸦片战争打开清政府的封闭之门后,世界列强主要从海上进入中国,东南沿海一带较先建立现代的外资工商业基础,并激发了相对独立的或半依附于外商的民族工商业。为了改变这一殖民地半殖民地时期形成的扭曲区域格局,新中国成立之后至改革开放前,国家总体上实行的是向内陆倾斜的区域发展战略。

新中国成立后近30年,中央坚持实施向内陆倾斜的区域发展战略,固然有受到马列主义学说中关于区域平衡发展论述的影响,更重要的原因是基于那个时代对国际形势的严峻评估。新中国成立不久,抗美援朝战争爆发,其后又经历援越抗美战争、对印度的自卫反击战争以及中苏珍宝岛事件,其间还要时刻警惕台湾当局反攻大陆。1965年,外交部部长陈毅元帅在记者招待会上大声疾呼:"如果美帝国主义决心要把侵略战争强加于我们,那就欢迎他们早点来,让印度反动派、美帝国主义者、日本军国主义者也跟他们一起来吧。""我等这一天,头发都等白了!"不了解那个时代的国际国内大背景,今天人们就很难理解"备战备荒"思想指导下的区域战略布局,也很难理解当年为什么那么多企业"进山、进洞",徒然成倍增加了生产成本。

"一五""二五"时期新建的工业企业,特别是国防工业企业,绝大多数布局在后方地区,正如毛泽东主席1956年发表的《论十大关系》中明确指出的:"沿海的工业基地必须充分利用,但是,为了平衡工业发展的布局,内地工业必须大力发展。"面对严峻的国际形势,1965年中共中央发出《关于加强备战工作的指示》,做出了"集中力量,抓紧时间,建设三线"的重大战略决策。需要说明的是,由于当时实行计划经济,中央政府统一进行地区间的财力再分配,地方政府对本级财政的管理和支配权限非常小,这一时期国家区域战略主要通过中央基本建设投资计划来实现。

应当看到,新中国成立以后至 20 世纪 70 年代末期这 30 年间,向内陆地区倾斜的区域战略布局,有力地推进了内地的工业化、城镇化进程,使新中国成立前遗留下来的区域经济发展极不平衡的格局得到改观。直到现在,内地的发展在一定程度上还有赖于这个基础。但是,由于偏重行政力量主导,这一时期的区域发展也存在一些不容忽视的问题:一是内陆地区部分项目投资效益不高,1978 年,"三线"地区的百元固定资产实现的产值只有沿海地区的一半,利润率只有 9.2%,而沿海地区为 23.4%;二是由于国家区域战略布局向内陆倾斜,沿海的工业基础没有得到充分的发挥,对国民经济的整体发展造成了消极的影响;三是使部分地区不管有无资源条件和实际可能,都追求本地区工业自成体系,大、中、小项目遍地开花,造成了一大批项目布局不当。

"文化大革命"结束不久,党中央对国内外形势做出了新的分析判断。国际形势方面,改革的总设计师邓小平认为和平与发展是当今时代的主题,世界大战是可以避免的,我们有可能争取较长时期的和平环境。国内形势方面,党的十一届三中全会决定将全党的工作重点从以阶级斗争为纲转移到以经济建设为中心的社会主义现代化建设上来。在这一大背景下,中国的区域发展战略发生了方向性的转变,从向内陆倾斜转为向沿海倾斜。

根据邓小平同志"让一部分地区、一部分人先富起来,逐步实现共同富裕"和"两个大局"的战略构想,1979 年党中央、国务院提出了积极支持沿海地区率先发展的区域发展战略。"六五""七五"两个五年计划都明确指出,要积极利用沿海地区的现有基础,充分发挥它们的特长,加速东部沿海地带的发展,并带动内地经济进一步发展。

这一时期的区域战略,主要通过中央投资项目布局,"给政策"成为重要的区域发展政策工具,主要包括:对广东、福建两省实行特殊政策、灵活措施;设立深圳、珠海、汕头、厦门等经济特区;开放大连、秦皇岛、天津等14个沿海港口城市;开辟长江三角洲、珠江三角洲和闽南厦漳泉三角地区以及辽东半岛、胶东半岛及沈阳、南京等地作为沿海经济开放区;设立浦东新区,实行经济特区的优惠政策;在沿海地区设立上海外高桥等11个保税区。

这些政策极大地促进了东部沿海地区的发展。至20世纪90年代中期,东南沿海地区不仅吸收了近90%的外资,还吸引了全国各地的人才。当时"孔雀东南飞"一说盛行于西部、东北及"三线"地区,那里多年培养的熟练工人、技术人员、管理人员大量转移到东南沿海。沿海地区的率先发展,使我国综合实力迅速上升,缩小了与发达国家之间的差距,为20世纪末实现国内生产总值翻两番的战略目标做出了巨大贡献。同时也应当正视,东部地区发展速度持续20年领先于中西部和东北地区,导致区域发展不平衡问题日益突出。1978—2000年,东部、中部、西部和东北地区的地区生产总值年均增长速度分别为12.01%、9.99%、9.74%和8.58%,东部地区比其他地区快2个百分点以上。区域差距持续20年扩大带来的不平衡等一系列负面影响,已经逐渐成为影响国民经济发展全局的重大问题。

针对区域发展新出现的不平衡现象,《中华人民共和国国民经济和社会发展"九五"计划和2010年远景目标纲要》首次将地区之间协调发展作为国民经济和社会发展的指导方针之一,指出要"坚持区域经济协调发展,逐步缩小地区发展差距"。在此时间节点回顾我国区域发展战略,可以清晰地看到,经历了近30年的向内陆倾斜和其后近20年的向沿海倾斜政策之后,国家步入了区域协调发展的阶段。

20世纪末至今,党中央、国务院为区域协调发展所做的努力,可圈可点之处颇多。10多年来,中央密集出台了一系列促进区域协调发展的重大决策：1999 年实施西部大开发战略；2003 年实施东北地区等老工业基地振兴战略；2006 年启动实施促进中部地区崛起战略；2010 年提出推进主体功能区，同时加大对贫困地区、民族地区、革命老区、边疆地区、资源枯竭地区等特殊类型地区的扶持力度，并鼓励东部地区率先发展。这一系列重大区域协调发展政策的实施，扭转了前阶段区域差距不断扩大的趋势，初步形成了各大区域板块趋向协调发展的格局。

2003—2013 年的 10 年间，中部、西部地区占全国经济的比重显著提高。西部大开发战略将基础设施、生态环境和特色产业作为重点方向，取得显著成就。东北老工业基地振兴战略重点支持国有企业等领域的改革，着力打造能源原材料基地、装备制造业基地、国家商品粮基地和国家生态屏障，有力地促进了老工业基地的转型发展。中部地区崛起战略重点支持综合交通运输枢纽建设，加快推进现代装备制造及高技术产业基地、能源原材料基地、粮食生产基地建设，焕发了中原大地的活力。在区域协调发展战略的指导下，与京津冀、长三角、珠三角地区相媲美，又涌现了长江中游、成渝、中原、辽中南、山东半岛、海峡西岸、哈长等一大批新的区域经济增长极。同时，东部地区作为我国经济最发达的区域，不断提高经济发展的质量和效益，顺势调整产业结构，在转变经济发展方式的道路上走在全国的前列。此外，在四大区域板块差别化政策的基础上，国家针对困难地区也实施了特殊扶助政策，初步建立了通过类型区和功能区，解决跨行政区域的特定困难区域的政策体系。

在充分肯定 21 世纪以来区域协调战略取得进展的同时，我们也要清醒地认识到，真正实现区域协调发展还任重道远。一是由于板块式区域政策中行政区划色彩浓重，各区域都争相把本地打造成"政策洼地"，致使区域行政壁垒突出，一定程度上阻碍了生产要素在全国的合理流动。二是不少地方将区域发展简单等同于区域 GDP 或人均 GDP 增长，热衷于发展重化工业项目，加剧了产能过剩。三是区域间基本公共服务水平差距没有明显缩小,特别是义务教育、医疗卫生、社会保障等基本公共服务水平方面差距仍然很大。四是区域间人均 GDP 的差异至今不仅与主要发达国家相比偏大,而且与一些发展中国家相比也偏大。五是以经济—人口分布的 GPR 值来评估,与 16 个发达国家的省级区域相比,我国畸高和畸低的区域比例分布导致区域发展呈现典型的"哑铃型"特征,这也是多年来大量劳动力跨省流动的重要原因。此外,更应清醒地认识到,在以高投资、高消耗、高污染、低劳动力成本为特征的前阶段高速经济增长大背景下,区域协调发展难免打上这样的时代烙印,往往演变为区域间的 GDP 竞争,因此区域协调发展战略同样面临发展方式转型的深层次问题。

认真梳理新中国成立以来的区域发展战略沿革,特别是改革开放后的区域发展战略演变,借鉴国外区域协调发展的经验教训,面向经济新常态的区域协调发展应有新思路、新举措。

第一,基本公共服务均等化应作为区域协调发展的主要目标。

党的十八届三中全会《中共中央关于全面深化改革若干重大问题的决定》指出,要发挥市场在资源配置中的决定性作用。在市场机制作用下,资源要素必然向发展条件较好、回报率较高的区域集聚,继续以 GDP 或人均 GDP 作为衡量区域是否协调发展的首要目标,区域协调发展的任务几乎难以完成。由于自然禀赋与地理位置差异,不同区域 GDP 或人均 GDP 是不可能一致的。例如,按照主体功能区的划分,列入禁止开发的地区与列入重点开发的地区就很难达到人均 GDP 大体相当。又如新疆南疆地区、青藏等藏区、秦巴山区、武陵山区、滇黔桂石漠化地区、西南民族特困地区、西部边境贫困地区、"三西"地区等经济发展相对落后的地区,现在人均 GDP 只相当于全国平均水平的 1/3 或 1/4,如果以人均 GDP 大体相当作为区域协调发展的主要衡量指标,那么实现区域协调发展就是十分困难和相当遥远的事情。由于我国前一阶段各地偏重总量 GDP 或人均 GDP 指标,公共服务均等化的问题没有提到应有的位置,致使居民收入一次分配的地区差距经过二次分配反而扩大了。况且区域之间的 GDP 竞争还必然导致各地盲目上重化工业项目,加剧产能过剩和生态污染。

应当考虑以基本公共服务均等化、公共设施基本完备作为衡量区域协调发展的主要指标。教育、医疗、社保、住房等民生指标大体相当,供水、供气、供电、供暖大体平衡,铁路、公路、民航等交通设施以及现代通信设施基本具备,就可以认为区域发展水平大致协调了。国际经验也表明,政府建立面向全民的均等化的基本公共服务和基本公共设施,是在发展过程中缩小地区居民收入差距的普遍做法(参见本书第五章)。

第二,建立统一的市场体系应成为区域协调发展的基本准则。

新时期促进区域协调发展,必须把区域发展放到全国发展大局中,不仅立足于解决特定区域存在的问题,更要立足于全国总体目标、全局目标和长远目标制定区域发展战略。要警惕过多的国家级区域规划形成层次不等、种类繁多、画地为牢的各类财税、土地、外贸等优惠政策,结果反而在一定程度上割裂了全国统一的社会主义市场经济体系,形成地方政府主导的“诸侯经济”,最终加大了区域协调发展的难度。

按照“四个全面”的战略部署,区域协调应更加关注全面深化改革和全面建设小康社会的总目标,着力促进全国统一大市场的形成和市场要素的自由流动,激发各地区的发展活力和发展潜力,促进各地区的合理分工,理顺阻碍区域协调发展的体制机制,破除各种限制生产要素尤其是劳动力合理流动的障碍。建议加快建立全国统一的医疗、养老、失业等社会保障制度,并相应提高统筹层次,重点解决基本社会保障项目跨地区转移和异地接续的问题;特别是东部沿海地区应加强对外省务工人员的社会保障,强化劳动力使用地的责任,促进劳动力要素跨区域合理流动。与此相适应,“十三五”时期应进一步加大户籍制度改革的力度,放宽对人口流动的限制,在此基础上,有序推进公民自由迁徙权的确立。一国公民的自由迁徙权将对公共服务均等化起到极大的推动作用,从而进一步缓解区域差距以及城乡差距。

第三,合理划分基本公共服务方面中央与地方的财权、事权。

把基本公共服务作为区域协调发展的主要衡量指标,就必然要求规范基本公共服务方面中央与地方的财权、事权。现有的中央和地方财政关系方面,各级政府间职责、事权划分不清;中央和地方职责交叉,地方事权过大,财权过小,尤其是教育、卫生、社会保障、公共安全、环境保护等基本公共服务供给方面的事权集中由地方承担,但没有相对应的财权。这导致经济发达地区有财力进一步提高本地区的基本公共服务水平,一些欠发达地区尽管得到了中央的转移支付,仍然远跟不上发达地区的基本公共服务财政投入水平。就全国看,包括义务教育、公共卫生、基本社会保障在内的许多基本公共服务项目,仍存在地区间二次分配扩大一次分配差距的逆向转移问题。

党的十八届三中全会作出的《中共中央关于全面深化改革若干重大问题的决定》提出,"部分社会保障、跨区域重大项目建设维护等作为中央和地方共同事权,逐步理顺事权关系;区域性公共服务作为地方事权。中央和地方按照事权划分相应承担和分担支出责任"。"对于跨区域且对其他地区影响较大的公共服务,中央可通过转移支付承担一部分地方事权支出责任。"按照十八届三中全会决定精神,考虑到基本公共服务均等化是针对全国而言,建议中央政府在教育、医疗、社会保障等基本公共服务方面,担负更主要的支出责任。一是明确界定基本公共服务的范围,并随同经济社会发展水平提高而相应调整。二是明确全国实施基本公共服务均等化的标准,由中央政府平衡各地基本公共服务的投入水平,并建立科学的评价指标体系,在"十三五"时期坚决扭转地区间基本公共服务投入扩大一次分配差距的逆向转移趋势,再经过5~10年的努力,力争初步达到基本公共服务主要项目全国均等化的目标。三是明确划分各级政府提供基本公共服务的权责,保证责任归属清晰、合理。四是完善财税制度,合理调整政府间财权配置,扩大地方税收来源,并且按照基本公共服务均等化的要求,完善财政转移支付制度。五是鼓励发达地区吸纳欠发达地区的人口,促其融入当地社区,成为稳定的迁徙者;中央和地方政府应以常住人口而不是户籍人口为基数来制定基本公共服务的发展政策和发展目标;中央政府在财政转移支付等各项政策上,对主动吸纳外来人口的地区给予适当鼓励。

第四,改革阻碍区域协调发展的相关税收体制。

有关资料显示,1994 年以来,我国省际人均税收收入差距与人均 GDP差距相比,呈现明显的扩大趋势,这说明人均税收收入省际差距并不完全是由于经济发展水平的差异所决定的。从税收体制上看,有两个重大问题影响到区域协调发展,需要深化相关税收体制改革加以解决。

一是税收地与税源地背离造成的区域税收不合理。具体表现为,一个地方政府创造的税源所形成的税收没有被本地政府所收缴和享有,而是被另外的地方政府收缴和享有。例如,西气东输的营业税和所得税,发电环节的增值税被售气、售电环节的地方政府征缴;央企集团特别是金融类央企,其全国范围利润所形成的所得税被总部所在地征缴;个人所得税的代扣代缴制度和地方分成制度使得异地获得收入的居民的税收被不为他提供公共服务的地方政府征缴等。据统计,目前占全部税收 90% 以上的收入都不同程度地存在"税收地与税源地背离"的问题。这一税收制度设计产生的问题,对区域协调发展产生了巨大的负面影响。由于央企总部大都设在发达地区,特别是集中在大城市、特大城市,导致落后地区、原材料产地、中央企业生产基地所在地区,其税源所形成的巨额税收被发达地区和中心城市征收,加大了区域差距,本身也是对不同区域平等权利的损害。税收地与税源地背离所产生的问题 10 多年前就被提了出来,但由于既得利益格局难以打破,至今仍没有得到合理解决。建议相关部门认真加以研究,在"十三五"时期改革这一税收制度,使大多数经济相对落后的税源地可以合理分享本地产生的税源,这对于区域协调发展具有重大意义。

二是资源税改革长期滞后造成的"资源诅咒困境"。随着科技的发展，人类开发资源的能力大大加强。世界上许多资源产国，如石油输出国，都靠资源致富。但是我国资源富集地区绝大多数却经济欠发达，众多资源型城市和地区在资源枯竭或面临枯竭时还陷入十分困难的境地。这一现象，被研究资源枯竭问题的学者称为"资源诅咒困境"。我国的"资源诅咒困境"带有明显的区域色彩。长期以来，中西部和东北地区主要提供原材料、农产品等要素类初级产品以及矿产、森林、电力等资源类上游产品，而东部地区主要提供高附加值的下游产品。由于计划经济的资源行政配置惯性和资源品价格与产成品价格机制的不平衡，导致中西部和东北地区一些资源产地的上游产品低价输入东部，而东部沿海地区的下游产品高价输入中西部和东北地区。资源税负偏低并缺乏相应的合理分享机制，造成地区间的税负转移逆向运行。中西部和东北地区的资源优势不能转化为当地的经济和财政优势，这极大地制约了中西部和东北地区的经济发展。从这一角度可以说中西部和东北地区的资源产地为东部沿海地区经济发展做出了资源税收贡献。

近年来资源税的改革取得了一定的进展，如新疆实行资源税改革后每年增加数百亿的税收收入。在石油、煤炭等资源税由从量计征转变为从价计征后，今年国务院决定将稀土、钨、钼资源税由从量计征改为从价计征，并按照不增加企业税负的原则合理确定税率。一些地区还准备将水资源纳入资源税改革范围。事实证明，扩大资源税的征税范围，有选择性地将一些自然资源纳入资源税的征税范围，并提高资源税的税率，通过扩大资源税范围和提高税负，减缓东中西部价税逆向运行的局面，提高资源型产品的价格，将税负转嫁到资源的加工和使用环节，将有利于中西部和东北地区把资源优势转化为经济和财政优势。当然，资源税的改革还将引导企业合理节约使用自然资源。

第五，实施板块与轴带结合的区域发展战略。

建立在"四大板块"基础上的区域经济政策,主要是以地理位置并考虑行政区划对我国区域进行的划分而提出的。值得注意的是,四大区域板块一定程度上割裂了区域之间的经济联系,形成了在政策上各个区域板块的攀比,导致发展诉求与支撑条件的不匹配;同时,过去 10 年的相关数据也说明,对于地域辽阔且地区间自然条件、历史基础和经济发展水平差距较大的西部地区和东北地区来说,四大板块的划分在空间尺度上仍然偏大,掩盖了部分困难省区发展中存在的问题,各板块的内部差异仍不断扩大,区域政策针对性有所降低。

新时期要充分发挥横跨东中西、连接南北方的重要轴带,提升轴带对统筹区域发展的引领和带动作用,可以考虑沿长江、珠江、黄河等大江大河和京广、京哈、京沪、陇海等重要交通干线,促进生产要素集聚和扩散,促进区域人口、产业、城镇布局的优化,逐渐形成经济开发轴带。同时充分发挥一级轴带的核心作用,辐射带动周边地区形成二级开发轴带和复合开发轴带,如充分发挥长江经济带的辐射带动作用,延伸形成汉江经济带、湘江经济带、赣江经济带等二级开发轴带,形成我国东中西部开发的主轴带。依托京广一级轴带向东、向西延伸形成京九—京广—焦柳之间宽约 300 千米,长约 2000 千米的我国南北复合发展主轴带。

在轴带开发的同时,进一步细化四大区域板块,依托现已形成的城市群和经济区,逐步培育形成东北、京津冀(含山东)、泛长三角、泛珠三角、长江中游、西南、西北、海峡西岸等八大区域经济板块。将轴带和板块结合起来,既注重轴带对区域协调发展的统筹能力,又注重引导生产要素在区域板块内部集聚和合理分工,从而形成网格化、多支撑的区域发展新格局。

第六,实施国内区域与国际区域有机衔接的区域发展战略。

20 世纪 90 年代以来,经济全球化和区域经济集团化成为世界经济发展的两大趋势。据不完全统计,目前世界上 80% 左右的国家参加了不同层次的区域合作组织。全球构建完成或正在构建的主要区域集团组织有欧盟、北美自由贸易区、亚太经合组织、东盟、中国—东盟自由贸易区、独联体经济联盟、加勒比共同体、安第斯集团等等。区域经济一体化已成为许多国家应对全球化、融入世界经济的重要策略和手段。目前,我国参与的具有实质内容的国际区域合作和次区域合作有:亚太经合组织、上海合作组织、中国—东盟自由贸易区、中国—瑞士自由贸易协定、曼谷协定、澜沧江—湄公河国际次区域合作、中国与中亚次区域合作、图们江次区域合作等。但总体来看,我国参与国际区域合作、次区域合作的深度和广度均不够。进一步加强国际区域合作、次区域合作,以"一带一路"促进国内各区域发展恰逢其时,通过对外开放促改革、促合作、促发展,是未来国内促进区域发展的新趋势。当然要看到,国际区域合作与国内区域协调发展有着极大的差别。以"一带一路"为例,不仅要处理好国家与国家之间的经济合作关系,力促双赢共赢,还要综合考虑地缘、宗教以及合作国家内部政治稳定性和国际恐怖主义等因素,历史遗留的领土或领海争议也是难以回避的问题。同时也应看到,谨慎并积极地实施"一带一路"战略,符合当前国际国内大形势,相关问题处理得当,我们就能够趋利避害,开创国际区域与国内区域有机结合的区域发展新途径。

建议以"一带一路"建设为依托,支持西南地区通过珠江—西江经济带,充分利用中国—东盟合作平台,深化珠三角与北部湾地区的合作,将广东、广西打造成我国面向东南亚合作的核心区,将云南、四川打造成面向南亚开放的"桥头堡"。支持西北地区加强与中亚国家合作,建设新疆丝绸之路核心区,将西北地区的发展与向西开放紧密结合起来。支持东北地区加强中俄蒙、中日韩和中朝合作,将黑龙江、吉林、辽宁、内蒙古打造成面向东北亚开放的重要枢纽。通过国际区域合作带动国内区域合作和区域开发。

可以预见,以区域间基本公共服务均等化为主要目标、以构建全国统一的社会主义市场经济为基本准则、合理界定中央与地方的事权及财权关系、深化阻碍区域协调发展的相关税收体制改革,在充分发挥"四大板块"各自优势的基础之上,开拓板块与轴带有机结合、国内区域与国际区域有机结合,把"一带一路"、长江经济带和京津冀协同发展作为区域协调发展的三大新支撑带,将大大丰富中国的区域发展战略,形成中国区域发展的全新格局。

目　录

第一章　我国区域发展概况和总体格局

我国是一个地域辽阔的大国,区域政策是国家宏观调控政策的重要组成部分,新中国成立后的区域发展战略,总体上可以分为三个阶段。新中国建立之后至改革开放前,国家总体上实行的是向内陆倾斜的区域发展战略。改革开放以后至 20 世纪末,国家总体上实行的是支持沿海地区率先发展的区域发展战略。随后的 10 多年来,中央出台了一系列促进区域协调发展的重大决策:1999 年实施西部大开发战略,2003 年实施东北地区等老工业基地振兴战略,2006 年启动实施促进中部地区崛起战略,2010 年提出推进主体功能区,同时加大对贫困地区、民族地区、革命老区、资源枯竭地区等特殊类型地区的扶持力度,并鼓励东部地区率先发展。这一系列重大政策的实施,初步形成了区域协调发展的格局。

一、新中国成立以来我国区域发展战略的演进历程

(一)改革开放以前的发展阶段

新中国成立之后至改革开放以前,我国总体上实行的是向内陆地区倾斜的区域发展战略,这一时期又可细分为两个阶段,分别是"一五""二五"时期和"三线建设"时期。需要说明的是,由于当时实行计划经济,中央政府统一进行地区间的财力再分配,地方政府对本级财政的管理和支配权限非常小,这一时期国家区域战略主要通过中央基本建设投资计划来实现。

"一五"时期,国家启动了以苏联援建的"156"项重大项目为核心,以900多个限额以上大中型项目为重点的经济建设,涉及内陆地区 17 个省区市(见表 1-1),《中华人民共和国发展国民经济的第一个五年计划》明确提出:"在全国各地区适当地分布工业的生产力,使工业接近原料、燃料产区和消费地区,并适合于巩固国防的条件,来逐步提高落后地区的经济水平",在这一思想指导下,1953—1959 年,共安排限额以上(投资在 1000 万

元以上)大中型建设项目 921 个。包括苏联援建的"156"项重大项目(实际施工 150 项),其中冶金工业企业 20 个、化学工业企业 7 个、机械工业企业 24 个、能源工业企业 52 个、轻工业和医药加工企业 3 个、军事工业企业 44 个,这些企业 4/5 在中西部和东北地区,921 个项目内地占 68%[①]。在全国基本建设投资总额中,沿海和内地分别占 36.9% 和 46.8%[②]。"二五"时期,国家投资的重点仍然在中西部内陆地区。经过两个五年计划的建设,极大地改变了中西部和东北内陆地区的经济面貌,全国的生产力布局有了重大的改变。

表 1-1 "一五"时期"156"项重大建设项目涉及城市

所在省份	"156"项重点建设项目布局城市
黑龙江省	哈尔滨市、鹤岗市、鸡西市、双鸭山、齐齐哈尔市、佳木斯市
吉林省	长春市、吉林市、辽源市
辽宁省	沈阳市、大连市、鞍山市、抚顺市、本溪市、阜新市、葫芦岛市
陕西省	西安市、宝鸡市、铜川市
甘肃省	兰州市、白银市
河北省	石家庄市、承德市
云南省	个旧市
内蒙古自治区	包头市
四川省	成都市
北京市	北京市
河南省	郑州市、洛阳市、焦作市、平顶山市
湖北省	武汉市
湖南省	株洲市、湘潭市
山西省	太原市、大同市、侯马市
安徽省	淮南市

① 刘俊林:《论毛泽东关于中国工业化道路的探索》,《中山大学研究生学刊》(社会科学版)2000 年第 3 期。

② 郑志国:《中国区域经济政策历史演变与制度变迁》,重庆工商大学硕士学位论文,2006 年。

续表

所在省份	"156"项重点建设项目布局城市
重庆市	重庆市
新疆维吾尔自治区	乌鲁木齐市
江西省	南昌市、赣州市

资料来源：董志凯，吴江：《新中国工业的奠基石："156"项建设研究》，广东经济出版社，2004年。

【专栏 1-1】

"一五"时期"156"项重大项目[①]

一、煤炭(25项)：阜新热电站、鹤岗东山1号立井、鹤岗兴安台10号立井、辽源中央立井、阜新平安立井、阜新新邱1号立井、阜新海州露天矿、兴安台洗煤厂、城子河洗煤厂、城子河9号立井、山西潞安洗煤厂、焦作中马村立井、兴安台2号立井、大同鹅毛口立井、淮南谢家集中央洗煤厂、兴化湾沟立井、峰峰中央洗煤厂、抚顺西露天矿、抚顺龙凤矿、抚顺老虎台矿、抚顺胜利矿、双鸭山洗煤厂、铜川王石凹立井、峰峰通顺3号立井、平顶山2号立井、抚顺东露天矿。

二、石油(2项)：兰州炼油厂、抚顺第二制油厂。

三、电力(25项)：阜新热电站、抚顺电站、重庆电站、丰满水电站、大连热电站、太原第一热电站、西安热电站、郑州第二热电站、富拉尔基热电站、乌鲁木齐热电站、吉林热电站、太原第二热电站、石家庄热电站、户县热电站、兰州热电站、青山热电站、个旧电站、包头四道沙河热电站、包头宁家壕热电站、佳木斯纸厂热电

---

① 注：1955年第一个五年计划颁布时确定的"156"项重点工程中，由于赣南电站改为成都电站，航空部陕西422厂分成两项，因此实为154项。在154项中，有第二汽车制造厂、第二拖拉机厂因厂址未定，山西潞安一号立井、山西大同白土窑立井因地质问题未建，实际上正式施工的项目为150项。

站、株洲热电站、成都热电站、洛阳热电站、三门峡水利枢纽、北京热电站。

四、钢铁(7项):鞍山钢铁公司、本溪钢铁公司、富拉尔基特钢厂、吉林铁合金公司、武汉钢铁公司、包头钢铁公司、热河钒铁矿。

五、有色金属(13项):抚顺铝厂、哈尔滨铝厂、吉林电缆厂、株洲硬质合金厂、杨家杖子钼矿、云南锡业公司、江西大吉山钨矿、江西西华山钨矿、江西归美山钨矿、白银有色金属公司、洛阳有色金属加工厂、东川矿务局、会泽铅锌矿。

六、化工(7项):吉林染料厂、吉林氨肥厂、吉林电石厂、太原化工厂、兰州合成橡胶厂、太原氮肥厂、兰州氮肥厂。

七、机械(24项):哈尔滨锅炉厂、长春第一汽车厂、沈阳第一机床厂、哈尔滨量具刃具厂、沈阳风动工具厂、沈阳电缆厂、哈尔滨仪表厂、哈尔滨汽轮机厂、沈阳第二机床厂、武汉重型机床厂、洛阳拖拉机厂、洛阳滚珠轴承厂、兰州石油机械厂、西安高压电瓷厂、西安开关整流器厂、西安绝缘材料厂、西安电力电容器厂、洛阳矿山机械厂、哈尔滨电机厂汽轮发电机车间、富拉尔基重机厂、哈尔滨碳刷厂、哈尔滨滚珠轴承厂、湘潭船用电机厂、兰州炼油化工机械厂。

八、轻工(1项):佳木斯造纸厂。

九、医药(2项):华北制药厂、太原制药厂。

十、军工(44项)(略)。

资料来源:董志凯,吴江:《新中国工业的奠基石:"156"项建设研究》,广东经济出版社,2004年,第336~345页。

"三线建设"自1964年9月起,至1980年大规模建设基本结束,重点集中在西南的云、贵、川和西北的陕、甘、宁、青等省、自治区以及"三西"(湘西、鄂西和豫西)地区,当时国家划定的"三线地区"范围包括四川、贵州、云南、陕西、甘肃、青海、宁夏全省,河南、湖北、湖南、山西、广西、广东等省、自治区的部分地区,共计 13 个省、自治区的全部或部分地区(见表 1-2)。在第三个五年计划期间,内地基本建设投资占全国的 64.7%,其中"三线地区"占 52.7%。[①] 从 1964 年到 1980 年,"三线建设"累计完成投资 2052 亿元,其中工业投资占 70%以上。建设了 1100 多个大中型(限额以上)工矿企业、科研单位和大专院校,集聚了 50 多万训练有素的科技人才,配置了数 10 万台(套)当时国内最先进的技术装备。这是国家对中西部地区发展援助力度最强的时期,使中西部地区经济得到迅速发展,基本上建成了以国防工业为重点,交通、电子、化工、钢铁等产业为基础的工业体系[②]。

表 1-2　"三线建设"重点建设项目涉及的主要城市

所在省份	重点建设项目布局工业城市
四川省	成都市、攀枝花市、德阳市、自贡市、乐山市、绵阳市、泸州市、广元市
贵州省	贵阳市、六盘水市、遵义市、安顺市
云南省	昆明市、曲靖市
陕西省	西安市、宝鸡市、汉中市、铜川市
甘肃省	金昌市、兰州市、天水市
青海省	西宁市
宁夏回族自治区	银川市
河南省	洛阳市、平顶山市、南阳市
湖北省	襄阳市、宜昌市、十堰市
山西省	太原市、侯马市
重庆市	重庆市

资料来源:根据"三五""四五""五五"时期国民经济计划整理。

---

①　陆大道等:《中国区域发展的理论与实践》,科学出版社,2003 年,第 113 页。
②　郑志国:《中国区域经济政策历史演变与制度变迁》,重庆工商大学硕士学位论文,2006 年。

【专栏 1-2】

"三线建设"时期重点工程

交通建设:新建了川黔铁路、贵昆铁路、成昆铁路、湘黔铁路、襄渝铁路、阳安铁路、焦枝铁路、枝柳铁路、太焦铁路、青藏铁路(西格段)等铁路。

煤炭工业建设:建成了贵州六盘水、陕西渭北和宁夏石炭井大型煤炭基地,在豫西地区建设了平顶山、焦作、鹤壁、义马、新密等大中型矿区。

石油工业建设:建设了河南油田、长庆油田、江汉油田、川南天然气田和川西北中坝天然气田。形成了中原、南阳、江汉、四川、青海、玉门、长庆、延长等 8 个石油和天然气生产基地。

钢铁工业建设:新建了攀枝花钢铁公司、贵州水城钢厂、四川江油长城钢厂、西宁钢厂、西宁特殊钢厂、西安金属制品厂等。续建和改扩建了武汉钢铁公司、大冶钢铁公司、太原钢铁公司、湘潭钢铁公司、成都无缝钢管厂、重庆特殊钢厂、贵阳钢铁厂、陕西钢铁厂等。

有色金属工业建设:在铝工业方面,新建了贵州铝厂、郑州铝厂等氧化铝厂,新建了贵州、兰州、青铜峡、连城等电解铝厂,新建了西北、西南(重庆)等铝加工厂;在铜工业方面,新建了白银、大冶、云南等铜大型冶炼厂,以及西北、洛阳两个铜加工厂;在铅锌工业方面,新建了白银和株洲冶炼厂等。

汽车制造工业:重点建设了第二汽车制造厂、陕西汽车制造厂、四川汽车制造厂等三个骨干企业。

机械制造工业:重型机械制造工业方面重点建设了德阳的第二重型机器厂,电机电器制造工业方面重点建设了德阳的东方电站成套设备公司,机床工具制造工业方面重点建设了贵阳磨料磨具生产基地。

资料来源:根据"三五""四五""五五"时期国民经济计划整理。

总体来看,新中国成立以后至20世纪70年代末期这30年间,由于国家区域战略布局向内陆地区倾斜,有力地推进了内地的工业化、城镇化进程,使新中国成立前遗留下来的区域经济发展极不平衡的格局得到改观。直到现在,内地的发展仍然有赖于这个基础。但是,由于偏重行政力量主导,这一时期的区域发展战略也存在一些不容忽视的问题:一是内陆地区部分项目投资效益不高,1978年,"三线"地区的百元固定资产(原值)实现的产值只有沿海地区的一半,利润率只有9.2%,而沿海地区为23.4%;二是由于国家区域战略布局向内陆倾斜,沿海的工业基础没有得到充分的发挥,对国民经济的整体发展造成了消极的影响;三是使部分地区不管有无资源条件和实际可能,都追求本地区工业自成体系,大、中、小项目遍地开花,造成了一批项目布局不当。

(二)改革开放以后至20世纪末的发展阶段

党的十一届三中全会做出了将全党的工作重点转移到以经济建设为中心的社会主义现代化建设上来的重大决策。根据邓小平同志关于"让一部分地区、一部分人先富起来,逐步实现共同富裕"和"两个大局"的战略思想,1979年中央、国务院提出了"扬长避短、发挥优势"的方针,确立了积极支持沿海地区率先发展的区域发展战略。"六五"计划明确指出,要积极利用沿海地区的现有基础,充分发挥它们的特长,带动内地经济进一步发展。"七五"计划进一步提出,要加速东部沿海地带的发展。

【专栏 1-3】

邓小平关于"两个大局"的战略思想

在经济政策上,我认为要允许一部分地区、一部分企业、一部分工人农民,由于辛勤努力成绩大而收入先多一些,生活先好起来。一部分人生活先好起来,就必然产生极大的示范力量,影响左邻右舍,带动其他地区、其他单位的人们向他们学习。这样,就会使整个国民经济不断地波浪式地前进发展,使全国各族人民都能比较快地富裕起来。

沿海地区要加快对外开放,使这个拥有两亿人口的广大地带较快地先发展起来,从而带动内地更好地发展,这是一个事关大局的问题。内地要顾全这个大局。反过来,发展到一定的时候,又要求沿海拿出更多力量来帮助内地发展,这也是一个大局。那时沿海也要服从这个大局。

资料来源:摘自《解放思想,实事求是,团结一致向前看》(1978 年 12 月 13 日)①和《中央要有权威》(1988 年 9 月 12 日)②。

这一时期(1979—1992)的区域战略,在通过中央投资项目布局的基础上,"给政策"成为重要的区域政策工具,主要包括以下六个方面。

(1)对广东、福建两省实行特殊政策、灵活措施。1979 年 7 月,中央决定对广东、福建两省实行特殊政策、灵活措施。即两省的财政和外汇实行定额包干;物资、商业在国家计划指导下适当利用市场调节;在计划、物价、劳动工资、对外活动等方面扩大地方权限。

---

① 中共中央文献研究室编:《改革开放三十年重要文献选编(上)》,中央文献出版社,2008 年,第 9 页。

② 中共中央文献研究室编:《改革开放三十年重要文献选编(上)》,中央文献出版社,2008 年,第 507 页。

(2)设立经济特区。1980年8月,中央正式批准设置深圳经济特区,又相继设立了珠海、汕头、厦门经济特区。1983年4月,中央决定加快海南的开发建设,实行了类似经济特区的政策,1988年4月,第七届全国人民代表大会第一次会议决定设置海南经济特区,同时批准设立海南省。

【专栏1-4】

关于建立经济特区的决策

1981年7月19日,《中共中央、国务院批转〈广东、福建两省和经济特区工作会议纪要〉的通知》指出:广东、福建两省是我国的南大门和主要侨乡,战略地位重要,发展经济的有利条件很多;两省在经济调整、体制改革、扩大对外经济技术交流以及建设经济特区等方面,打开局面,创造经验,不仅对两省经济的繁荣,而且对全国经济的发展,都具有重要的意义,在政治上也有利于稳定港澳人心,争取台湾回归祖国。

关于在社会主义条件下利用外资试办经济特区的问题。在自力更生的基础上,实现对外开放,积极扩大对外经济合作和交流,是党的一项重大政策。目前,我国生产力还比较落后,建设资金短缺,在人民民主专政日益巩固、社会主义经济占绝对优势的条件下,采取多种形式利用侨资、外资,加快发展社会化大生产,提高技术和管理水平,促进社会主义现代化建设,这是十分必要的。

试办经济特区,是两省实行特殊政策的一项重要内容,是执行开放政策,吸收外资的一种特殊方式。有些同志有疑问:特区会不会变成租界? 是不是殖民地? 会议认为,这些疑问是没有根据的。我国特区是经济特区,不是政治特区。特区内全面行使我国国家主权,这和由不平等条约产生的租界、殖民地在性质上根本不同。世界上许多国家的经验证明,特区是扩大出口贸易、利用外资、引进技术、发展经济的比较成功的好形式。对我国来说,特区是我们学习与外国资本竞争,学习按经济规律办事、学习现代化经济管理的学校,是为两省甚至是全国训练和造就人才的基地。

资料来源:深圳大学中国经济特区研究中心编:《中国经济特区文献资料》,社会科学文献出版社,2010年,第114～119页。

(3)开放沿海港口城市。1984年4月,为加快对外开放的步伐,国务院决定进一步开放大连、秦皇岛、天津等14个沿海港口城市。主要政策包括:放宽地方管理权限、扩大对外开放经济活动的权力等对外开放方面。

【专栏1-5】

开放14个国家级经济技术开发区

1984年,党中央和国务院批准转发的《沿海部分城市座谈会纪要》指出:这几个城市(指天津、上海、大连、秦皇岛、烟台、青岛、连云港、南通、宁波、温州、福州、广州、湛江和北海),有些可以划定一个有明确地域的区域,兴办新的经济技术开发区。经济技术开发区要大力引进我国急需的先进技术,集中兴办中外合资、合作、外商独资企业和中外合作的科研机构,发展合作生产、合作研究设计,开发新技术、研制高档产品,增加出口收汇,向内地提供新型材料和关键零部件,传播新工艺、新技术和科学的管理经验。有的经济技术开发区,还要发展为国际转口贸易的基地。经济技术开发区内,利用外资项目的审批权限可以进一步放宽,大体上比照经济特区的规定执行。国家对经济技术开发区实行必要的监管措施,经济技术开发区要在规划和建设中提供必要的监管条件。

资料来源:中共中央文献研究室编:《改革开放三十年重要文献选编(上)》,中央文献出版社,2008年,第325~326页。

(4)开辟沿海经济开放区。1985年2月,中央、国务院决定把长江三角洲、珠江三角洲和闽南厦漳泉三角地区59个市县开辟为沿海经济开放区。1988年3月,国务院进一步扩大了沿海经济开放区的范围,开放辽东半岛、胶东半岛及沈阳、南京等地的140个市、县。

【专栏1-6】

沿海经济开放区市、县名单

江苏省:苏州市及其所辖的常熟市、吴县、沙洲县、太仓县、昆山县、吴江县张家港区,无锡市及其所辖的无锡县、江阴县、宜兴县;常州市及其所辖的武进县、金坛县、溧阳县。

浙江省:嘉兴市及其所辖的嘉善县、桐乡县、海宁县,湖州市及其所辖的德清县。

广东省:佛山市及其所辖的中山市、南海县、顺德县、高明县,江门市及其所辖的开平县、新会县、台山县、鹤山县、恩平县,广州市的番禺县、增城县,深圳市的宝安县,珠海市的斗门县,惠阳地区的东莞县。

福建省:厦门市的同安县,龙溪地区的漳州市、龙海县、漳浦县、东山县,晋江地区的泉州市、惠安县、南安县、晋江县、安溪县、永春县。

上海市:上海县、嘉定县、宝山县、川沙县、南汇县、奉贤县、松江县、金山县、青浦县、崇明县。

辽宁省:丹东市、大连市、营口市、盘锦市、锦州市、沈阳市、鞍山市和辽阳市及其部分县、区。

(5)设立浦东新区。1990年6月,中共中央、国务院正式批准上海市开发和开放浦东新区,实行经济特区的某些优惠政策。

【专栏 1-7】

浦东新区开发开放

1990年6月2日,国务院发布《关于开发和开放浦东问题的批复》,决定开发开放浦东新区。批复指出,开发和开放浦东是深化改革、进一步实行对外开放的重大部署,也是一件关系全局的大事。上海有良好的政治经济基础,有一批素质较高的科技和管理人才,有一支强大的产业工人队伍,有优越的地理环境和便利的交通运输条件,又同海外各地有广泛的联系,充分利用这些优势,有计划、有步骤、积极稳妥地开发和开放浦东,必将对上海和全国的政治稳定与经济发展产生极其重要的影响。

资料来源:摘自《国务院关于开发和开放浦东问题的批复》,1990年。

(6)在沿海地区设立保税区。1990年6月,国务院批准建立中国第一个保税区——上海外高桥保税区。1991年国务院批准建立了天津港、深圳福田和沙头角保税区,随后又设立了深圳盐田港、大连、张家港等11个保税区。

这些政策极大地促进了东部沿海地区发展,"六五"至"八五"时期,沿海地区基本建设投资超过全国的一半,1978—1995年,沿海地区吸引外资占全国吸引外资总额的84.7%,东部沿海省份地区生产总值年均增长11.7%,比全国平均水平高1.8个百分点,比中西部地区高2.1个百分点,逐渐形成了一条从南到北沿海岸线延伸的沿海对外开放地带。[①]

---

① 陆大道等:《中国区域发展的理论与实践》,科学出版社,2003年,第118页。

　　总体来看,这一时期沿海地区的率先发展,加快了我国改革开放进程,使我国的经济实力迅速上升,缩小了与发达国家之间的差距,为 20 世纪末实现国内生产总值比 1980 年翻两番的战略目标,以及人民生活达到小康水平做出了巨大贡献。

　　但是,东部地区发展速度持续领先于中西部地区,也使东部地区与中西部地区发展速度的差距逐步扩大,导致区域发展不平衡问题日益突出。1978—2000 年,东部、中部、西部和东北地区的地区生产总值年均增长速度分别为 12.01%、9.99%、9.74% 和 8.58%,东部地区比其他地区快 2 个百分点以上。差幅最大的"八五"时期,东部地区比其他地区增速高出 5 个百分点。从绝对差距看,1978 年,东部地区与中部、西部地区之间人均 GDP 的绝对差距分别为 153.6 元和 212.9 元,到 1990 年分别扩大到 700.1 元和 885.9 元,2000 年又分别扩大到 4790.2 元和 6162.0 元。从相对差距来看,20 世纪 90 年代初,东部与中西部之间经济发展水平的相对差距不仅在逐年扩大,而且幅度在 2 个百分点以上。其中,1990—1994 年,东部与中部地区间的相对差距系数由 35.6% 迅速上升到 46.7%。东部与西部地区间的相对差距系数在 1990—1999 年间,均为逐年增加的态势,由 45.1% 迅速增加到 58.7%。总体上,在 1990—2000 年间,东部与中部、西部地区之间的相对差距系数,分别扩大了 8.9 个和 12.1 个百分点(见表 1-3)。区域差距的扩大已经逐渐成为一个影响国民经济发展全局的问题。

表1-3　1978—2000年东部与中西部地区人均GDP差距

年　份	绝对差距(元)		相对差距系数(%)	
	东中部之间	东西部之间	东中部之间	东西部之间
2000	4790.2	6162.0	44.5	57.2
1999	4643.1	5930.6	46.0	58.7
1998	4233.6	5430.8	44.6	57.3
1997	3892.9	5033.8	44.0	56.9
1996	3520.5	4510.9	44.3	56.8
1995	3086.8	3835.5	45.5	56.6
1994	2532.7	3032.8	46.7	55.9
1993	1874.6	2194.7	45.9	53.8
1992	1320.5	1514.7	43.5	49.9
1991	977.2	1133.5	40.0	46.4
1990	700.1	885.9	35.6	45.1
1989	685.7	897.1	36.8	48.1
1978	153.6	212.9	33.1	45.9

资料来源:陆大道等:《中国区域发展的理论与实践》,科学出版社,2003年,第122页。

(三)21世纪以来区域协调发展实施阶段

1997年9月,党的十五大报告指出,要"从多方面努力,逐步缩小地区发展差距","促进地区经济合理布局和协调发展"。《中华人民共和国国民经济和社会发展"九五"计划和2010年远景目标纲要》中首次将地区之间协调发展作为国民经济和社会发展的指导方针之一,指出要"坚持区域经济协调发展,逐步缩小地区发展差距"。为加快中西部地区的经济发展,国家做出了一系列重大决策,分别是:1999年启动实施西部大开发战略;2003年实施东北地区等老工业基地振兴战略;2006年启动实施促进中部地区崛起战略;2010年又提出推进形成主体功能区,同时加大对贫困地区、民族地区、革命老区、边疆地区、资源枯竭地区等特殊类型地区的扶持力度的措施和政策。"十一五"规划对促进区域协调发展作了全面阐述,明确要实施推进西部大开发,振兴东北地区等老工业基地,促进中部地区崛起,鼓励东部地区率先发展,表明我国已经进入区域协调发展战略全面实施的新阶段①。

【专栏 1-8】

国家"十一五"规划纲要关于区域发展的部署

1. 推进西部大开发

西部地区要加快改革开放步伐,通过国家支持、自身努力和区域合作,增强自我发展能力。坚持以线串点,以点带面,依托中心城市和交通干线,实行重点开发。加强基础设施建设,建设出境、跨区铁路和西煤东运新通道,建成"五纵七横"西部路段和八条省际公路,建设电源基地和西电东送工程。巩固和发展退耕还林成果,继续推进退牧还草、天然林保护等生态工程,加强植被保护,加大荒漠化和石漠化治理力度,加强重点区域水污染防治。加强青藏高原生态安全屏障保护和建设。支持资源优势转化为产业优势,大力发展特色产业,加强清洁能源、优势矿产资源开发及加工,支持发展先进制造业、高技术产业及其他有优势的产业。加强和改善公共服务,优先发展义务教育和职业教育,改善农村医疗卫生条件,推进人才开发和科技创新。建设和完善边境口岸设施,加强与毗邻国家的经济技术合作,发展边境贸易。落实和深化西部大开发政策,加大政策扶持和财政转移支付力度,推动

---

① 第十届全国人民代表大会第四次会议:《中华人民共和国国民经济和社会发展第十一个五年规划纲要》,2006 年 3 月 14 日批准。

建立长期稳定的西部开发资金渠道。

2. 振兴东北地区等老工业基地

东北地区要加快产业结构调整和国有企业改革改组改造,在改革开放中实现振兴。发展现代农业,强化粮食基地建设,推进农业规模化、标准化、机械化和产业化经营,提高商品率和附加值。建设先进装备、精品钢材、石化、汽车、船舶和农副产品深加工基地,发展高技术产业。建立资源开发补偿机制和衰退产业援助机制,抓好阜新、大庆、伊春和辽源等资源枯竭型城市经济转型试点,搞好棚户区改造和采煤沉陷区治理。加强东北东部铁路通道和跨省区公路运输通道等基础设施建设,加快市场体系建设,促进区域经济一体化。扩大与毗邻国家的经济技术合作。加强黑土地水土流失和东北西部荒漠化综合治理。支持其他地区老工业基地的振兴。

3. 促进中部地区崛起

中部地区要依托现有基础,提升产业层次,推进工业化和城镇化,在发挥承东启西和产业发展优势中崛起。加强现代农业特别是粮食主产区建设,加大农业基础设施建设投入,增强粮食等大宗农产品生产能力,促进农产品加工转化增值。支持山西、河南、安徽加强大型煤炭基地建设,发展坑口电站和煤电联营。加快钢铁、化工、有色、建材等优势产业的结构调整,形成精品原材料基地。支持发展矿山机械、汽车、农业机械、机车车辆、输变电设备等装备制造业以及软件、光电子、新材料、生物工程等高技术产业。构建综合交通运输体系,重点建设干线铁路和公路、内河港口、区域性机场。加强物流中心等基础设施建设,完善市场体系。

4.鼓励东部地区率先发展

东部地区要率先提高自主创新能力,率先实现经济结构优化升级和增长方式转变,率先完善社会主义市场经济体制,在率先发展和改革中带动帮助中西部地区发展。加快形成一批自主知识产权、核心技术和知名品牌,提高产业素质和竞争力。优先发展先进制造业、高技术产业和服务业,着力发展精加工和高端产品。促进加工贸易升级,积极承接高技术产业和现代服务业转移,提高外向型经济水平,增强国际竞争力。加强耕地保护,发展现代农业。提高资源特别是土地、能源利用效率,加强生态环境保护,增强可持续发展能力。继续发挥经济特区、上海浦东新区的作用,推进天津滨海新区开发开放,支持海峡西岸和其他台商投资相对集中地区的经济发展,带动区域经济发展。

5.支持革命老区、民族地区和边疆地区发展

加大财政转移支付力度和财政性投资力度,支持革命老区、民族地区和边疆地区加快发展。保护自然生态,改善基础设施条件。发展学前教育,加快普及义务教育,办好中心城市的民族初中班和高中班,加强民族大学建设和民族地区高等教育。建设少数民族民间传统文化社区,扶持少数民族出版事业,建立双语教学示范区。加强少数民族人才队伍建设,稳定民族地区人才队伍。支持发展民族特色产业、民族特需商品、民族医药产业和其他有优势的产业。优先解决特困少数民族贫困问题,扶持人口较少民族的经济社会发展,推进兴边富民行动。继续实行支持西藏、新疆及新疆生产建设兵团发展的政策。

资料来源:摘自2006年3月14日第十届全国人民代表大会第四次会议批准的《中华人民共和国国民经济和社会发展第十一个五年规划纲要》。

二、21世纪以来我国区域发展的总体格局

(一)西部大开发战略

西部地区包括我国 12 个省区市（重庆市、四川省、贵州省、云南省、西藏自治区、陕西省、甘肃省、宁夏回族自治区、青海省、新疆维吾尔自治区、内蒙古自治区、广西壮族自治区），国土面积约 685 万平方千米，占全国国土面积的 71.5%；人口约 3.7 亿人，占全国人口的 27%；少数民族人口占全国的 70%；陆地边境线占全国的 82%，与 14 个国家和地区接壤，能源资源富集，生态地位重要，但经济社会发展相对落后。1999 年 6 月，党中央提出"必须不失时机地加快中西部地区的发展，特别是抓紧研究西部地区大开发"。同年 9 月，党的十五届四中全会正式提出"国家要实施西部大开发战略"。

为推进西部大开发战略的实施，2000 年 10 月，国务院印发了《国务院关于实施西部大开发若干政策措施的通知》，明确了西部大开发的战略目标和相关政策措施。2001 年 9 月，国务院办公厅转发了《国务院西部开发办关于西部大开发若干政策措施的实施意见的通知》，提出了 70 条政策措施实施意见，随后国务院和有关部门又陆续出台了一系列进一步推进西部大开发的配套政策和文件。据不完全统计，实施西部大开发以来，国家先后出台以西部大开发为主要内容的政策性文件 215 个（其中由中央和国务院下发 27 个，相关部委下发 108 个，省级政府发布的配套政策文件 80 个），为西部大开发战略实施奠定了坚实的政策基础。

一是财政政策方面：从 2000 年起，提高中央财政性建设资金用于西部地区的比例，中央财政安排一部分财力，专项用于民族地区的转移支付；中央对地方专项资金补助向西部地区倾斜；给予退耕还林还草补助；对因农

村税费改革造成财政困难的乡镇予以适当补助。

二是税收政策方面:降低进入西部地区的内资与外资企业的企业所得税率或免征其企业所得税;新办交通、电力、水利、邮政、广播电视企业,减免企业所得税;免征农业特产税;免征公路建设耕地占用税;进口自用设备免征关税和进口环节增值税。

三是投资政策方面:对国家新安排的西部地区重大基础设施建设项目投资由中央财政性建设资金等筹集解决;中央筹集专项资金支持西部开发的重点项目,在西部地区优先布局基础设施建设项目;外商投资西部地区农业等享受鼓励类产业的各项优惠政策。

四是金融信贷方面:适当延长基础设施建设的贷款期限;扩大以基础设施项目收益权或收费权为质押发放贷款的范围;加大对西部地区基础设施建设的信贷投入;增加农业、生态建设的信贷投入;支持电力、天然气、旅游和生物资源合理开发等西部优势产业发展,对贷款金额较大的重点项目,可以由商业银行总行直贷解决,贷款不纳入当地分行存贷比或限额考核范围。

除了上述扶持政策以外,国家在教育、社会事业以及对外经济贸易方面也对西部地区给予了政策上的支持。

【专栏 1-9】

《国务院关于进一步推进西部大开发的若干意见》概要

2004 年 11 月,国务院印发《国务院关于进一步推进西部大开发的若干意见》,指出,党的十六大和十六届三中全会明确指出,积极推进西部大开发,有效发挥中部地区综合优势,支持中西部地区加快改革发展,振兴东北地区等老工业基地,鼓励东部有条件地区率先基本实现现代化,促进区域经济协调发展,是全面建成小康社会和完善社会主义市场经济体制的重大举措。统筹区域发展,加快西部地区发展至关重要。没有西部地区的小康,就没有全国的小康。没有西部地区的现代化,就不能说实现了全国的现代化。因此,要进一步提高对西部大开发重大战略意义的认识,认真研究并深刻把握西部开发工作的规律性,把实施西部大开发作为一项重大任务列入重要议事日程,不断改进和加强对西部大开发的领导,充分调动各方面积极性,开创西部大开发的新局面。

一、扎实推进生态建设和环境保护,实现生态改善和农民增收。

二、继续加快基础设施重点工程建设,为西部地区加快发展打好基础。

三、进一步加强农业和农村基础设施建设,加快改善农民生产生活条件。

四、大力调整产业结构,积极发展有特色的优势产业。

五、积极推进重点地带开发,加快培育区域经济增长极。

六、大力加强科技教育卫生文化等社会事业,促进经济和社会协调发展。

七、深化经济体制改革,为西部地区发展创造良好环境。

八、拓宽资金渠道,为西部大开发提供资金保障。

九、加强西部地区人才队伍建设,为西部大开发提供有力的人才保障。

资料来源:摘自《国务院关于进一步推进西部大开发的若干意见》,2004年3月11日。

2010年,在实施西部大开发战略十周年之际,中共中央、国务院印发了《中共中央 国务院关于深入实施西部大开发战略的若干意见》,组织召开了西部大开发工作会议,对新一轮西部大开发做出全面部署:明确了加强基础设施、生态环境建设等八方面重点任务,给予了包括鼓励类产业按15‰计征企业所得税政策在内的财政、税收、投资等十方面优惠政策。主要政策包括[①]:

一是财政政策。加大中央财政对西部地区均衡性转移支付力度,逐步缩小西部地区地方标准财政收支缺口,推进地区间基本公共服务均等化。中央财政用于节能环保、新能源、教育、人才、医疗、社会保障、扶贫开发等方面已有的专项转移支付,重点向西部地区倾斜。通过多种方式筹集资金,加大中央财政资金支持西部大开发的投入力度。中央财政加大对西部地区国家级经济技术开发区、高新技术产业开发区和边境经济合作区基础设施建设项目贷款的贴息支持力度。

二是税收政策。对设在西部地区的鼓励类产业企业按15%的税率征收企业所得税。企业从事国家重点扶持的公共基础设施项目投资经营所得,以及符合条件的环境保护、节能节水项目所得,可依法享受企业所得税"三免三减半"优惠。推进资源税改革,对煤炭、原油、天然气等的资源税由从量计征改为从价计征,对其他资源适当提高税额,增加资源产地地方财政收入。各级地方政府在资源税分配上,要向资源产地基层政府倾斜。对西部地区内资鼓励类产业、外商投资鼓励类产业及优势产业的项目在投资总额内进口的自用设备,在政策规定范围内免征关税。

三是投资政策。加大中央财政性投资投入力度,向西部地区民生工程、基础设施、生态环境等领域倾斜。提高国家有关部门专项建设资金投入西部地区的比重,提高对公路、铁路、民航、水利等建设项目投资补助标准和资本金注入比例。中央安排公益性建设项目,取消西部地区县以下(含县)以及集中连片特殊困难地区市地级配套资金,明确地方政府责任,

---

① 引自宁夏内陆开放型经济试验区建设领导小组网站:http://www.nxsyq.com。

强化项目监督检查。加大现有投资中企业技术改造和产业结构调整专项对西部特色优势产业发展的支持力度。中央预算内投资安排资金支持西部大开发重点项目前期工作。国际金融组织和外国政府优惠贷款继续向西部地区倾斜。

四是金融政策。进一步加大对西部地区信贷支持力度。加强财政政策和金融政策的有效衔接,鼓励政策性金融机构加大对西部地区金融服务力度,探索利用政策性金融手段支持西部地区发展。深化农村信用社改革,培育农村资金互助社等新型农村金融机构。抓紧制定并实施对偏远地区新设农村金融机构费用补贴等办法,逐步消除基础金融服务空白乡镇。落实和完善涉农贷款税收优惠、定向费用补贴、增量奖励等政策,进一步完善县域内银行业金融机构新吸收存款主要用于当地发放贷款的政策。鼓励地方各级政府通过资本金注入和落实税费减免政策等方式,支持融资性担保机构从事中小企业担保业务。积极支持西部地区符合条件的企业上市融资,支持西部地区上市公司再融资。扶持创业投资企业,发展股权投资基金。研究探索西部地区非上市公司股份转让的有效途径,规范发展产权交易市场。

五是产业政策。实行有差别的产业政策,制定西部地区鼓励类产业目录,促进西部地区特色优势产业发展。凡是有条件在西部地区加工转化的能源、资源开发利用项目,支持在西部地区布局建设并优先审批核准。支持民间资本以合作、参股等方式进入油气勘探、开发、储运等领域。扩大西部地区外商投资优势产业目录范围。加大中央地质勘查基金、国土资源调查评价资金对西部地区的投入力度,鼓励和引导多元资金投入。鼓励外资参与提高矿山尾矿利用率和矿山生态环境恢复治理新技术开发应用项目。

六是土地政策。进一步完善建设用地审批制度,简化程序,保障西部大开发重点工程建设用地。实施差别化土地政策,在安排土地利用年度计划指标时,适度向西部地区倾斜,增加西部地区荒山、沙地、戈壁等未利用地建设用地指标。稳步开展农村土地整治和城乡建设用地增减挂钩试点。工业用地出让金最低标准,可区别情况按《全国工业用地出让最低价标准》的 10％～50％执行,适当降低西部地区开发园(区)建设用地的基准地价。

七是价格政策。对新建铁路和部分支线铁路,可根据实际情况,按照偿还贷款本息、补偿合理经营成本的原则,考虑当地经济发展水平和用户承受能力,核定新线和支线特殊运价。加快资源性产品价格改革,健全资源有偿使用制度,建立和完善反映市场供求关系和资源稀缺程度以及环境损害成本的生产要素和资源价格形成机制。支持资源地群众便捷使用质优价廉的煤气电。促进水资源节约利用,合理确定城市供水价格,逐步实行阶梯式水价。完善中水优惠利用价格,鼓励中水回用,中央在中水回用设施建设投资上给予支持。科学制定水资源费征收标准,逐步使污水处理费价格达到合理水平。积极推行发电企业竞价上网、电力用户和发电企业直接交易等定价机制。抓紧完善可再生能源发电定价政策。

八是生态补偿政策。按照谁开发谁保护、谁受益谁补偿的原则,逐步在森林、草原、湿地、流域和矿产资源开发领域建立健全生态补偿机制。探索推进资源环境成本内部化。逐步提高国家级公益林森林生态效益补偿标准。按照核减超载牲畜数量、核定草地禁牧休牧面积的办法,开展草原生态补偿。抓紧研究开展对湿地的生态补偿。充分考虑大江大河上游地区生态保护的重要性,中央财政加大对上游地区等重点生态功能区的均衡性转移支付力度。鼓励同一流域上下游生态保护与生态受益地区之间建立生态环境补偿机制。加大筹集水土保持生态效益补偿资金的力度。继续完善用水总量控制和水权交易制度,在甘肃、宁夏、贵州开展水权交易试点。建立资源型企业可持续发展准备金制度,资源型企业按规定提取用于环境保护、生态恢复等方面的专项资金,准予税前扣除。矿产资源所在地政府对企业提取的准备金按一定比例统筹使用,专项用于环境综合治理和解决因资源开发带来的社会问题。加快制定并发布关于生态补偿政策措施的指导意见和生态补偿条例。

九是人才政策。完善机关和事业单位人员的工资待遇政策,逐步提高工资水平。进一步加大对艰苦边远地区特别是基层的政策倾斜力度,落实艰苦边远地区津贴动态调整机制。研究完善留住人才、吸引各类人才到西部地区基层工作的优惠政策,在职务晋升、职称评定、子女入学、医疗服务等方面给予政策倾斜。

十是帮扶政策。进一步加强和推进对口支援西藏、新疆工作,建立经济支援、干部支援、人才支援、科技支援等相结合的全面对口支援机制,完善支援方式,加大支援力度。做好青海等民族地区及集中连片特殊困难地区的对口支援和对口帮扶工作。继续实施中央和国家机关及企事业单位等定点扶贫和对口支援。建立健全军地协调机制,充分发挥人民军队在参加和支援西部大开发中的优势和积极作用。广泛动员社会各界支持和参与西部大开发。鼓励开展各种形式的公益活动和慈善捐助。

(二)东北地区等老工业基地振兴战略

1. 东北地区等老工业基地振兴战略

新中国成立初期,为加快国家工业化进程,国家集中力量在东北和中西部地区布局建设了一批重工业和资源开采加工企业,形成了一批老工业城市和资源型城市。这些老工业基地积聚了众多关系国民经济命脉的战略产业和骨干企业,为建设独立、完整的国民经济体系,为推动我国工业化和城市化进程做出了历史性重大贡献。改革开放以后,由于长期积累的计划经济体制与市场经济内在机制之间的矛盾,老工业基地与沿海发达地区的差距不断扩大。

"六五"至"七五"期间,国家开始着手开展上海、天津、沈阳、大连等一、二线特大型和大型老工业基地的调整改造工作。1984 年,国家确定了上海、天津、武汉、重庆、沈阳、哈尔滨等 6 个城市为老工业基地重点改造城市,并设立了老工业基地调整改造基金。同期启动了"三线建设"时期建设的中西部老工业基地的调整改造。到"八五"期间,国家对这6个老工业基地重点改造城市提供国家专项贷款202亿元,老工业基地专项贷款134亿元。这些改革政策和配套资金的支持,取得了不同程度的成效,特别是改革开放较早的上海、武汉等老工业基地经过改造,焕发出蓬勃生机。

【专栏1-10】

国民经济和社会发展"七五"计划、"十五"计划
关于老工业基地调整改造的部署

加快现有企业技术改造步伐。重点改造上海、天津、沈阳、大连等老工业城市和老工业基地。同时,积极利用各种外资、侨资,引进先进适用技术和必要的关键设备。

加快"三线建设"的调整和改造。对于布局合理、产品方向明确、经济效益好的企业,进一步充实完善,提高技术水平,改进经营管理。对于建设基本成功,但因受能源、交通、信息等条件的制约,能力没有充分发挥的企业,加强技术改造,补充完善生产能力。对于少数厂址存在问题,产品没有明确方向,无法维持下去的企业,通过关、停、并、转、迁等办法,进行必要的调整。

资料来源:摘自《中华人民共和国国民经济和社会发展第七个五年计划》,1986年3月25日。

积极支持和促进东北等地的老工业基地改造和结构调整。充分发挥其基础雄厚、人才聚集的优势,结合国有经济布局调整,优化产业结构、企业组织结构和地区布局,形成新的优势产业和企业,有条件的地区要成为新的装备制造基地。积极稳妥地关闭

资源枯竭的矿山,因地制宜地促进以资源开采为主的城市和大矿区发展接续产业和替代产业,研究探索矿山开发的新模式。

引导外资更多地投向中西部地区,特别是中西部地区的老工业基地改造、基础设施建设、生态建设和环境保护、矿产和旅游资源开发、优势产业发展等。

资料来源:摘自《中华人民共和国国民经济和社会发展第十个五年计划纲要》,2001 年 3 月 15 日。

"九五"期间,在继续以六大老工业城市作为重点逐步调整产业结构的同时,东北老工业基地的发展问题愈来愈受到党中央的高度重视。1997年 9 月,党的十五大报告提出,开创国有企业改革和发展的新局面,进一步强调"加快老工业基地的改造",1999 年 9 月印发的《中共中央关于国有企业改革和发展若干重大问题的决定》对老工业基地国有经济布局的调整问题专门做了规定,指出要"统筹规划,采取有效的政策措施,加快老工业基地和中西部地区国有经济布局的调整"。这些文件标志着老工业基地振兴战略成为 21 世纪中国经济社会发展全局中亟待解决的一个十分重大的问题。

2002 年 11 月,党的十六大报告首次在党的文件中明确提出"支持东北地区等老工业基地加快调整和改造",由此将老工业基地调整改造提升到国家战略层面。2003 年 10 月,中共中央、国务院下发了《中共中央 国务院关于实施东北地区等老工业基地振兴战略的若干意见》,正式启动东北地区等老工业基地振兴战略,明确提出"将老工业基地调整改造、发展成为技术先进、结构合理、功能完善、特色明显、机制灵活、竞争力强的新型产业基地,使之逐步成为中国经济新的重要增长区域",这意味着中国老工业基地振兴政策已经从过去的企业和产业调整改造上升为区域振兴战略。

【专栏 1-11】

《中共中央 国务院关于实施东北地区等老工业基地振兴战略的若干意见》概要

2003 年 10 月,中共中央、国务院印发《中共中央 国务院关于实施东北地区等老工业基地振兴战略的若干意见》,指出,支持东北地区等老工业基地加快调整改造,是党的十六大提出的一项重要任务,是党中央从全面建设小康社会全局着眼做出的又一重大战略决策,各部门各地方要像当年建设沿海经济特区、开发浦东新区和实施西部大开发战略那样,齐心协力,扎实推进,确保这一战略的顺利实施。

一、加快东北地区等老工业基地振兴具有重大战略意义。

二、振兴东北地区等老工业基地的指导思想和原则。

三、加快体制创新和机制创新。

四、全面推进工业结构优化调整。

五、大力发展现代农业。

六、积极发展第三产业。

七、推进资源型城市经济转型。

八、加强基础设施建设。

九、进一步扩大对外对内开放。

十、加快发展科技教育文化事业。

十一、制定完善相关政策措施。

十二、加强组织领导。

资料来源:《中共中央 国务院关于实施东北地区等老工业基地振兴战略的若干意见》,2003 年 10 月。

2009 年,在国际金融危机严重影响的大背景下,国务院下发《国务院关于进一步实施东北地区等老工业基地振兴战略的若干意见》,从 9 个方面提出了 28 条推进东北地区等老工业基地全面振兴的具体措施。2014 年,国务院又印发了《国务院关于近期支持东北振兴若干重大政策举措的意见》,提出了 35 条促进东北振兴的政策。这期间,国家先后制定实施了一系列振兴东北老工业基地的政策,涉及基础设施、国债投资、财税、金融、国有企业改革、社会保障、科技人才、沉陷区治理等诸多方面,有关部委也相继出台了许多配套政策措施,支持东北地区老工业基地振兴。

一是在财政政策方面。2004 年率先在黑龙江、吉林两省实行全部减免农业税政策,继而对东北三省实行农村税费改革转移支付、粮食直接补贴、良种补贴等政策;2014 年又提出按粮食商品量等因素对粮食主产区给予新增奖励,加大对东北高寒地区和交通末端干线公路建设的项目补助和资本金倾斜。

二是在税收政策方面。对资源开采衰竭期的矿山企业以及低丰度油田开发,在不超过 30％的幅度内降低资源税适用税额标准;对东北地区工业结构改造项目进行贴息,扩大老工业基地增值税抵扣范围,对装备制造、石油化工、冶金、船舶、汽车、农产品加工等行业允许新购进机器设备所含增值税税金予以抵扣,后来又延伸到军品和高新技术产品生产企业;豁免东北老工业基地企业在 1997 年 12 月 31 日前形成的历史欠税;对符合税制政策方向的税制改革措施在东北地区先行先试。

三是在投资政策方面。在基础设施、生态建设、环境保护、扶贫开发和社会事业等方面安排中央预算内投资时,对东北三省比照西部地区补助标准执行;中央预算内投资对东北地区老工业基地重大装备科研、攻关设计给予必要扶持,对城市供热、供水等管网设施改造、基础设施建设、水利建设、农村公路建设、采煤沉陷区治理提供资金;设立东北地区等老工业基地调整改造和重点行业结构调整专项,对企业调整改造给予国债资金支持;建立振兴东北老工业基地高技术产业发展专项,对高技术产业化项目给予支持。

四是在深化改革方面。发布《东北地区厂办大集体改革试点工作指导意见》，率先开展厂办大集体改革试点。允许东北地区拿出本级国有企业部分股权转让收益和国有资本经营收益，专项用于支付必需的改革成本；加大对东北国有企业政策性关闭破产的支持力度；推进完成中央直属企业分离办社会职能，中央财政给予一定经费补助；支持在东北地区开展民营经济发展改革试点，鼓励辽宁省开展投资领域简政放权改革试点；在东北地区开展产学研用协同创新改革试验。

五是在民生政策等方面。在东北地区率先开展资源枯竭城市转型试点；将社会保障试点由辽宁推广到黑龙江和吉林，并对三省社保中"并轨"和"做实"给予财政补助；就业和再就业政策向东北倾斜，重点解决资源枯竭型城市、独立矿区以及军工、煤炭、冶金、森工等行业下岗失业人员的再就业工作；扩大东北地区棚户区改造项目债券发行规模，国家开发银行支持棚户区改造的项目资本金过桥贷款（软贷款回收再贷）对东北地区支持标准按西部地区执行等。

【专栏 1-12】

东北振兴相关政策文件

一、推动振兴的纲领性、综合性文件

《中共中央 国务院关于实施东北地区等老工业基地振兴战略的若干意见》（2003 年）

《国务院办公厅关于促进东北老工业基地进一步扩大对外开放的实施意见》（2005 年）

《国务院关于加快振兴装备制造业的若干意见》（2006 年）

《国务院关于促进资源型城市可持续发展的若干意见》（2007 年）

《国务院关于进一步实施东北地区等老工业基地振兴战略的若干意见》(2009 年)

《国务院关于东北地区振兴规划的批复》(2007 年)

《国务院关于东北振兴"十二五"规划的批复》(2012 年)

《国务院关于全国老工业基地调整改造规划(2013—2022年)的批复》(2013 年)

《国务院关于印发全国资源型城市可持续发展规划(2013—2020 年)的通知》(2013 年)

《国务院关于近期支持东北振兴若干重大政策举措的意见》(2014 年)

二、关于深化体制机制改革、解决老工业基地历史遗留问题

1.分离企业办社会职能

《国务院办公厅关于中央企业分离办社会职能试点工作有关问题的通知》(2004 年)

《国务院办公厅关于第二批中央企业分离办社会职能工作有关问题的通知》(2005 年)

《国务院关于同意东北地区厂办大集体改革试点工作指导意见的批复》(2005 年)

2.国有企业政策性关闭破产

《国务院办公厅转发国资委关于加快东北地区中央企业调整改造指导意见的通知》(2004 年)

3.减轻企业负担

《财政部 国家税务总局关于印发〈东北地区扩大增值税抵扣范围若干问题的规定〉的通知》(2004 年)

《财政部 国家税务总局关于进一步落实东北地区扩大增值税抵扣范围政策的紧急通知》(2004 年)

《财政部　国家税务总局关于豁免东北老工业基地企业历史欠税有关问题的通知》(2006 年)

《财政部　国家税务总局关于落实振兴东北老工业基地企业所得税优惠政策的通知》(2004 年)

《财政部　国家税务总局关于调整东北老工业基地部分矿山油田企业资源税税额的通知》(2004 年)

三、关于产业结构调整升级

《科学技术部关于印发振兴东北老工业基地科技行动方案的通知》(2004 年)

《国家发展改革委　国务院振兴东北办关于印发发展高技术产业促进东北地区等老工业基地振兴的指导意见的通知》(2005 年)

《国土资源部　国务院振兴东北办关于印发关于东北地区老工业基地矿产资源若干政策措施的通知》(2005 年)

《国家旅游局　国家发展改革委关于印发实施东北地区旅游业发展规划的通知》(2010 年)

《国务院办公厅转发发展改革委　农业部关于加快转变东北地区农业发展方式建设现代农业的指导意见的通知》(2010 年)

《国家发展改革委关于印发东北地区物流业发展规划的通知》(2011 年)

四、关于保障和改善民生

《国务院关于同意辽宁省完善城镇社会保障体系试点实施方案的批复》(2001 年)

《中共中央办公厅　国务院办公厅关于印发贯彻落实中央关于振兴东北地区等老工业基地战略　进一步加强东北地区人才队伍建设的实施意见的通知》(2004 年)

《建设部关于贯彻落实中共中央　国务院关于实施东北地区

等老工业基地振兴战略的若干意见的意见》(2004 年)

《建设部关于印发关于推进东北地区棚户区改造工作的指导意见的通知》(2005 年)

《国家发展改革委 教育部 财政部 人力资源和社会保障部关于印发关于促进东北地区职业教育改革创新指导意见的通知》(2011 年)

资料来源:摘自《辽宁省振兴老工业基地政策文件汇编(2003—2012 年)》,第 1～5 页。

2. 东北地区等老工业基地振兴战略的实施范围

《中共中央 国务院关于实施东北地区等老工业基地振兴战略的若干意见》指出,"振兴老工业基地是一项十分艰巨的任务,要统筹规划,分步实施,当前重点是要做好东北老工业基地的调整改造工作。中部地区的一些老工业城市要充分发挥自身优势,加快发展,条件成熟时比照东北老工业基地有关政策给予适当支持。西部地区老工业基地应充分利用西部大开发政策,实现振兴。东部地区老工业基地应充分利用好沿海对外开放的政策环境,继续发挥地方经济实力较强的优势"。东北老工业基地改造是老工业基地振兴的重点。

东北老工业基地包括东北三省(辽宁省、吉林省、黑龙江省)和内蒙古自治区东部五盟市(呼伦贝尔市、兴安盟、通辽市、赤峰市和锡林郭勒盟,简称蒙东地区),总面积 145.3 万平方千米,总人口约 1.2 亿人。东北地区是新中国重点建设的重工业基地,"一五"时期"156"项中的 58 项布局在东北,超过了 1/3;"二五"时期国家又持续投入,集中力量在东北建设了以能源、原材料、装备制造、国防工业为主的战略产业和骨干企业,为我国形成独立、完整的工业体系和国民经济体系,为改革开放和现代化建设,做出了重大的贡献。直至今天,东北老工业基地仍然集聚了我国大量的骨干企业,在重大技术装备和国防科技工业等领域继续发挥着支柱作用。2007

年8月,国务院正式批复《东北地区振兴规划》,提出加快改革开放步伐,加快结构调整与升级,着力提高自主创新能力,推进产业结构优化升级,加快区域合作进程,加快资源枯竭型城市经济转型,加快建设资源节约型、环境友好型社会,加快发展教育、卫生、文化、体育等各项社会事业。争取经过10～15年的努力,将东北地区建设成为体制机制较为完善,产业结构比较合理,城乡、区域发展相对协调,资源型城市良性发展,社会和谐,综合经济发展水平较高的重要经济增长区域;形成具有国际竞争力的装备制造业基地,国家新型原材料和能源保障基地,国家重要商品粮和农牧业生产基地,国家重要的技术研发与创新基地,国家生态安全的重要保障区,实现东北地区的全面振兴。

除东北地区以外,在中西部地区和东部地区也还分布着一些老工业基地。随着东北老工业基地调整改造取得重大进展,借鉴东北振兴的经验,推进其他地区老工业基地调整改造逐渐提上日程。2007年1月,国务院办公厅印发《国务院办公厅关于中部六省比照实施振兴东北地区等老工业基地和西部大开发有关政策范围的通知》,决定对中部六省的26个老工业城市比照实施东北老工业基地的部分政策。

2013年,国务院批复《全国老工业基地调整改造规划(2013—2022年)》,首次明确了全国120个老工业城市,要求统筹推进全国老工业基地调整改造。东北老工业基地和全国老工业城市,共同构成了东北地区等老工业基地振兴战略的实施范围(见表1-4)。

表1-4 全国老工业基地范围

地级城市(共95个):
河北省(6个):张家口、唐山、保定、邢台、邯郸、承德
山西省(5个):大同、阳泉、长治、晋中、临汾
内蒙古自治区(2个):包头、赤峰
辽宁省(11个):鞍山、抚顺、本溪、锦州、营口、阜新、辽阳、铁岭、朝阳、盘锦、葫芦岛

续表

吉林省(6个):吉林、四平、辽源、通化、白山、白城

黑龙江省(6个):齐齐哈尔、牡丹江、佳木斯、大庆、鸡西、伊春

江苏省(3个):徐州、常州、镇江

安徽省(6个):淮北、蚌埠、淮南、芜湖、马鞍山、安庆

江西省(3个):九江、景德镇、萍乡

山东省(2个):淄博、枣庄

河南省(8个):开封、洛阳、平顶山、安阳、鹤壁、新乡、焦作、南阳

湖北省(6个):黄石、襄阳、荆州、宜昌、十堰、荆门

湖南省(6个):株洲、湘潭、衡阳、岳阳、邵阳、娄底

广东省(2个):韶关、茂名

广西壮族自治区(2个):柳州、桂林

四川省(8个):自贡、攀枝花、泸州、德阳、绵阳、内江、乐山、宜宾

贵州省(3个):遵义、安顺、六盘水

陕西省(4个):宝鸡、咸阳、铜川、汉中

甘肃省(4个):天水、嘉峪关、金昌、白银

宁夏回族自治区(1个):石嘴山

新疆维吾尔自治区(1个):克拉玛依

直辖市、计划单列市、省会城市的市辖区(共25个):

北京市石景山区、天津市原塘沽区、上海市闵行区、重庆市大渡口区、石家庄市长安区、太原市万柏林区、沈阳市大东区、大连市瓦房店市、长春市宽城区、哈尔滨市香坊区、南京市原大厂区、合肥市瑶海区、南昌市青云谱区、济南市历城区、郑州市中原区、武汉市硚口区、长沙市开福区、成都市青白江区、贵阳市小河区、昆明市五华区、西安市灞桥区、兰州市七里河区、西宁市城中区、银川市西夏区、乌鲁木齐市头屯河区

资料来源:摘自《国家发展改革委关于印发全国老工业基地调整改造规划(2013—2022年)的通知》,2013年4月。

(三)中部地区崛起战略

中部地区包括山西、安徽、江西、河南、湖北和湖南6省,面积102.8万平方千米,占我国国土总面积的10.7%,2010年年末总人口约3.6亿,占

全国的近27%。中部地区位于我国内陆腹地,人口众多,自然、文化和旅游资源丰富,科教基础雄厚,水陆空交通网络便捷通达,具有承东启西、连南贯北的区位优势,农业特别是粮食生产优势明显,工业门类比较齐全,生态环境总体条件较好,承载能力较强,是全国重要的农产品、能源、原材料和装备制造业基地。[1]

2004年1月,中央经济工作会议首次明确"促进中部崛起";2006年4月,中共中央、国务院发布了《中共中央 国务院关于促进中部地区崛起的若干意见》,提出将中部地区建设成为全国重要的粮食生产基地、能源原材料基地、现代装备制造及高技术产业基地和综合交通运输枢纽(即"三基地一枢纽");同年5月,国务院办公厅发布了《国务院办公厅关于落实中共中央 国务院关于促进中部地区崛起若干意见有关政策措施的通知》,在加快建设全国重要粮食生产基地,加强能源原材料基地和现代装备制造及高技术产业基地建设,提升交通运输枢纽地位,促进城市群和县域发展,扩大对内对外开放,加快体制机制创新,加快社会事业发展,加强资源节约、生态建设和环境保护等方面提出了56条具体政策措施。

此后,2009年9月,国务院通过了《促进中部地区崛起规划》;2012年,国务院又印发了《国务院关于大力实施促进中部地区崛起战略的若干意见》,这些文件明确了促进中部崛起的政策。

【专栏1-13】

《国务院关于促进中部地区崛起规划的批复》概要

中部地区是我国重要的粮食生产基地、能源生产基地、现代装备制造业基地及高技术产业基地和综合交通运输枢纽,在国家

---

[1] 范恒山:《促进中部地区崛起重大思路与政策研究》,人民出版社,2011年,第1页。

经济社会发展格局中具有重要地位。今后 5～10 年是中部地区发挥优势、实现突破、加快崛起的关键时期,编制实施《规划》,有利于应对国际金融危机冲击,挖掘中部地区发展潜力,充分发挥中部地区比较优势,加快中部地区发展,增强对全国发展的支撑能力。

要着力改革开放,创新体制机制,转变发展方式,提升经济整体实力和竞争力;着力自主创新,调整优化结构,积极承接产业转移,大力推进新型工业化进程;着力优化空间布局,培育城市群增长极,壮大县城和中心镇,积极稳妥地推进城镇化;着力加强农业基础,切实改善农村面貌,加快推进农业现代化,促进城乡一体化发展;着力发展循环经济,节约资源能源,保护生态环境,促进区域可持续发展;着力改善民生,切实扩大就业,促进社会和谐,在发挥承东启西和产业发展优势中崛起,实现中部地区经济社会全面协调可持续发展。

资料来源:摘自《国务院关于促进中部地区崛起规划的批复》,2009 年 10 月 26 日。

一是明确中部地区 26 个老工业基地城市在深化国有企业改革,加快企业技术进步,加强以企业为主体的技术创新体系建设,推进产业结构调整,完善社会保障体系等方面部分享受东北振兴战略的政策(见表 1-5)。中部地区 243 个欠发达县(市、区)在改善农村生产生活条件,加大财政转移支付力度,提高基本公共服务水平,加快扶贫开发,发展特色产业,推进商贸流通发展等方面部分比照西部大开发有关政策(见表 1-6)。

表 1-5 中部六省比照实施振兴东北地区等老工业基地有关政策的城市

省 份	比照城市（26个）
山西省	太原、大同、阳泉、长治
安徽省	合肥、马鞍山、蚌埠、芜湖、淮南
江西省	南昌、萍乡、景德镇、九江
河南省	郑州、洛阳、焦作、平顶山、开封
湖北省	武汉、黄石、襄阳、十堰
湖南省	长沙、株洲、湘潭、衡阳

资料来源：摘自《国务院办公厅关于中部六省比照实施振兴东北地区等老工业基地和西部大开发有关政策范围的通知》，2007年。

表 1-6 中部六省比照实施西部大开发有关政策的县（市、区）

省 份	比照县（市、区，共243个）
山西省	阳曲县、娄烦县、阳高县、天镇县、广灵县、灵丘县、浑源县、大同县、平顺县、壶关县、武乡县、沁县、沁源县、陵川县、榆社县、左权县、和顺县、昔阳县、万荣县、闻喜县、新绛县、离石区、垣曲县、夏县、平陆县、五台县、代县、繁峙县、宁武县、静乐县、忻府区、河曲县、保德县、偏关县、平鲁区、原平市、古县、浮山市、乡宁县、汾西县、文水县、交城县、兴县、临县、柳林县、石楼县、岚县、方山县、中阳县、交口县，共50个县（市、区）。
安徽省	长丰县、怀远县、枞阳县、潜山县、太湖县、宿松县、望江县、岳西县、定远县、临泉县、太和县、阜南县、颍上县、界首市、砀山县、萧县、灵璧县、泗县、无为县、寿县、霍邱县、舒城县、金寨县、霍山县、裕安区、涡阳县、利辛县、石台县、郎溪县、泾县，共30个县（市、区）。
江西省	乐平市、莲花县、修水县、德安县、都昌县、赣县、上犹县、安远县、宁都县、于都县、兴国县、会昌县、寻乌县、石城县、瑞金市、吉安县、吉水县、峡江县、新干县、永丰县、泰和县、遂川县、万安县、安福县、永新县、井冈山市、万载县、铜鼓县、黎川县、南丰县、乐安县、宜黄县、资溪县、广昌县、上饶县、横峰县、弋阳县、余干县、鄱阳县、万年县、德兴市，共41个县（市）。
河南省	杞县、通许县、兰考县、栾川县、嵩县、汝阳县、宜阳县、洛宁县、叶县、鲁山县、郏县、滑县、内黄县、林州市、原阳县、封丘县、南乐县、范县、台前县、濮阳县、舞阳县、卢氏县、南召县、淅川县、社旗县、桐柏县、民权县、睢县、宁陵县、柘城县、虞城县、夏邑县、永城市、罗山县、光山县、新县、商城县、固始县、淮滨县、息县、扶沟县、商水县、沈丘县、郸城县、淮阳县、太康县、鹿邑县、上蔡县、平舆县、正阳县、确山县、泌阳县、汝南县、新蔡县，共54个县（市）。

续表

省 份	比照县(市、区,共243个)
湖北省	阳新县、郧县、郧西县、竹山县、竹溪县、房县、丹江口市、远安县、兴山县、秭归县、长阳土家族自治县、五峰土家族自治县、当阳市、南漳县、保康县、孝昌县、大悟县、监利县、洪湖市、团风县、红安县、罗田县、英山县、浠水县、蕲春县、麻城市、崇阳县、通山县,共28个县(市)。
湖南省	茶陵县、炎陵县、韶山市、衡山县、祁东县、耒阳市、新邵县、邵阳县、隆回县、绥宁县、新宁县、城步苗族自治县、平江县、澧县、津市市、慈利县、桑植县、南县、安化县、沅江市、永兴县、汝城县、桂东县、安仁县、祁阳县、江永县、宁远县、蓝山县、新田县、江华瑶族自治县、沅陵县、会同县、麻阳苗族自治县、新晃侗族自治县、芷江侗族自治县、靖州苗族侗族自治县、通道侗族自治县、双峰县、新化县、冷水江市,共40个县(市)。

二是围绕推动"三基地一枢纽"建设,支持中部地区实施一大批重大项目。主要是加强中部地区粮食主产区生产能力建设,加强能源、原材料基地建设和加快发展有竞争力的新兴制造业,加强铁路、高速公路、干线公路、航运、民航等综合运输体系建设。

三是加强财税政策支持,出台针对中部地区的转移支付政策,在资金补助标准调整等方面加大支持力度。中央财政加大了对中部六省的一般性和专项转移支付力度。

四是在武汉城市圈和长株潭城市群开展全国资源节约型和环境友好型社会(简称"两型社会")建设综合配套改革试验,在山西省开展资源型经济转型综合配套改革试验。

五是制定促进中部地区城市群发展的指导意见,支持武汉城市圈、中原城市群、长株潭城市群、环鄱阳湖城市群和太原城市圈发展,支持安徽省皖江城市带建设国内第一个承接产业转移示范区。

(四)东部地区重点经济区发展

东部沿海地区是我国工业、经济、人口的主要集中地区,是我国综合实力最强的区域,促进东部沿海地区率先实现转型发展,是国家一直高度重视的工作。近年来,国家对东部地区重点地区出台了一系列的政策文件和规划,支持东部地区加快转型发展。

1. 长江三角洲地区

长江三角洲地区范围包括上海市、江苏省和浙江省,区域面积 21.07 万平方千米,常住人口 15777 万人。长三角地区区位条件优越,自然禀赋优良,经济基础雄厚,体制比较完善,城镇体系完整,科教文化发达,是我国发展基础最好、体制环境最优、整体竞争力最强的地区之一,在我国现代化建设全局中具有十分重要的战略地位。2013 年长三角地区 GDP 总量逼近 10 万亿元,占全国的 17.2%。如果把江浙沪看成一个经济体,2014 年 GDP 总量已排在全球前十位。预计到 2015 年,长三角地区人均地区生产总值达到 82000 元(核心区 100000 元),服务业比重达到 48%(核心区 50%),城镇化水平达到 67%(核心区 70% 左右)。2008 年,国务院印发了《国务院关于进一步推进长江三角洲地区改革开放和经济社会发展的指导意见》,明确了支持长三角区域发展的政策措施。

【专栏 1-14】

《国务院关于进一步推进长江三角洲地区 改革开放和经济社会发展的指导意见》概要

长江三角洲地区是我国综合实力最强的区域,在社会主义现代化建设全局中具有重要的战略地位和带动作用。

进一步推进长江三角洲地区改革开放和经济社会发展,有利于推进区域经济一体化,提高自主创新能力和整体经济素质;有利于增强对中西部地区的辐射带动作用,推动全国区域协调发展;有利于提高开放型经济水平,增强我国国际竞争力和抗风险能力；有利于推进体制创新，促进建立健全充满活力、富有效率、更加开放的体制机制。

要进一步解放思想、与时俱进，进一步深化改革、扩大开放，着力推进经济结构战略性调整，着力增强自主创新能力，着力促进城乡区域协调发展，着力提高资源节约和环境保护水平，着力促进社会和谐与精神文明建设，实现科学发展、和谐发展、率先发展、一体化发展，把长江三角洲地区建设成为亚太地区重要的国际门户、全球重要的先进制造业基地、具有较强国际竞争力的世界级城市群，为我国全面建设小康社会和实现现代化做出更大贡献。

资料来源：摘自《国务院关于进一步推进长江三角洲地区改革开放和经济社会发展的指导意见》，2008年9月。

2010年，《国务院关于长江三角洲地区区域规划的批复》进一步明确长江三角洲的范围"包括上海市、江苏省和浙江省，以上海市和江苏省的南京、苏州、无锡、常州、镇江、扬州、泰州、南通，浙江省的杭州、宁波、湖州、嘉兴、绍兴、舟山、台州16个城市为核心区"。明确提出了长三角地区"一核九带"的总体布局框架，并分别明确了"一核"和"九带"各自的发展方向。具体是：上海发展核心，要充分发挥国际经济、金融、贸易、航运中心作用，促进区域整体优势的发挥和国际竞争力的提升；沪宁和沪杭甬沿线发展带，要建成高技术产业带和现代服务业密集带，形成国际化水平较高的城镇集聚带，服务长江三角洲地区乃至全国发展；沿江发展带，要建成特色鲜明、布局合理、生态良好的基础产业发展带和城镇集聚带，成为长江产业带的核心组成部分；沿湾发展带，要建成分工明确、布局合理、功能协调的现代制造业密集带和城镇集聚带，带动长江三角洲地区南部的全面发展；沿海发展带，要形成与生态保护相协调的新兴临港产业和海洋经济发展带，辐射带动苏北、浙西南地区经济发展；宁湖杭沿线发展带，要形成生态产业集聚、城镇发展有序的新型发展带,拓展长江三角洲地区向中西部地区辐射带动的范围;沿湖发展带,要成为全国重要的旅游休闲带、区域会展中心和研发基地;沿东陇海线发展带,要建设资源加工产业基地,成为振兴苏北、带动我国陇海兰新沿线地区经济发展的重要区域;沿运河发展带,要成为独具特色的运河文化生态产业走廊;沿温丽金衢线发展带,要成为连接长江三角洲地区和海峡西岸经济区的纽带。同时,《长江三角洲地区区域规划》还对加强与周边地区特别是泛长三角地区的合作互动、推动区域协调发展提出了具体要求。

　　国家也明确了长三角地区八个重点领域的发展方向、目标任务和具体措施。在城镇发展与城乡统筹方面,提出要坚持走新型城镇化道路,以上海为核心,完善南京、杭州等区域性中心城市功能,增强其他重要城市实力,鼓励发展中小城镇,调控城镇人口布局,推进城乡一体化发展,构建完备的城镇体系,建设具有较强国际竞争力的世界级城市群。在产业发展与布局方面,提出要优先发展现代服务业,做强做优电子信息、装备制造、钢铁和石化等先进制造业,加快发展生物医药、新材料、新能源和民用航空航天等新兴产业,巩固提升农业、纺织服装等传统产业,培育一批具有国际竞争力的世界级企业和品牌,推进产业结构优化升级,建设全球重要的现代服务业中心和先进制造业基地。在自主创新与创新型区域建设方面,提出要以关键领域和核心技术创新为突破口,强化企业的创新主体地位,完善区域科技创新平台,营造有利于自主创新的政策环境,增强自主创新能力,形成优势互补、资源共享、互利共赢的具有国际竞争力的区域创新体系,率先在全国建成创新型区域。在基础设施建设与布局方面,重点建设沪宁、沪杭、沿长江、沿海、宁湖杭、杭甬、东陇海和浙西南八大交通通道,加强全国性和区域性综合运输枢纽建设,实现各种运输方式高效衔接,同时提出煤炭、油气、电力和新能源等基础设施建设方案,还对水利基础设施和信息基础设施建设进行了部署。在资源利用与生态环境保护方面,重点是提高土地节约集约利用水平,强化环境保护和生态建设,全面提高区域可持续发展能力,特别强调要实行最严格的耕地保护制度,提高建设用地利用效率,保障生态用地,优化土地资源配置,并加强饮用水源地保护,加强水污染和大气污染防治,开展农村环境综合整治,建设"三纵两横"生态网络。在社会事业与公共服务方面,提出以改善民生为重点,突出重点领域,突破薄弱环节,着力推进教育、卫生、文化等社会事业发展,加快完善就业和社会保障体系,加强外来人口服务和管理,率先建立健全覆盖城乡的社会保障体系,推进基本公共服务均等化。在体制改革与制度创新方面,提出要进一步发挥上海浦东综合配套改革的示范作用,推进重点领域和关键环节改革攻坚,在新的更高起点上再创体制机制新优势,率先建立完善社会主义市场经济体制,重点要推进行政管理体制改革、非公有制经济发展和国有企业改革、加快市场体系建设、开展重大改革试验、加强法制环境建设,形成有利于科学发展、和谐发展的体制机制。在对外开放与合作方面,提出要充分利用国际国内两个市场、两种资源,在更大范围、更广领域、更高层次上参与国际合作与竞争,实现开放型经济新跨越,打造服务亚太乃至全球的重要国际门户;加快转变外贸发展方式,提高利用外资质量,实施企业"走出去"战略,提高开放型经济水平;同时,加强泛长三角合作、以长江流域为重点的区域合作、与港澳台地区合作和国际合作。[①]

在长三角地区的发展中,上海是核心,上海浦东新区是龙头。2005年6月,国务院常务会议批准上海浦东新区进行综合配套改革试点,明确了率先建立社会主义市场经济体制,着力转变政府职能、着力转变经济运行方式、着力改变城乡二元经济和社会结构的总体要求。十年来,浦东新区按照"浦东能突破、全市能推广、全国能借鉴"的要求,先后实施了三轮三年行动计划,推动了200多项改革任务,在重点领域和关键环

---

① 范恒山:《率先基本实现现代化的行动纲领——谈长江三角洲地区区域规划》,《中国经济导报》,2010年7月20日第5版。

节先行先试取得了一些进展和突破,增强了对长江三角洲地区的辐射带动能力。

【专栏 1-15】

浦东新区的改革探索

一是率先探索海关特殊监管区向自贸园区转型升级。设立了国家第一个自贸试验区。围绕总部企业的跨境资金运作需求,率先探索跨境放款、外汇集中管理、集中收付汇等一系列突破。围绕口岸进出便利化需求,率先在全国海关开展分类通关和无纸化通关改革试点,推进海关、边检、检验检疫申报单"三单合一"。围绕完善总部经济发展环境,2012 年国家工商总局从下放登记管辖权、鼓励债券转股权等方面推出支持上海经济社会发展的18 条政策措施。

二是完善金融对实体经济的促进作用。2006 年中国金融期货交易所在浦东注册成立,2010 年全国银行间市场贷款转让交易系统在浦东开通,2012 年上海股权托管交易中心落户浦东。2010 年国内首批、上海首家消费金融公司——中银消费金融有限公司在上海浦东挂牌,2012 年率先开展商业保理试点。同时,股权投资、风险投资、对冲基金、融资租赁、融资担保以及小额贷款公司等新兴金融业态及金融机构加快集聚,初步构建了涵盖科技企业各成长阶段的股权投资体系和符合科技企业资产特征的债权融资体系。

三是促进创新创业。浦东 2011 年推出"张江创新十条",通过股权激励、发挥国资创投引导功能、探索出入境便利化等举措,给予创新创业人才激励支持。例如,通过股权激励试点,促进了科技成果转化与企业分配收益的结合,调动了技术和管理人员的创造性和积极性。围绕降低人才居住成本推出一系列举措,通过提供人才公寓、租金补贴、双定双限房,以及孵化器、创业工坊等多种渠道,降低创新创业人才特别是青年人才的居住成本和创业门槛。

四是突破高新技术产业化瓶颈。如针对入境检验检疫模式难以满足生物医药研发企业需求的问题,2008年起,质检部门在张江率先启动入境生物材料检验检疫试点,推进缩短审批时间、缩减审批范围、减少申请材料、许可分批核销等6方面改革,又比如,针对集成电路设计企业在委托加工环节中税负较重的问题,从2008年开始积极探索集成电路保税监管新模式。对张江高科技园区集成电路设计企业实行"自行设计、具有自主知识品牌、委托加工后出口的产品视同自产产品享受免抵退",2011年推动实现芯片设计到制造、封装、测试等整个加工经营活动的全程保税。同时,针对张江、金桥等产业园区从以制造经济为主向创新经济转型升级、发展混合业态的需求出发,推动土地"二次开发"改革试点,利用存量工业用地建设研发类建筑,按规划增加容积率。

五是深化行政管理体制改革。探索建立起"大部门制""大管委会""大市镇"的行政管理架构。区政府设工作部门19个,相当于其他区县的2/3;万人行政编制数3.8人,不到全市平均数一半。在开发区实行"大管委会"体制。目前形成"4+3"开发区管理格局,通过市、区两级充分授权,基本做到"开发区事、开发区办"。探索"大市镇"体制。建立新的川沙新镇和祝桥镇,赋予更大的管理权限,增强统筹资源、自主发展的能力。在临港地区建立南汇新城镇,与临港管委会实行"两块牌子、一套班子",最大限度提高临港地区的统筹开发力度,促进产城融合。经过六轮行政审批制度改革,建立"一门式"的审批服务机制,建立了"管批分离"和行政服务中心"一门式受理、一门式办理、一门式办结"的建设工程综合审批服务机制。

六是大力推进城乡统筹。推进教育管理一体化,加强教育投入和建设力度,实现基础教育的统一拨款标准、统一硬件配备、统一信息平台、统一为教师提供培训与发展机会。推进医疗卫生服务管理体制一体化,将各社区卫生服务中心人、财、物等实行区级统一管理,促进城乡医疗卫生事业的同步发展。

七是优化社会组织发展环境。推动建立上游有基金会、中游有支持性枢纽型社会组织、下游有操作型公益组织的社会组织生态链。拓宽社会组织生存和发展空间,探索优化社会组织建立和发展有效机制,推进简化社会组织登记程序、行业协会登记管理体制、公共服务供给模式等改革。

资料来源:摘自中国人民大学评估组对上海浦东综合配套改革试点的评估报告,2013年。

2. 珠江三角洲地区

珠江三角洲面积大约5.6万平方千米,位于广东省中南部,珠江流域下游,毗邻港澳,与东南亚地区隔海相望。珠三角地区海陆交通便利,被称为中国的"南大门",经过改革开放30多年来的发展,依托毗邻港澳的区位优势,率先建立了开放型经济体系,已成为我国市场化程度最高、市场体系最完备、外向度最高的经济区域和对外开放的重要窗口,具备了建立世界制造业基地的雄厚基础,成为推动我国经济社会发展的强大引擎。

2008年,国务院关于《珠江三角洲地区改革发展规划纲要(2008—2020年)》的批复指出,珠江三角洲的范围是"以广东省的广州、深圳、珠海、佛山、江门、东莞、中山、惠州和肇庆市为主体,辐射泛珠江三角洲区域",要求将珠三角的发展与港澳紧密合作的相关内容纳入规划,促进珠三角进一步发挥对全国的辐射带动作用和先行示范作用,将珠三角建设成为科学发展模式试验区、深化改革先行区、扩大开放的重要国际门户、世界先进制造业和现代服务业基地及全国重要的经济中心。2013 年,珠江三角洲地区 9 个地级市的国内生产总值(GDP)为 47897 亿元人民币,约占中国内地经济总量的 8.4%,是仅次于长三角都市经济圈、京津冀都市经济圈的中国大陆第三大经济总量的都市经济圈。2013 年,珠江三角洲人均GDP 为 84563 元,超过 1.2 万美元,已达到中等发达国家水平。

【专栏 1-16】

国务院关于《珠江三角洲地区
改革发展规划纲要(2008—2020 年)》的批复概要

珠江三角洲地区是我国改革开放的先行地区,是我国主要的经济中心区域,在全国经济社会发展和改革开放大局中具有突出的带动作用和举足轻重的战略地位。

要进一步解放思想、深化改革、扩大开放,加快转变经济发展方式,不断提高综合经济实力、自主创新能力和国际竞争力,努力把珠江三角洲地区建设成为我国探索科学发展模式试验区、深化改革先行区、扩大开放的重要国际门户、世界先进制造业和现代服务业基地及全国重要的经济中心。继续在改革开放上先行一步,率先实现科学发展、和谐发展,率先基本实现现代化,在促进环珠三角和泛珠三角区域的经济发展、推进粤港澳三地更加紧密合作、保持港澳地区长期繁荣稳定、参与亚太地区区域合作和全球经济竞争等方面进一步发挥辐射带动作用和先行示范作用。

资料来源:摘自国务院关于《珠江三角洲地区改革发展规划纲要(2008—2020 年)》的批复,2008 年 12 月。

根据珠三角地区的功能定位,国家明确要优化珠江三角洲地区空间布局,以广州、深圳为中心,以珠江口东岸、西岸为重点,推进珠江三角洲地区区域经济一体化,带动环珠江三角洲地区加快发展,形成资源要素优化配置、地区优势充分发挥的协调发展新格局。充分发挥广州省会城市的优势,增强高端要素集聚、科技创新、文化引领和综合服务功能,进一步优化功能分区和产业布局,建成珠江三角洲地区一小时城市圈的核心,继续发挥深圳经济特区的窗口、试验田和示范区作用,增强科技研发、高端服务功能,强化全国经济中心城市和国家创新型城市的地位,建设国际化城市。以深圳市为核心,以东莞、惠州市为节点的珠江口东岸地区,优化人口结构,提高土地利用效率,提升城市综合服务水平,促进要素集聚和集约化发展,增强自主创新能力,打造全球电子信息产业基地。以珠海市为核心,以佛山、江门、中山、肇庆市为节点的珠江口西岸地区,提高产业和人口集聚能力,增强要素集聚和生产服务功能,优化城镇体系和产业布局,打造若干具有国际竞争力的产业集群。加快建设粤东、粤西地区石化、钢铁、船舶制造、能源生产基地,形成沿海产业带,培育粤北地区成为珠江三角洲地区先进制造业的配套基地。

在促进珠三角内部统筹发展的同时,还鼓励珠三角与港澳加强合作,推进重大基础设施对接,加强产业合作,共建优质生活圈,在教育、医疗、社会保障、文化、应急管理、知识产权保护等方面开展合作。广东省还筹划开展了泛珠三角区域合作,包括广东、广西、海南、云南、贵州、四川、湖南、江西、福建9个省区和香港、澳门2个特别行政区,简称"9+2",成为我国区域合作与发展中的一个新尝试。

深圳在珠三角的创新发展中具有特殊重要的地位,近年来,深圳在经济特区建设的基础上继续深化改革。行政管理体制改革迈出实质步伐,先后推出政府机构大部制改革、公务员分类改革和聘任制改革、行政审批制度改革、事业单位改革、建立打造功能新区等;经济领域改革有序推进,前海体制机制创新、商事登记制度改革、土地管理制度改革等在全国范围内备受关注;社会领域改革扎实推进,积极创新社会建设体制机制、深化社会组织管理体制改革,完善住房、医疗、教育等方面的改革;文化体制、生态领域、民主政治建设进一步深化。为珠三角转型发展发挥了重要的支撑作用。

【专栏 1-17】

深圳市的改革探索

一是打造前海深港现代服务业合作区"特区中的特区"。国家层面建立了前海建设部际联席会议制度;在广东省层面推动省政府下放了一批省级经济管理权限;在深圳市层面,推动"一条例两办法"(《深圳经济特区前海深港现代服务业合作区条例》《深圳市前海深港现代服务业合作区管理局暂行办法》《深圳前海湾保税港区管理暂行办法》)正式出台,探索建立起集中管理、灵活高效的运作新模式,将土地规划、投资项目管理等 69 项行政职能授权给前海。《前海跨境人民币贷款管理暂行办法》已于 2012 年年底经中国人民银行批准印发实施。此外,深圳石化交易所、金融资产交易所、文化产权交易所、碳排放权交易所、农产品交易所、股权交易中心、保险结算中心等均落户前海,初步形成要素交易市场集聚发展态势。以深港高层联席会议和专责工作小组制度为基础,探索成立了与香港政府部门联合建立的金融政策、法律环境等四个工作小组,共同争取政策支持;在部际联席会议制度框架下,与香港方面建立了定期联络沟通机制;推动组建了深港双方共同参加的高规格咨询委员会,港方委员占近 50%,形成了高层次、多领域的智囊咨询常态化运作机制。

二是全面实施商事登记制度改革,激活市场环境。国家工商总局出台《国家工商行政管理总局关于支持广东加快转型升级、建设幸福广东的意见》,明确支持广东省在深圳经济特区和珠海经济特区横琴新区开展商事登记制度改革试点。目前《深圳经济特区商事登记若干规定》已正式实施,同时发出首张新版的营业执照,这是全国首部商事主体资格与经营资格分离的商事登记法规。商事登记制度改革,大大降低了企业登记的门槛,企业申请成本降低,进一步优化了营商环境。

三是推行公务员分类管理和聘任制,完善用人机制。深圳市于2010年全面启动行政机关公务员分类管理改革,并采取增量改革的方法,对2010年1月1日后新进入行政机关的公务员实施聘任制。2012年8月,又出台了《深圳市人民政府关于进一步深化公务员分类管理改革的意见》,继续深化此项改革。公务员管理体制改革提高了公务员管理的科学化水平,明确了公务员的专业化发展通道,搞活了机关用人机制,促进了人力资源配置和行政运行机制的优化。

四是积极培育发展社会组织,推动社会组织管理体制改革。深化登记体制改革,有序推动政社分开。以"方向要积极、步骤要稳妥"为指导,循序渐进推动登记体制改革,逐步扩大直接登记范围。目前,有工商经济类、公益慈善类、社会福利类、社会服务类、文娱类、科技类、体育类和生态环境类等8类社会组织由民政部门直接登记。积极推动社区社会组织登记备案双轨制,通过促进社区社会组织快速发展,为加强社区建设,提升社区服务,促进社区和谐发挥了重要作用。稳步推进政府职能转移,推动社会组织提供公共服务和参与社会管理。深圳着眼于公共服务体制机制的创新,结合行政管理体制改革,大力培育和扶持社会组织,将自身承担的部分社会管理职能交由社会组织行使,政府的角色由"划桨者"逐步转型为"掌舵人"。加大政府职能转移委托力度。厘清政社边界,明确政府职能和公共服务转移事项,是社会组织承接政府职能的前提。2009 年以来结合大部制改革,从各局委办削减出的政府工作事项中部分转由社会组织承接。2010 年,出台了《深圳市推进政府职能和工作事项转移委托工作实施方案》。目前深圳市正着手编制政府转移职能目录、政府职能部门购买服务目录、符合政府转移职能承接资质社会组织目录等"三大目录",使政府职能转移制度化、常态化。

五是探索高度城市化地区土地管理制度改革难题。《深圳市土地管理制度改革总体方案》获国土资源部和广东省联合批复,为破解发展难题,深化土地管理制度改革指明了改革方向,明确了改革内容,赋予深圳依据土地利用总体规划、自主编制功能片区土地利用规划、审批建设用地等权限。全面启动完善国有土地产权制度、加强土地市场化建设、增强土地科学调控能力、创新存量土地循环利用机制、完善土地管理法治环境等工作。

资料来源:摘自国家信息中心评估组对深圳市综合配套改革试验区的评估报告,2013 年。

3. 东部地区其他重点经济区域的发展

(1)天津滨海新区

天津滨海新区位于天津东部沿海,面积 2270 平方千米,海岸线 153 千米,常住人口 263.52 万人。地处环渤海经济带和京津冀城市群的交汇点,距首都北京 120 千米,内陆腹地广阔,辐射西北、华北、东北 12 个省市区;拥有世界吞吐量前五的综合性港口,通达全球 400 多个港湾,是中亚内陆国家重要的出海口;拥有北方最大的航空货运机场,连接国内外 30 多个世界名城,是我国北方重要的交通枢纽。

　　2005年,"十一五"规划对加快天津开发开放和滨海新区发展提出了明确的要求。2006年,国务院批准天津滨海新区综合配套改革试验区。2009年11月,国务院正式批复滨海新区行政体制改革方案,同意撤销天津市塘沽区、汉沽区、大港区,设立天津市滨海新区,以原塘沽区、汉沽区、大港区的行政区域为滨海新区的行政区域。国务院对滨海新区的功能定位是:依托京津冀、服务环渤海、辐射"三北"、面向东北亚,努力建设成为我国北方对外开放的门户、高水平的现代制造业和研发转化基地、北方国际航运中心和国际物流中心,逐步成为经济繁荣、社会和谐、环境优美的宜居生态型新城区。

　　按照国务院的批复,滨海新区未来将发展形成"一城双港、九区支撑"的总体布局。"一城"就是滨海新区核心城区,"双港"就是南部港区和北部港区,"九区"就是九个产业功能区。每个功能区集中力量发展3~4个主导产业,努力形成"东港口、西高新、南重化、北旅游、中服务"五大产业板块。东部现代港口物流板块,重点发展国际中转、国际配送、国际采购、国际转口贸易和出口加工,建成中国内地第一个自由港。西部先进制造业板块,重点发展生物医药、新能源、新材料等战略性新兴产业,成为高端产业聚集区和自主创新领航区。南部重化重装板块,重点发展石油化工、现代冶金、造修船、海上工程设备、高速机车等产业,建成世界级重化产业和重型装备制造业基地。北部休闲旅游板块,着力发展海滨旅游、总部经济、商务会展、服务外包、文化创意,以及高科技生态型产业。中部金融服务板块,发展现代金融、现代商业、高端商务等现代服务业,建成世界占地面积最大的金融服务区。

　　2008年以来,天津市紧紧抓住滨海新区开发开放的战略机遇,全面实施"滨海新区龙头带动、中心城区全面提升、各区县加快发展"的联动发展战略,健全"部门协同、上下联动"的改革工作机制,在金融、涉外、科技、土地、行政等方面积极开展改革探索,着力破除传统体制羁绊,加快推进发展方式转变,促进产业结构优化升级,滨海新区的龙头带动作用和区域服务功能正在逐渐形成。

【专栏1-18】

天津滨海新区的改革探索

一是创新金融服务体系。初步建立了以银行、保险、信托、证券等传统金融为基础,以金融租赁、消费金融、货币经济、外币兑换等现代金融为主干的多元化金融服务体系,率先开展商业保理、保障房资金支持票据等新型业务,设立国内首只互联网证券基金。深化外汇改革创新,积极开展跨境贸易人民币结算和外汇资本金意愿结汇等试点。发展科技金融,初步建立以财政拨款资助、贷款贴息贴费和股权投资支持相结合的融资模式,以融资超市、专营机构、金融创新产品等为支撑的综合化服务体系。发展航运金融,支持银行设立航运金融中心,金融租赁公司专营飞机、船舶等产品进口和出口租赁业务,在国内率先开展单机单船租赁和保税租赁业务。

二是进一步加强开发开放。建立天津自贸园区,制定了《天津东疆保税港区国际船舶登记制度创新试点方案》,提出在船舶登记、船员配备、船舶融资租赁等方面先行先试,启动了国际船舶登记制度、国际航运税收政策试点。借鉴国际通行做法,探索提高货物、人员、资金进出和投资便利化水平。积极探索海关特殊监管区域管理制度创新,实施了集中申报,分批通关等创新措施,基本实现北疆、南疆区域联动,24 小时通关;口岸公共信息平台和全港区电子化口岸的建设全面展开,实现通关信息化管理;天津海关开展"属地申报、口岸验放"的通关模式;检验检疫局创新检验检疫制度,完善集中审单、集中查验、集中转检"三集中"系统现场查验模块,实现查验结果远程无线登记、实时放行、证单自动缮制和全天候自助打印;进一步完善"一次录用、分别申报"系统,全面实行电子指令放行,推动直通放行模式和无纸化报检、电子监管、自助签证。

三是提高自主创新能力。加强了与北京尤其是中关村的共建合作,着力推进产学研合作,通过清除影响高校师生创业、国有科技成果转移、股权激励等体制机制障碍,完成高校、科研院所成果与企业对接项目500多项,成功促进3800多家传统企业转型升级。

四是创新土地制度。结合滨海新区建设初期项目布局多、用地需求量大的实际,实行"前期适当集中,后期相应调减"的灵活用地方式,在滨海新区建设用地总规模范围内,统筹安排年度土地利用计划指标,按项目配备集中使用。在示范小城镇改革试点中,对置换出来的原有宅基地统一组织复垦整理,以国有土地提供农民住宅区建设用地。农民安置住宅以外的建设用地以招拍挂的市场化方式出让,确保耕地不减。

五是稳步推进行政管理体制改革。撤销了滨海新区工委、管委会和塘沽、汉沽、大港区的行政建制,建立了滨海新区统一的行政体制框架。探索了大部门管理体制,建立了"新区的事在新区办"的工作机制,初步形成全区统一的行政审批服务体系。建立了市和区县两级行政许可服务中心,构建了三级行政服务中心。搭建行政审批、要素配置、社会服务、效能监察四个平台,将审批事项和服务事项纳入行政审批平台集中办理,实行"一站式"服务和实时监督电子监察。

六是稳步推进国企改革和国有经济布局结构调整。加强和完善了国有资产监管,完善公司法人治理结构,制定了市管企业董事会和外部董事报告工作办法等7项制度,实现了市属经营性国有资产集中统一监管。围绕国有资本向战略性新兴产业、高端服务业、现代制造业、国计民生、城市基础设施建设与公用事业等五大领域集中布局。

资料来源:摘自中国社科院金融所评估组对天津滨海新区综合配套改革试验区的评估报告,2013年。

(2)山东半岛经济区

山东半岛经济区包括济南、青岛、烟台、淄博、潍坊、威海、东营、日照8个设区城市和22个县级市,海域面积15.95万平方千米,陆域面积6.4万平方千米。2011年,国务院批复《山东半岛蓝色经济区发展规划》,明确了"一核、两极、三带、三组团"的总体开发框架。核心区以青岛为龙头,以烟台、潍坊、威海等沿海城市为骨干,以胶东半岛高端海洋产业聚集区为核心区域,建设全国重要的海洋高技术产业基地和具有国际先进水平的高端海洋产业聚集区。以黄河三角洲高效生态海洋产业聚集区和鲁南临港产业聚集区为重要增长极。以从近海海岸至专属经济区外部界线的海岸开发保护带、近海开发保护带、远海开发保护带等带状区域作为海洋经济发展的战略区域。

【专栏 1-19】

青岛西海岸新区

2012年9月30日,国务院批复同意撤销青岛市黄岛区、县级胶南市,设立新的青岛市黄岛区。2014年6月3日,国务院批准成立青岛市依托黄岛区建设国家级青岛西海岸新区。青岛西海岸新区陆域面积2096平方千米,海域面积5000平方千米、海岸线282千米。2013年完成地区生产总值2266亿元,占青岛市的28.3%;规模工业总产值5134.8亿元,占青岛市的31.9%;固定资产投资1226.2亿元,占青岛市的24.4%。根据国务院批复,青岛西海岸新区的使命和要求,概括起来是"一个主题、两项使命、五大定位"。

"一个主题",就是以海洋经济发展为主题,打造海洋强国战略支点。

"两项使命",就是发挥好新区的两个作用,为探索全国海洋经济科学发展新路径发挥示范作用,为促进东部沿海地区经济率先转型发展、建设海洋强国发挥积极作用。

"五大定位",即建设"四区一基地"。坚持科技引领、创新发展、发挥和放大青岛海洋科研和产业基地优势,着力加快海洋科技创新体系和重大创新平台建设,推进海洋科技成果产业化,建设海洋科技自主创新领航区;依托港口和国家级船舶制造与海洋工程基地、国家船舶出口基地,建设深远海开发保障基地;依托古镇口军港和航母基地建设,打造国际知名的海军城,建设军民融合创新示范区;依托保税港区、中德生态园、中日韩创新产业园等园区,构筑我国参与全球海洋开发合作的示范平台,建设海洋经济国际合作先导区;建立陆海统筹一体化发展机制,建设陆海统筹发展试验区。

资料来源:摘自国家海洋局、国家发展改革委、国家文物局编印的《2014:海疆万里行》,2014年。

(3)海峡西岸经济区

海峡西岸经济区东与台湾地区一水相隔,北承长江三角洲,南接珠江三角洲,是我国沿海经济带的重要组成部分,具有对台交往的独特优势。2009年5月,国务院颁布《国务院关于支持福建省加快建设海峡西岸经济区的若干意见》,2011年,国家出台了《海峡西岸经济区发展规划》,明确海峡西岸经济区的范围包括福建省全境以及浙江省温州市、衢州市、丽水市,广东省汕头市、梅州市、潮州市、揭阳市,江西省上饶市、鹰潭市、抚州市、赣州市,陆域面积约27万平方千米。要求将海峡西岸经济区建设成为两岸人民交流合作先行先试区域,服务周边地区发展新的对外开放综合通道,东部沿海地区先进制造业的重要基地,我国重要的自然和文化旅游中心,建成科学发展之区、改革开放之区、文明祥和之区、生态优美之区。明确了海峡西岸经济区"一带、五轴、九区"的网状空间开发格局。"一带"是指加快建设沿海发展带。积极推动海峡西岸沿海一线率先发展,形成南北两翼对接长三角和珠三角的桥头堡;按照全国主体功能区规划要求,大力发展先进制造业和现代服务业,推动临港产业和高新技术产业集聚发展。"五轴"是指以福州、厦门、泉州、温州、汕头为龙头,依托铁路、高速公路,由沿海地区向内地辐射,带动沿线地区发展,形成以点带面、联动发展的新格局;重点建设福州—宁德—南平—鹰潭—上饶发展轴、厦门—漳州—龙岩—赣州发展轴、泉州—莆田—三明—抚州发展轴、温州—丽水—衢州—上饶发展轴和汕头—潮州—揭阳—梅州—龙岩—赣州发展轴。"九区"是指重点发展九个集中发展区,建设成为产业集聚区和城镇密集带,包括以厦门为龙头,以漳州为纵深的厦门湾发展区,以福州为核心,以罗源湾、江阴为两翼的闽江口发展区,以莆田为核心的湄洲湾发展区、以泉州为核心的泉州湾发展区、环三都澳发展区、温州沿海发展区,以汕头为龙头,以潮州、揭阳为两翼的粤东沿海发展区,以龙岩、三明、赣州、梅州等城市为中心的闽粤赣互动发展区,以南平、鹰潭、抚州、上饶、衢州、丽水等城市为中心的闽浙赣互动发展区。

【专栏 1-20】

厦门市建设海峡西岸重要经济中心的探索

一是建设海峡两岸先进制造业和新兴产业基地。根据两岸资源禀赋条件，按照推动两岸投资自由化的目标要求，以加强两岸产业深度对接为重点，拓宽合作渠道，创新合作模式，加快载体园区建设，启动建设厦门科技创新园。

二是推动两岸科技合作。出台《厦门市人民政府鼓励在厦设立科技研发机构的办法》，共建"LED 光电集成一体化技术两岸联合研发中心"等 10 余家研发平台。设立"对台科技合作专项资金"，专用于基地建设、人才引进和国家级涉台项目配套等。台资企业与内资企业同等申请厦门科技计划项目支持。创新云计算应用，中国电信与台湾"中华电信"以厦门为试点，在远程医疗、远程看护、健康咨询等方面开展"健康云"合作。

三是加强两岸行业协会交流。推动工业设计、模具、水暖与厨卫、印刷等行业协会与台湾同行建立合作关系。厦门工业设计协会与台湾创意设计中心签订了合作备忘录。

四是加强两岸贸易合作。推进两岸贸易中心总部建设，搭建商品展示交易、商贸会议服务和贸易综合服务平台，进一步推进大嶝对台小额商品交易市场、台湾水果集散中心、台湾图书集散中心、台湾酒类集散中心、台湾大米集散中心等市场载体建设。启用大陆首个水上公共游艇保税仓库，厦门同益码头获批成为试行更加开放管理措施对台小额贸易口岸。

五是深化两岸金融服务合作。推进两岸货币兑换、贸易结算试点。厦台 26 对 52 家银行签订跨境人民币代理清算协议。中国农业银行总行在厦门设立"两岸人民币清算中心"。中国人民银行授权厦门市中心支行开展台湾人民币清算行和参加行人民币铺底资金额度管理和台湾人民币市场监测分析工作。中国证监会批准厦门设立海西首家两岸合资证券投资基金管理公司,支持厦门筹设大陆首家台资占51%的两岸合资全牌照证券公司。

六是扩大两岸文化交流合作。以闽南文化为纽带,坚持民间推动与市场运作并举,创新交流合作的方式、方法,提升两岸文化交流合作的层次和水平。以"小三通""大三通"为基础,开放航权、优化航路、增辟航线、增加航班,优化两岸航空直航运输体系。建设对台邮包交换中心和对台海运快件物流中心。建设两岸直接往来的重要中转枢纽和集散地。

资料来源:摘自中共中央党校国际战略研究所研究组《关于厦门市深化两岸交流合作综合配套改革试验区的评估报告》,2013年。

(五)特殊类型区域发展

在支持四大区域板块发展的同时,国家进一步加大了扶持力度,帮助老少边穷地区的经济发展,加强基础设施建设,强化生态保护和修复,提高公共服务水平,切实改善地区生产生活条件。

1. 支持贫困地区发展

我国是世界上人口最多的发展中国家,农村贫困人口多,解决贫困问题的难度很大。新中国成立以来,国家始终将减缓贫困作为国家发展的重要目标和任务,20世纪80年代中期以来,国家开始有组织、有计划、大规模地开展农村扶贫开发,先后制定实施《国家八七扶贫攻坚计划》(1994—2000年)、《中国农村扶贫开发纲要(2001—2010年)》、《中国农村扶贫开发纲要(2011—2020年)》等减贫规划,使扶贫减贫成为全社会的共识和行动。

1986年以来,国家先后三次确定扶贫开发县级扶持单位。1994年,

《国家八七扶贫攻坚计划》(1994—2000 年)开始实施,国家级贫困县增加到 592 个。《国家八七扶贫攻坚计划》(1994—2000 年)明确提出要集中人力、物力、财力,动员社会各界力量,争取到 2000 年年底基本解决农村贫困人口的温饱问题。《国家八七扶贫攻坚计划》(1994—2000 年)还明确了若干具体目标,包括:绝大多数贫困户人均收入达到 500 元以上(1990 年不变价),有条件的地方人均建成半亩到一亩稳产高产的基本农田,户均一亩林果园或一亩经济作物,户均向当地或发达地区的非农产业转移一个劳动力,户均一项养殖业或家庭辅业,牧区户均一个围栏草场或者一个"草库伦",贫困乡镇基本解决人畜饮水困难,贫困乡镇建设地方集贸市场,主要商品产地要通公路,贫困乡用上电,基本普及初等教育等。

2001 年,《中国农村扶贫开发纲要(2001—2010 年)》出台,取消了沿海发达地区的所有国家级贫困县,增加了中西部地区的贫困县数量,但总数仍为 592 个,同时将国家级贫困县改为国家扶贫开发工作重点县,西藏作为集中连片贫困区域全部享受重点县待遇。

2011 年,中央出台了《中国农村扶贫开发纲要(2011—2020 年)》,明确提出到 2020 年要稳定实现扶贫对象不愁吃、不愁穿,保障其义务教育、基本医疗和住房,将农民人均纯收入 2300 元作为新的国家扶贫标准。提出了到 2020 年,贫困地区农田基础设施建设水平明显提高,初步构建特色支柱产业体系,农村饮水安全保障程度和自来水普及率进一步提高,全面解决无电人口用电问题;实现具备条件的建制村通沥青(水泥)路,推进村庄内道路硬化,实现村村通班车,全面提高农村公路服务水平和防灾抗灾能力,群众的居住条件得到显著改善;基本普及学前教育,义务教育水平进一步提高,普及高中阶段教育,贫困地区群众获得公共卫生和基本医疗服务更加均等;全面实现广播电视户户通,自然村基本实现通宽带,健全农村公共文化服务体系,基本实现每个国家扶贫开发工作重点县(以下简称重点县)有图书馆、文化馆,乡镇有综合文化站,行政村有文化活动室,以公共文化建设促进农村廉政文化建设；森林覆盖率比 2010 年年底增加 3.5 个百分点等具体目标。

【专栏 1-21】

扶贫工作的主要政策

国家把扶贫开发纳入国民经济和社会发展总体规划，制定和实施了有利于农村贫困地区发展的政策措施。

一是相继取消牧业税、生猪屠宰税和农林特产税，特别是取消了在中国存在 2600 多年的农业税，并以法律形式固定下来。全面实行种粮农民直接补贴、良种补贴、农机具购置补贴和农资综合补贴，逐步建立和完善农村社会保障体系，推进农村饮水、电力、道路、沼气等基础设施建设和农村危房改造。推行集体林权制度改革，使农民真正拥有林地承包经营权和林木所有权，落实各项优惠政策，发展林下经济和森林旅游，增加农民收入。

二是不断加大强农惠农富农和扶贫开发的投入力度，中央财政用于“三农”的支出从 2003 年的 2144.2 亿元人民币增加到 2010 年的 8579.7 亿元人民币，年均增长 21.9%，公共财政覆盖农村步伐明显加快。国家的一些强农惠农富农政策率先在贫困地区实行。其中，免征农业税试点、农村义务教育“两免一补”政策（对农村义务教育阶段贫困家庭学生免书本费、免杂费、补助寄宿生生活费）、对国家新安排的公益性基本建设项目减少或取消县及县以下配套，率先在国家扶贫开发工作重点县实行。一些强农惠农富农政策向贫困地区和贫困人口倾斜。中央财政在农村最低生活保障、新型农村合作医疗和新型农村社会养老保险的制度安排上，对中西部地区给予较大支持。2010 年，民政部门资助参加新型农村合作医疗 4615.4 万人次,资助资金 14 亿元人民币,人均资助 30.3 元人民币。

三是西部大开发安排的水利、退耕还林、资源开发等项目,在同等条件下优先在贫困地区布局;公路建设加快向贫困地区延伸,把贫困地区的县城与国道、省道干线连接起来;基础设施建设项目尽量使用贫困地区的劳动力,增加贫困人口的现金收入。国家相继出台一系列区域发展政策,促进西藏和四川、云南、甘肃、青海四省藏区以及新疆、广西、重庆、宁夏、甘肃、内蒙古、云南等地经济社会发展,并把农村扶贫开发作为政策重点加以推进。

四是加强农村基本公共服务。2007 年,国家决定在全国农村全面建立最低生活保障制度,将家庭年人均纯收入低于规定标准的所有农村居民纳入保障范围,稳定、持久、有效地解决农村贫困人口温饱问题。农村最低生活保障标准,由县级以上地方政府按照能够维持当地农村居民全年基本生活所必需的吃饭、穿衣、用水、用电等费用确定。截至 2010 年年底,全国农村低保覆盖 2528.7 万户、5214 万人;2010 年全年共发放农村低保资金 445 亿元人民币,其中中央补助资金 269 亿元人民币;全国农村低保平均标准为 117 元人民币/人/月,月人均补助水平为 74 元人民币。国家对农村丧失劳动能力和生活没有依靠的老、弱、孤、寡、残农民实行五保供养,即在吃、穿、住、医、葬等方面给予生活照顾和物质帮助。10 年间,五保供养逐步实现了由集体福利事业转型为现代社会保障制度,所需资金由农民分摊转由国家财政负担。到 2010 年年底,全国农村得到五保供养的人数为 534 万户、556.3 万人,基本实现"应保尽保",全国各级财政共发放农村五保供养资金 96.4 亿元人民币。2009 年,国家开展新型农村社会养老保险试点工作,到 2011 年 7 月已覆盖全国 60% 的农村地区,共有 493 个国家扶贫开发工作重点县纳入试点,覆盖率达到 83％。新型农村社会养老保险实行个人缴费、集体补助、政府补贴相结合的筹资方式,基础养老金和个人账户养老金相结合的待遇支付方式,中央财政对中西部地区按中央确定的基础养老金给予全额补助,对东部地区给予 50％的补助。2010 年,中央财政对新型农村社会养老保险基础养老金补贴 111 亿元人民币,地方财政补助资金 116 亿元人民币。2004 年,国家出台了规范的最低工资制度,对保障以农民工为主体的劳动者的劳动报酬权益发挥了积极作用。

资料来源:摘自中华人民共和国国务院新闻办公室《中国农村扶贫开发的新进展》,2011 年。

同时,国家提出将集中连片特殊困难地区作为扶贫攻坚主战场。《中国农村扶贫开发纲要(2011—2020 年)》第 10 条明确指出:国家将六盘山区、秦巴山区、武陵山区、乌蒙山区、滇桂黔石漠化区、滇西边境山区、大兴安岭南麓山区、燕山—太行山区、吕梁山区、大别山区、罗霄山区等区域的连片特困地区和已明确实施特殊政策的西藏、四川藏区、新疆南疆三地州,作为扶贫攻坚主战场。据统计,全国 14 个集中连片特困地区中,农民人均纯收入 2676 元,仅相当于全国平均水平的一半;在全国综合排名最低的 600 个县中,有 521 个在片区内,占 86.8％。国家明确加大对连片特困地区的投入和支持力度,中央财政专项扶贫资金的新增部分主要用于连片特困地区,集中实施一批民生工程,大力改善生产生活条件,培育壮大一批特色优势产业,加快区域性重要基础设施建设步伐,加强生态建设和环境保护,着力解决制约发展的瓶颈问题,促进基本公共服务均等化,从根本上改变连片特困地区面貌。

2.支持革命老区发展

国家进一步加大了贫困革命老区的帮扶力度,近年来,相继出台了《国务院关于支持赣南等原中央苏区振兴发展的若干意见》《陕甘宁革命老区振兴发展规划》《左右江革命老区振兴规划》《大别山革命老区振兴发展规划》等一系列文件,并正在研究制定《川陕革命老区发展振兴规划》,支持革命老区加快发展和脱贫致富。

在财税政策方面,中央财政进一步加大对革命老区转移支付力度;通过财政贴息、费用补贴等方式,鼓励和引导金融机构加大对老区重点工程和建设项目的信贷支持和融资支持力度。

在投资政策方面,加大政府投入力度,中央和地方财政性投资优先向老区民生工程、基础设施和生态环境等领域倾斜;对符合国家产业政策的项目,在规划布局和项目核准等方面予以优先考虑。在土地政策方面,实施差别化土地政策,在土地利用年度计划指标上适度向老区倾斜;在严格保护林地前提下,鼓励合理开发利用荒山、荒坡、沙地等未利用土地。在生态环境政策、社会支持和人才开发等方面也提出了相应的支持措施。

【专栏 1-22】

国家已出台的赣南等原中央苏区、
陕甘宁革命老区、左右江革命老区规划概要

1. 赣南等原中央苏区

赣南等原中央苏区地跨赣闽粤,是土地革命战争时期中国共产党创建的最大最重要的革命根据地,是中华苏维埃共和国临时中央政府所在地,是人民共和国的摇篮和苏区精神的主要发源地,为中国革命做出了重大贡献和巨大牺牲。赣南等原中央苏区既存在着历史包袱沉重、现实基础薄弱等困难和问题,又具有加快发展的有利条件和重大机遇。区位条件相对优越,是珠三角、厦漳泉地区的直接腹地和内地通向东南沿海的重要通道;特色资

源丰富,素有世界钨都和稀土王国之称;正处于产业转移加快推进和工业化、城镇化加速发展阶段,市场开发潜力大。当前赣南等原中央苏区已进入加快发展的关键时期,必须牢牢抓住历史机遇,奋力攻坚克难,努力实现全面振兴和跨越式发展。要弘扬苏区精神,加大扶持力度,加快新型工业化和城镇化进程,以解决突出的民生问题为切入点,着力改善城乡生产生活条件;以加快交通、能源、水利等基础设施建设为突破口,着力增强发展的支撑能力;以承接产业转移为抓手,着力培育壮大特色优势产业;以发展社会事业为重点,着力提升基本公共服务水平;以保护生态环境为前提,着力促进可持续发展;以改革开放为动力,着力破解体制机制障碍,努力走出一条欠发达地区实现跨越式发展的新路子,使原中央苏区人民早日过上富裕幸福的生活,确保与全国同步进入全面小康社会。要加快建设全国革命老区扶贫攻坚示范区、全国稀有金属产业基地、先进制造业基地和特色农产品深加工基地、重要的区域性综合交通枢纽、我国南方地区重要的生态屏障、红色文化传承创新区。

2. 陕甘宁革命老区

陕甘宁革命老区的前身是中国共产党在土地革命战争时期创建的红色革命根据地,既是党中央和中国工农红军长征的落脚点,又是八路军奔赴抗日前线的出发点。这里曾是老一辈无产阶级革命家战斗和生活的地方,是爱国主义、革命传统和延安精神教育基地。老区人民为中华民族解放和新中国的建立做出了巨大牺牲和不可磨灭的贡献。改革开放特别是实施西部大开发战略以来,陕甘宁革命老区经济社会发展取得了很大成绩,但仍然存在许多特殊困难和问题。随着新一轮西部大开发的深入推进和全面建设小康社会进程的加快,老区正处在发挥优势、加快发展的关键时期。要加强交通基础设施、建设节水型社会、加强生态建设和环境保护、建设国家能源化工基地、做大做强特色产业、推进新农村建设、提升公共服务水平、深化改革开放。要加快公路、铁路、电网、管道、农业农村建设等领域的重点工程建设。争取将陕甘宁革命老区建设成为黄土高原生态文明示范区、国家重要能源化工基地、国家重点红色旅游区、现代旱作农业示范区和基本公共服务均等化试点区。

3.左右江革命老区

左右江革命老区是中国共产党在土地革命战争时期最早创建的革命根据地之一。左右江革命老区区域优势明显,但基础设施薄弱;资源禀赋丰裕,但产业潜力尚未充分释放;生态环境优美,但生态修复和环境保护任务繁重;旅游资源丰富,但总体开发程度不高;社会和谐稳定,但基本公共服务能力不足。要进一步发扬艰苦奋斗、自力更生精神,进一步加大扶持力度,着力加强基础设施建设和发展特色产业,打造产业集聚、经济繁荣的活力老区;着力加强生态文明建设,创新生态建设、资源节约和环境保护体制机制,打造天蓝山青水净的美丽老区;着力加强保障和改善民生,提升基本公共服务水平,打造人民安居乐业的幸福老区;着力促进城乡统筹与区域协调发展,弘扬老区革命精神与民族文化,打造全国旅游文化示范的文化老区。通过努力,将左右江革命老区建设成为面向东南亚、南亚全方位开放前沿地带,重要资源精深加工基地,著名红色文化及休闲旅游目的地,生态文明示范区和跨省互联互通先行区。

资料来源:摘自国务院印发的《国务院关于支持赣南等原中央苏区振兴发展的若干意见》,2012年;国家发展改革委印发的《陕甘宁革命老区振兴发展规划》,2012年;《左右江革命老区振兴规划》,2015年。

3. 支持民族地区发展

我国是一个统一的多民族社会主义国家,新中国成立以来,通过识别并经中央政府确认,明确我国共有民族 56 个,即汉族、蒙古族、回族、藏族、维吾尔族、苗族、彝族、壮族、布依族、朝鲜族、满族、侗族、瑶族、白族、土家族、哈尼族、哈萨克族、傣族、黎族、傈僳族、佤族、畲族、高山族、拉祜族、水族、东乡族、纳西族、景颇族、柯尔克孜族、土族、达斡尔族、仫佬族、羌族、布朗族、撒拉族、毛南族、仡佬族、锡伯族、阿昌族、普米族、塔吉克族、怒族、乌孜别克族、俄罗斯族、鄂温克族、德昂族、保安族、裕固族、京族、塔塔尔族、独龙族、鄂伦春族、赫哲族、门巴族、珞巴族和基诺族。其中,汉族人口占绝大多数,其他 55 个民族人口相对较少,习惯上称为"少数民族"。

为支持少数民族地区发展,国家把开发优势资源,发展现代工业,作为支持少数民族和民族地区加快发展的重大举措。"一五"计划期间,国家把"156"个大型建设项目中的 40 个项目安排在了民族地区,如内蒙古包头钢铁基地、新疆克拉玛依油田、云南个旧锡业公司等。20 世纪 60 年代,国家把沿海和内地的一批大型工业企业搬迁到民族地区,为民族地区发展现代工业奠定了基础。改革开放以来,国家又在民族地区优先安排了一大批重大工程项目,如新疆塔里木油田、广西平果铝厂、青海钾肥工程、内蒙古大型煤电基地等,从而使民族地区形成了若干重要的资源开发和深加工产业基地,初步走出了一条立足资源优势、具有自身特色的工业化道路。

2000 年实施西部大开发战略以来,国家把支持少数民族和民族地区加快发展作为西部大开发的首要任务。为了让少数民族和民族地区在西部大开发中得到切实的利益,国家出台了很多政策,包括优先在民族地区安排资源开发和深加工项目、对输出自然资源的民族自治地方给予一定的利益补偿、引导和鼓励经济较为发达地区的企业到民族地区投资、加大对民族地区的财政投入和金融支持等,支持民族地区发展经济,壮大实力。

近年来,国务院又先后发布了《国务院关于进一步促进新疆经济社会发展的若干意见》(2007 年 9 月)、《国务院关于近期支持西藏经济社会发展的意见》(2008 年 7 月)、《国务院关于进一步促进宁夏经济社会发展的若干意见》(2008 年 9 月)、《国务院关于支持青海等省藏区经济社会发展的若干意见》(2008 年 11 月)、《国务院关于进一步促进广西经济社会发展的若干意见》(2009 年 12 月)和《国务院关于进一步支持内蒙古经济社会又好又快发展的若干意见》(2011 年 6 月)。国家还出台了《国务院关于进一步促进贵州经济社会又好又快发展的若干意见》《国务院办公厅关于进一步支持甘肃经济社会发展的若干意见》《国务院关于支持云南加快建设面向西南开放重要桥头堡的意见》等政策性文件,扶持贵州、甘肃、云南等民族地区发展。2010 年 3 月,国家又决定开展全国对口支援新疆工作。

目前,5 个民族自治区、30 个民族自治州、120 个民族自治县全部纳入西部大开发范围或者参照享受西部大开发的有关优惠政策。西部大开发为民族地区带来了看得见、摸得着的实惠。建成了"西气东输""西电东送"等一批重点工程,修建了一批机场、高速公路、水利枢纽等基础设施项目。青藏铁路铺轨到拉萨,结束了西藏没有铁路的历史。

【专栏 1-23】

支持民族地区发展的政策概要

一是在民族地区安排基础设施建设项目时,要适当减免地方配套资金;在民族地区开发资源、建设企业时,要照顾当地的利益,照顾少数民族的生产和生活;对输出自然资源和为国家生态平衡、环境保护做出贡献的民族地区,要给予一定的利益补偿。1994 年,国家将中央与自治区对矿产资源补偿费的分成比例调整为 4：6,其他省市为 5：5。2004 年,国家开始建立生态建设和环境保护补偿机制。在开发新疆丰富的石油、天然气资源时，注重带动当地发展，仅"西气东输"项目，每年可为新疆增加 10 多亿元的财政收入。

二是解决少数民族群众的贫困问题。1990 年起，国家设立"少数民族贫困地区温饱基金"，重点扶持 141 个少数民族贫困县。1994 年，实施《国家八七扶贫攻坚计划》，通过放宽标准而使享受优惠政策的少数民族贫困县增加了 116 个。2001 年，实施《中国农村扶贫开发纲要（2001—2010 年）》，又为民族地区增加了 10 个国家扶贫开发工作重点县，同时将西藏作为特殊片区整体列入重点扶持范围。2005 年，国家优先将少数民族贫困村纳入整村推进的扶贫开发规划。2007 年，国家制定《少数民族事业"十一五"规划》，规划建设 11 项重点工程。2009 年，国家实行新的扶贫标准，扩大覆盖范围，对民族地区农村低收入人口全面实施扶贫政策。此外，国家通过实施以工代赈、易地扶贫、游牧民定居、农村危房改造、农村安全饮用水工程以及城乡最低生活保障制度，不断加大对民族地区的支持力度。经过不懈努力，民族地区的贫困人口已由 1985 年的 4000 多万人减少到 2008 年的 770 多万人。

三是对民族贸易和民族特需商品实行优惠的生产供应政策。国家从 1963 年开始对民族贸易企业实行利润留成、自有资金、价格补贴"三项照顾"政策。1997 年，国家出台了新的优惠政策，设立专项贴息贷款，免除部分企业增值税，惠及全国 1760 多家少数民族特需商品定点生产企业。1991 年，建立砖茶（边销茶）国家储备制度，保证稳定供应。2007 年，国家设立用于扶持少数民族特需商品生产企业技术改造、推广、培训的"民族特需商品生产补助资金"。

四是支持少数民族和民族地区的医疗卫生事业。改革开放以来，国家在民族地区配套建设和改造了乡镇卫生院，建立了县级卫生防疫站和妇幼保健所，使民族地区卫生服务体系得到较大改善。西藏自治区80％以上的县设立了防疫站。国家通过多种途径培养少数民族卫生人才，不断壮大少数民族卫生专业队伍。新疆维吾尔自治区少数民族卫生技术人员已占全区卫生技术人员的1/3。

五是大力支持牧区、边疆地区建设，设立牧区扶贫专项贴息贷款。2005年，国家全面取消农牧业税。经过几十年的不懈努力，民族地区已成为中国重要的农畜产品生产基地。内蒙古的牛奶产量占全国的1/5，居全国第一。新疆的羊毛、羊绒产量居全国第二。中国边疆绝大部分地区是少数民族聚居区。1979年，国家制定实施《边疆建设规划（草案）》，提出在8年内安排边疆建设资金400亿元。1992年，国家实施沿边开放战略，确立13个对外开放城市和241个一类开放口岸，设立14个边境技术合作区。1996年，国务院制定促进边境贸易发展和对外经济合作的优惠政策。1999年，国家实施旨在振兴边境、富裕边民的兴边富民行动。2005年，国家制定并实施《兴边富民行动"十一五"规划》。2009年，国家决定推进兴边富民行动覆盖全国所有边境县和新疆生产建设兵团边境团场。

六是加强民族地区生态环境的保护和建设。特别是实施西部大开发战略以来，出台一系列政策措施，包括在大江大河上游禁止森林采伐，实行退耕还林还草、封山绿化以及以粮代赈等。国家妥善解决生态建设补偿问题，对退耕还林还草的农牧民国家给予粮食补助，对因禁止森林采伐而减少财政收入的地方国家给予财政补助。

七是对人口较少且比较困难的民族聚居地区加大了扶持力度。2005 年，国家制定实施《扶持人口较少民族发展规划（2005—2010 年)》，重点扶持 640 个人口较少民族聚居村。

八是加大对民族地区的财政转移支付力度。从 20 世纪 50 年代开始，国家对民族地区实行"统收统支、不足补助"、提高预备费的设置比例（比一般地区高 2 个百分点）等优惠财政政策。1980 年至 1988 年，中央财政对 5 个自治区和少数民族较为集中的贵州、云南、青海等省实行年递增 10％的定额补助制度。1994 年，国家进行分税制改革，对民族地区实行政策性转移支付。2000 年起，除按照相关规定拨付一般性转移支付和专项转移支付外，还设立民族地区转移支付。据统计，1978—2008 年，中央财政向民族地区的财政转移支付累计达 20889.40 亿元，年均增长 15.6％。其中，2008 年为 4253 亿元，占全国转移支付总额的 23.8％。从西藏自治区成立的 1955 年到 2008 年，中央给予新疆的财政补助累计达 3752.02 亿元，年均增长 11％，其中 2008 年达 685.6 亿元。

九是组织实施经济发达地区对欠发达民族地区开展对口支援。1979 年，国家确定由北京支援内蒙古、河北支援贵州、江苏支援广西和新疆、山东支援青海、上海支援云南和宁夏、全国支援西藏。1996 年，国务院确定由 15 个东部发达省市对口帮扶西部 11 个省（自治区、直辖市），同时动员中央各部门对口帮扶贫困地区。为促进西藏的发展，中央先后四次召开西藏工作座谈会。

资料来源：摘自中华人民共和国国务院新闻办公室《中国的民族政策与各民族共同繁荣发展》白皮书，2009 年。

4. 推动资源枯竭城市转型

资源型城市（包括资源型地区）是以本地区矿产、森林等自然资源开采、加工为主导产业的城市类型。长期以来,作为基础能源和重要原材料的供应地,资源型城市为我国经济社会发展做出了突出贡献。但是,由于缺乏统筹规划和资源衰减等原因,这些城市在发展过程中积累了许多矛盾和问题。

我国资源型城市涉及 28 个省(自治区、直辖市),资源开发处于不同阶段,经济社会发展水平差异较大,面临的矛盾和问题不尽相同,但都面临着资源开采带来的经济结构单一、历史遗留问题突出等问题。新中国成立以来,我国资源型城市累计生产原煤 529 亿吨、原油 55 亿吨、铁矿石 58 亿吨、木材 20 亿立方米,资源型城市为国家提供了 93% 以上的煤炭、90% 以上的石油、80% 以上的铁矿石和 70% 的天然气,为经济建设和推动工业化进程做出了重大贡献。随着高强度的资源开采,部分资源型城市资源逐步枯竭,历史遗留问题突出。截止到 2011 年年底,由国家认定的 69 个资源枯竭城市尚有 14 万公顷沉陷区要治理,地裂缝、废弃矿坑、矸石山、大型尾矿堆场等矿山灾害隐患点 10 万多处。失业人数达 60 万人,且多数为失业矿工和"4050"人员,再就业难度大。城镇最低生活保障人数合计 215.6 万,占城镇人口比重为 10.5%,比全国平均水平高出 1 倍。加之厂办大集体、矿山企业分离办社会等历史遗留问题尚未彻底解决,导致信访事件频发,影响社会稳定。同时产业发展对资源的依赖性依然较强,采掘业占二次产业的比重超过 20%,现代制造业、高技术产业等接续替代产业处于起步阶段。

为促进资源型城市加快转型,切实解决其发展中面临的突出问题,2001 年,国务院确定辽宁省阜新市为首个资源枯竭城市经济转型试点,2007 年,在总结东北资源型城市转型试点经验的基础上,国务院发布了《国务院关于促进资源型城市可持续发展的若干意见》,提出到 2015 年前,在全国范围内普遍建立健全资源开发补偿机制和衰退产业援助机制,使资源型城市经济社会步入可持续发展轨道。2008 年 3 月,国家发展改革委等有关部门公布了首批 12 个资源枯竭城市名单,2009 年 3 月公布了第二批 32 个资源枯竭城市名单,2012 年又公布了第三批 25 个资源枯竭城市名单(见表 1-7)。中央财政给予这 69 个资源枯竭城市财力性转移支付资金支持,截至 2014 年,共转移支付超过 800 亿元,支持资源枯竭城市基础设施、民生工程和接续替代产业发展。国家发展改革委设立了资源型城市发展接续替代产业、吸纳就业专项,累计支持项目 272 个,直接吸纳 4 万多名下岗职工再就业。财政部、国土资源部实施了矿山地质环境治理重点工程,安排资金 68.4 亿元。国家正在研究在资源型地区开展可持续发展试点。资源型企业可持续发展准备金制度、资源型城市可持续发展立法等制度建设正在有序推进。资源枯竭城市所在的 23 个省(区、市)相继建立了领导小组、联席会议等工作机制。江苏、湖北、山东、广西等 13 个省(区、市)出台了支持本地区资源型城市可持续发展的政策措施,辽宁、内蒙古、江西、重庆等 8 个省(区、市)安排了省级财政转移支付或专项扶持资金,其中内蒙古自治区 2009—2011 年共安排 18 亿元专项资金用于支持资源型城市可持续发展。资源枯竭城市基本均成立了专门的转型工作机构,编制转型规划,认真落实各项任务,发展接续替代产业,可持续发展能力得到增强。

表 1-7　全国资源枯竭城市名单

地级市(地区):阜新市、辽源市、焦作市、萍乡市、白银市、石嘴山市、伊春市、白山市、大兴安岭地区、枣庄市、铜川市、抚顺市、万盛区、铜陵市、黄石市、淮北市、景德镇市、七台河市、濮阳市、南川区、新余市、鹤岗市、泸州市、乌海市、双鸭山市、韶关市
县级市:大冶市、个旧市、五大连池市、九台市、舒兰市、敦化市、北票市、阿尔山市、玉门市、潜江市、钟祥市、耒阳市、资兴市、冷水江市、华蓥市、合山市、灵宝市、霍州市、新泰市、松滋市、涟源市、常宁市、根河市、牙克石市、额尔古纳市、扎兰屯市、铁力市
县(自治县、旗):大余县、潼关县、易门县、昌江县、汪清县、鄂伦春自治旗、嘉荫县、逊克县
市辖区(行政管理区):鹰手营子矿区、杨家杖子开发区、下花园区、万山特区、南票区、弓长岭区、东川区、井陉矿区、石拐区、二道江区、贾汪区、红古区、淄川区、平桂管理区、瑷珲区

资料来源:中华人民共和国国家发展和改革委员会东北等老工业基地振兴司网站:http://www.dbzxs.ndrc.gov.cn。

2013 年 12 月,国务院印发了《全国资源型城市可持续发展规划(2013—2020 年)》,明确了全国 262 个资源型城市,其中地级行政区(包括地级市、地区、自治州、盟等)126 个,县级市 62 个,县(包括自治县、林区等)58 个,市辖区(开发区、管理区)16 个。并根据资源保障能力和可持续发展能力差异,将资源型城市划分为成长型、成熟型、衰退型和再生型四种类型,要求统筹兼顾,分类施策,引导各类资源型城市加快转型发展,重点支持资源枯竭城市转型。提出了有序开发综合利用资源、构建多元化产业体系、切实保障和改善民生、加强环境治理和生态保护、加强支撑保障能力建设五个方面的重点任务,并明确了促进可持续发展的总体目标,即到 2020 年,基本完成资源枯竭城市转型任务,资源富集地区资源开发与经济社会发展、生态环境保护相协调的格局基本形成,建立健全开发秩序约束、产品价格形成、资源开发补偿、利益分配共享、接续替代产业扶持等有利于资源型城市可持续发展的长效机制。要求继续加大中央财政转移支付资金和中央预算内资金对资源枯竭城市的支持力度,开展资源富集地区可持续发展试点,加快推进资源型城市可持续发展立法,逐步建立多层次的可持续发展政策保障体系。研究制定全国资源型城市可持续发展分类指导意见和资源开发与城市可持续发展协调评价办法,建立资源型城市可持续发展统计体系,加强对可持续发展的指导和动态监测。

【专栏 1-24】

全国资源型城市名单

1. 成长型城市(31 个)

地级行政区 20 个:朔州市、呼伦贝尔市、鄂尔多斯市、松原市、贺州市、南充市、六盘水市、毕节市、黔南布依族苗族自治州、黔西南布依族苗族自治州、昭通市、楚雄彝族自治州、延安市、咸

阳市、榆林市、武威市、庆阳市、陇南市、海西蒙古族藏族自治州、
阿勒泰地区;

县级市 7 个:霍林郭勒市、锡林浩特市、永城市、禹州市、灵武
市、哈密市、阜康市;

县 4 个:颍上县、东山县、昌乐县、鄯善县。

2. 成熟型城市(141 个)

地级行政区 66 个:张家口市、承德市、邢台市、邯郸市、大同
市、阳泉市、长治市、晋城市、忻州市、晋中市、临汾市、运城市、吕
梁市、赤峰市、本溪市、吉林市、延边朝鲜族自治州、黑河市、大庆
市、鸡西市、牡丹江市、湖州市、宿州市、亳州市、淮南市、滁州市、
池州市、宣城市、南平市、三明市、龙岩市、赣州市、宜春市、东营
市、济宁市、泰安市、莱芜市、三门峡市、鹤壁市、平顶山市、鄂州
市、衡阳市、郴州市、邵阳市、娄底市、云浮市、百色市、河池市、广
元市、广安市、自贡市、攀枝花市、达州市、雅安市、凉山彝族自治
州、安顺市、曲靖市、保山市、普洱市、临沧市、渭南市、宝鸡市、金
昌市、平凉市、克拉玛依市、巴音郭楞蒙古自治州;

县级市 29 个:鹿泉市、任丘市、古交市、调兵山市、凤城市、尚
志市、巢湖市、龙海市、瑞昌市、贵溪市、德兴市、招远市、平度市、登
封市、新密市、巩义市、荥阳市、应城市、宜都市、浏阳市、临湘市、高
要市、岑溪市、东方市、绵竹市、清镇市、安宁市、开远市、和田市;

县(自治县、林区)46 个:青龙满族自治县、易县、涞源县、曲
阳县、宽甸满族自治县、义县、武义县、青田县、平潭县、星子县、万
年县、保康县、神农架林区、宁乡县、桃江县、花垣县、连平县、隆安
县、龙胜各族自治县、藤县、象州县、琼中黎族苗族自治县、陵水黎
族自治县、乐东黎族自治县、铜梁县、荣昌县、垫江县、城口县、奉
节县、秀山土家族苗族自治县、兴文县、开阳县、修文县、遵义县、

松桃苗族自治县、晋宁县、新平彝族傣族自治县、兰坪白族普米族自治县、马关县、曲松县、略阳县、洛南县、玛曲县、大通回族土族自治县、中宁县、拜城县。

3. 衰退型城市（67 个）

地级行政区 24 个：乌海市、阜新市、抚顺市、辽源市、白山市、伊春市、鹤岗市、双鸭山市、七台河市、大兴安岭地区、淮北市、铜陵市、景德镇市、新余市、萍乡市、枣庄市、焦作市、濮阳市、黄石市、韶关市、泸州市、铜川市、白银市、石嘴山市；

县级市 22 个：霍州市、阿尔山市、北票市、九台市、舒兰市、敦化市、五大连池市、新泰市、灵宝市、钟祥市、大冶市、松滋市、潜江市、常宁市、耒阳市、资兴市、冷水江市、涟源市、合山市、华蓥市、个旧市、玉门市；

县（自治县）5 个：汪清县、大余县、昌江黎族自治县、易门县、潼关县；

市辖区（开发区、管理区）16 个：井陉矿区、下花园区、鹰手营子矿区、石拐区、弓长岭区、南票区、杨家杖子开发区、二道江区、贾汪区、淄川区、平桂管理区、南川区、万盛经济开发区、万山区、东川区、红古区。

4. 再生型城市（23 个）

地级行政区 16 个：唐山市、包头市、鞍山市、盘锦市、葫芦岛市、通化市、徐州市、宿迁市、马鞍山市、淄博市、临沂市、洛阳市、南阳市、阿坝藏族羌族自治州、丽江市、张掖市；

县级市（4 个）：孝义市、大石桥市、龙口市、莱州市；

县（3 个）：安阳县、云阳县、香格里拉县。

资料来源：摘自国务院印发的《全国资源型城市可持续发展规划（2013—2020 年）的通知》，2013 年。

第二章　促进区域发展的主要成效和问题

实施区域协调发展战略以来，各区域面临的突出问题得到有效缓解。在区域协调发展战略的指导下，中西部地区占全国经济的比重显著提高，与京津冀、长三角、珠三角地区相媲美，又涌现了长江中游、成渝、中原、辽中南、山东半岛、海峡西岸等一大批新的区域经济增长极。同时，在四大区域板块的基础上，国家针对贫困地区等困难地区也实施了特殊扶助政策，初步建立了解决跨行政区困难地区的政策体系。在充分肯定区域协调战略取得进展的同时，也要看到真正实现区域协调发展还任重道远：一是区域间经济发展绝对差距仍然较大，二是区域间基本公共服务水平差距没有缩小，三是区域开发无序问题仍然较为突出，四是不同区域经济发展与人口分布和生态环境不协调。因此，区域协调发展战略同样面临转型的深层次问题。

一、区域协调发展战略实施以来取得的成效

(一)区域增长格局发生重大变化

1.东中西部区域相对差距逐步缩小

21世纪以来,随着区域协调发展战略的深入实施,东部地区"一马当先"的增长格局发生了重大变化。2007年,西部地区经济增长速度达到14.6%,首次超过东部地区。2008年,中西部和东北地区经济整体加速,全面超过东部地区的增长速度;2009—2013年这一态势继续延续。"十一五"期间,中部、西部和东北地区的地区生产总值年均增速均在13%以上,比东部地区快0.5至1个百分点,这在改革开放30多年来的历史上还是第一次,是我国区域增长格局的重大变化①。随着区域协调发展战略的实施,区域差距不断扩大的趋势得到一定程度的遏制。

---

① 杜鹰:《2013年中国区域经济发展年鉴》,中国财政经济出版社,2013年,第316~317页。

从经济总量上看,改革开放之初的 1978 年,东部地区经济总量为
1514.39 亿元,占全国经济总量的 41.54%,西部地区经济总量为 654.23
亿元,占全国经济总量的 17.95%;2000 年,东部地区经济总量为 52742.81
亿元,占全国经济总量的 53.16%,西部地区经济总量为 17088.57 亿元,
占全国经济总量的 17.22%;2013 年,东部地区经济总量达到 322259 亿
元,占全国经济总量的 51.15%,西部地区经济总量为 126003 亿元,占全
国经济总量的 20.00%。2013 年与 2000 年相比,西部地区占全国比重上
升了 2.78 个百分点。2003 年至 2013 年的 11 年间,中部、西部地区占全国
经济的比重显著提高,总体来看,区域统筹协调发展的成效显著(见图 2-1
与表 2-1)。

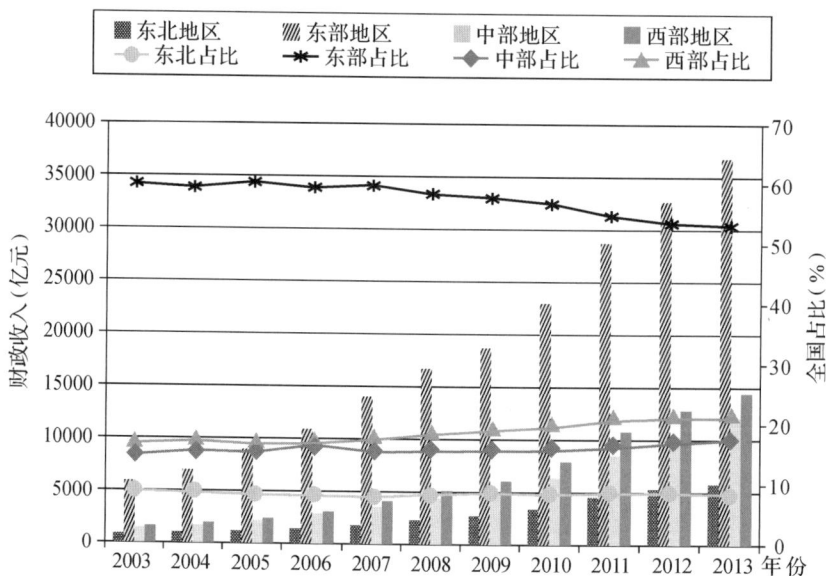

图 2-1　四大区域板块 GDP 总量及占比变化(2003—2013 年)

数据来源:根据 2003—2013 年《中国统计年鉴》计算。

表 2-1　各区域板块 2003—2013 年地区生产总值增速

		全　国	东北地区	东部地区	中部地区	西部地区
2013 年	绝对量（亿元）	568845	54442	322259	127306	126003
	占全国比重（%）	—	8.64	51.15	20.21	20.00
	增长率（%）	7.7	8.4	9.1	9.7	10.7
2012 年	绝对量（亿元）	518942	50477	295892	116278	113905
	占全国比重（%）	—	8.76	51.32	20.17	19.76
	增长率（%）	7.7	10.2	9.3	10.9	12.4
2011 年	绝对量（亿元）	473104	45378	271355	104474	100235
	占全国比重（%）	—	8.70	52.04	20.04	19.22
	增长率（%）	9.3	12.6	10.5	12.8	14.0
2010 年	绝对量（亿元）	401513	37493	232031	86109	81408
	占全国比重（%）	—	8.58	53.09	19.70	18.63
	增长率（%）	10.4	13.7	12.4	13.9	14.2
2009 年	绝对量（亿元）	340903	31078	196674	70578	66973
	占全国比重（%）	—	8.51	53.84	19.32	18.33
	增长率（%）	9.2	12.7	10.9	11.8	13.5
2008 年	绝对量（亿元）	314045	28196	177580	63188	58257
	占全国比重（%）	—	8.62	54.27	19.31	17.80
	增长率（%）	9.6	13.4	11.1	12.2	12.4
2007 年	绝对量（亿元）	265810	23373	152346	52041	47864
	占全国比重（%）	—	8.48	55.27	18.88	17.37
	增长率（%）	14.2	14.1	14.4	14.3	14.6
2006 年	绝对量（亿元）	216314	19715	128593	43218	39527
	占全国比重（%）	—	8.53	55.66	18.70	17.11
	增长率（%）	12.7	13.5	14.2	13.1	13.2

续表

		全　国	东北地区	东部地区	中部地区	西部地区
2005年	绝对量（亿元）	184937	17141	109925	37230	33493
	占全国比重（%）	—	8.67	55.58	18.82	16.93
	增长率（%）	11.3	12.0	13.5	12.7	13.1
2004年	绝对量（亿元）	159878	14545	92823	31616	28603
	占全国比重（%）	—	8.68	55.39	18.87	17.07
	增长率（%）	10.1	12.3	14.4	13.0	12.9
2003年	绝对量（亿元）	135823	12722	76965	25871	23696
	占全国比重（%）	—	9.14	55.27	18.58	17.02
	增长率（%）	10.0	10.8	13.4	10.8	11.5

数据来源：根据2003—2013年《中国统计年鉴》计算。

　　从人均GDP上看，1978年，东部地区人均GDP为465元，西部地区人均GDP为263元，两者相差1.77倍。2000年，东部地区人均GDP为12125元，西部地区人均GDP为4718元，两者相差2.57倍。2013年，东部地区人均GDP为62405元，西部地区人均GDP为34491元，两者相差1.81倍。从历史上看，2003年东西部地区人均GDP差距达到2.70倍的最大值，到2013年两者差距缩小为1.81倍（见表2-2）。

表2-2　各区域板块2003—2013年人均地区生产总值增速

		全　国	东北地区	东部地区	中部地区	西部地区
2013年	绝对量（元）	41908	49606	62405	35357	34491
	增长率（%）	7.1	8.2	8.0	9.3	10.1
2012年	绝对量（元）	38420	46014	57722	32427	31357
	增长率（%）	7.1	10.5	8.1	10.6	11.6
2011年	绝对量（元）	35198	41400	53350	29229	27731
	增长率（%）	8.8	12.5	8.8	12.0	13.1

续表

		全　国	东北地区	东部地区	中部地区	西部地区
2010 年	绝对量（元）	30015	34301	46356	24154	22471
	增长率（%）	9.9	13.2	10.4	13.9	13.4
2009 年	绝对量（元）	25608	28538	40047	19862	18443
	增长率（%）	8.7	12.4	9.0	11.1	12.0
2008 年	绝对量（元）	23708	25956	36654	17860	16109
	增长率（%）	9.1	13.4	9.1	11.9	12.2
2007 年	绝对量（元）	20169	21573	31894	14754	13277
	增长率（%）	13.6	13.9	12.5	14.4	13.9
2006 年	绝对量（元）	16500	18277	27318	12269	10991
	增长率（%）	12.0	13.4	12.4	12.7	12.7
2005 年	绝对量（元）	14185	15945	24048	10383	9163
	增长率（%）	10.7	12.0	11.7	12.2	11.8
2004 年	绝对量（元）	12336	13548	20755	8683	7725
	增长率（%）	9.4	12.1	12.7	12.7	11.9
2003 年	绝对量（元）	10542	11866	17405	7147	6438
	增长率（%）	9.3	10.4	11.4	10.9	11.0

数据来源：根据 2003—2013 年《中国统计年鉴》计算。

从地方财政预算收入看，1978 年，东部地区地方财政预算收入为 506.04 亿元，占全国地方财政预算收入的 52.91%；2000 年，东部地区地方财政预算收入为 3651.39 亿元，占全国地方财政预算收入的 57.00%；2013 年，东部地区地方财政收入为 36753 亿元，占全国地方财政预算收入的 53.31%。西部地区在改革开放之初的 1978 年，地方财政预算收入为 92.9 亿元，占全国地方财政预算收入的 9.71%；2000 年，地方财政预算收入为 1127.29 亿元，占全国地方财政预算收入的 17.6%；到 2013 年达到 14445 亿元，占比达到 20.93%。总体来看，东西部地方财政预算收入差距正在不断缩小（见表 2-3）。

表 2-3　各区域板块 2003—2013 年地方财政预算收入增速

		全　国	东北地区	东部地区	中部地区	西部地区
2013 年	绝对量(亿元)	69011	5778	36753	12035	14445
	占全国比重(%)	—	8.37	53.26	17.44	20.93
	增长率(%)	13.0	8.8	12.5	16.5	13.2
2012 年	绝对量(亿元)	61078	5310	32679	10327	12763
	占全国比重(%)	—	8.69	53.50	16.91	20.90
	增长率(%)	16.2	18.2	13.7	21.5	18.0
2011 年	绝对量(亿元)	52547	4491	28741	8496	10819
	占全国比重(%)	—	8.55	54.70	16.17	20.59
	增长率(%)	29.4	33.5	24.9	33.3	37.4
2010 年	绝对量(亿元)	40613	3363	23005	6371	7873
	占全国比重(%)	—	8.28	56.65	15.69	19.39
	增长率(%)	24.6	23.6	22.5	26.4	30.0
2009 年	绝对量(亿元)	32603	2720	18787	5040	6056
	占全国比重(%)	—	8.34	57.62	15.46	18.58
	增长率(%)	13.8	15.4	12.3	14.4	17.4
2008 年	绝对量(亿元)	28650	2357	16730	4404	5159
	占全国比重(%)	—	8.23	58.39	15.37	18.01
	增长率(%)	21.5	27.8	19.0	22.7	26.3
2007 年	绝对量(亿元)	23573	1844	14053	3590	4085
	占全国比重(%)	—	7.82	59.62	15.23	17.33
	增长率(%)	28.8	27.2	29.6	21.7	33.5
2006 年	绝对量(亿元)	18304	1450	10844	2950	3059
	占全国比重(%)	—	7.92	59.25	16.12	16.71
	增长率(%)	23.0	20.7	21.1	30.3	24.1

续表

		全　国	东北地区	东部地区	中部地区	西部地区
2005 年	绝对量(亿元)	14884	1201	8955	2264	2465
	占全国比重(%)	—	8.07	60.16	15.21	16.56
	增长率(%)	27.3	21.8	29.2	26.0	24.3
2004 年	绝对量(亿元)	11693	985	6929	1797	1983
	占全国比重(%)	—	8.43	59.25	15.36	16.96
	增长率(%)	18.7	15.9	17.3	24.6	20.2
2003 年	绝对量(亿元)	9850	850	5909	1441	1650
	占全国比重(%)	—	8.63	59.99	14.63	16.75
	增长率(%)	15.7	11.4	16.8	14.1	15.3

数据来源:根据 2003—2013 年《中国统计年鉴》计算。

从人均地方财政收入看,1978 年,东部地区人均地方财政预算收入为156 元,西部地区则为 37 元,两者相差 4.22 倍;2000 年,东部地区人均地方财政预算收入为 839 元,西部地区人均地方财政预算收入为 311 元,两者相差 2.70 倍;到 2003 年达到 2.98 倍的最高差距,之后,东西部地区的人均地方财政预算收入差距一直在不断缩小;2013 年,东部地区人均地方财政预算收入为 7092 元,西部地区人均地方财政收入为 3942 元,两者差距缩小为 1.80 倍。

从地方财政预算支出看,1978 年,东部地区地方财政预算支出为214.89 亿元,占全国地方财政预算支出的 36.42%,2000 年,地方财政预算支出为 4758.42 亿元,占全国地方财政预算支出的 45.90%,2013 年,东部地区地方财政支出为 47370 亿元,占全国地方财政预算支出的39.56%;西部地区在改革开放之初,地方财政预算支出为 136.86 亿元,占全国地方财政预算支出的 23.20%,2000 年,地方财政预算支出为2601.09 亿元,占全国地方财政预算支出的 25.09%。2013 年,东部地区地方财政预算支出全国占比下降为 39.56%,西部地区则上升为 29.70%。

区域统筹发展成效明显(见表 2-4)。

表 2-4　各区域板块 2003—2013 年地方财政预算支出增速

		全　国	东北地区	东部地区	中部地区	西部地区
2013 年	绝对量(亿元)	119740	11311	47370	25495	35564
	占全国比重(%)	—	9.45	39.56	21.29	29.70
	增长率(%)	11.7	10.9	12.5	12.7	10.2
2012 年	绝对量(亿元)	107188	10201	42093	22625	32269
	占全国比重(%)	—	9.52	39.27	21.11	30.11
	增长率(%)	15.6	14.6	13.0	17.9	17.8
2011 年	绝对量(亿元)	92734	8902	37250	19186	27397
	占全国比重(%)	—	9.60	40.17	20.69	29.54
	增长率(%)	25.5	23.0	23.4	27.4	28.0
2010 年	绝对量(亿元)	73884	7236	30182	15062	21404
	占全国比重(%)	—	9.79	40.85	20.39	28.97
	增长率(%)	21.0	19.8	21.0	20.8	21.7
2009 年	绝对量(亿元)	61044	6039	24952	12473	17580
	占全国比重(%)	—	9.89	40.87	20.43	28.80
	增长率(%)	24.0	23.9	20.3	26.4	27.7
2008 年	绝对量(亿元)	49248	4876	20738	9869	13766
	占全国比重(%)	—	9.90	42.11	20.04	27.95
	增长率(%)	28.5	27.1	22.3	28.1	39.7
2007 年	绝对量(亿元)	38339	3835	16950	7704	9850
	占全国比重(%)	—	10.00	44.21	20.09	25.69
	增长率(%)	26.0	23.3	24.7	26.2	29.2
2006 年	绝对量(亿元)	30431	3110	13591	6104	7627
	占全国比重(%)	—	10.22	44.66	20.06	25.06
	增长率(%)	21.0	18.5	17.5	29.5	22.0

续表

		全　国	东北地区	东部地区	中部地区	西部地区
2005 年	绝对量(亿元)	25154	2623	11564	4714	6253
	占全国比重(%)	—	10.43	45.97	18.74	24.86
	增长率(%)	22.2	22.8	21.7	23.4	21.8
2004 年	绝对量(亿元)	20593	2137	9503	3820	5133
	占全国比重(%)	—	10.38	46.15	18.55	24.93
	增长率(%)	19.5	21.5	18.9	21.8	18.1
2003 年	绝对量(亿元)	17230	1759	7990	3136	4345
	占全国比重(%)	—	10.21	46.38	18.20	25.22
	增长率(%)	12.8	10.9	17.3	11.8	6.6

数据来源:根据 2003—2013 年《中国统计年鉴》计算。

从人均地方财政支出看,1978 年,东部地区人均地方财政预算支出为西部地区的 1.2 倍[1],2000 年,东部地区人均地方财政预算支出为 1094 元,西部地区则为 719 元,两者相差 1.52 倍,在这十几年的不平衡发展战略实施下,东西部差距明显拉大,直到 2004 年达到 1.53 倍的最高差距;之后,东西部地区的人均地方财政预算支出差距一直在不断缩小,2013 年,汇总考虑中央财政转移支付后,东部地区人均地方财政预算支出为 9141 元,西部地区则为 9707 元,西部地区人均财政支出超过东部地区。

从全社会固定资产投资总额看,1982 年,东部地区全社会固定资产投资总额为 535.01 亿元,占全国全社会固定资产投资总额的 43.48%;2000 年,东部地区全社会固定资产投资总额为 17484.9 亿元,占全国全社会固定资产投资总额的 53.12%。西部地区 1982 年全社会固定资产投资总额为 219.15 亿元,占全国全社会固定资产投资总额的 17.81%;2000 年,西部地区全社会固定资产投资总额为 6110.7 亿元,占全国全社会固定资产投资总额的 18.56%。2000 年之后,东部地区全社会固定资产投资总额全

---

① 1978 年四川省地方财政预算收入数据缺失。

国占比持续降低,2013年达到40.64%;而西部地区全社会固定资产投资总额则在西部大开发战略实施后在全国占比持续上升,2013年全国占比达到24.80%(见图2-2与表2-5)。

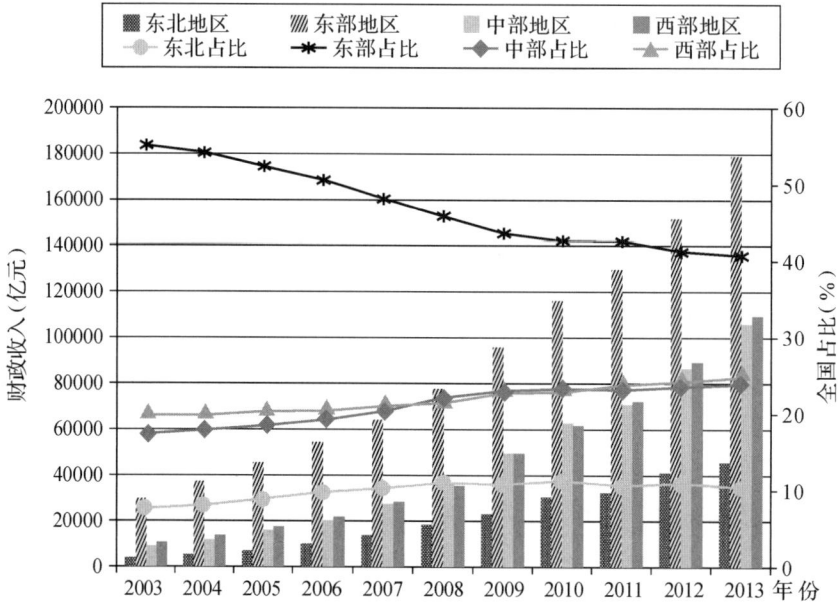

图2-2 四大区域板块全社会固定资产投资总量及占比变化(2003—2013年)

数据来源:根据2003—2013年《中国统计年鉴》计算。

表2-5 各区域板块2003—2013年全社会固定资产投资增速

		全　国	东北地区	东部地区	中部地区	西部地区
2013年	绝对量(亿元)	446294	46540	179098	105740	109261
	占全国比重(%)	—	10.56	40.64	24.00	24.80
	增长率(%)	19.1	13.4	17.9	22.1	22.8
2012年	绝对量(亿元)	374695	41043	151922	86615	89009
	占全国比重(%)	—	11.14	41.22	23.50	24.15
	增长率(%)	20.3	25.7	16.6	22.3	23.4

续表

		全　国	东北地区	东部地区	中部地区	西部地区
2011 年	绝对量（亿元）	311485	32643	130263	70824	72104
	占全国比重（%）	—	10.67	42.59	23.16	23.58
	增长率（%）	23.8	6.2	12.4	12.6	16.5
2010 年	绝对量（亿元）	251684	30726	115854	62891	61892
	占全国比重（%）	—	11.32	42.69	23.18	22.81
	增长率（%）	12.1	29.5	21.3	26.2	24.6
2009 年	绝对量（亿元）	224599	23733	95548	49852	49686
	占全国比重（%）	—	10.85	43.67	22.78	22.71
	增长率（%）	30.0	26.8	22.9	35.9	38.2
2008 年	绝对量（亿元）	172828	18714	77735	36695	35949
	占全国比重（%）	—	11.07	45.97	21.70	21.26
	增长率（%）	25.9	34.4	19.8	32.3	27.2
2007 年	绝对量（亿元）	137324	13920	64876	27746	28251
	占全国比重（%）	—	10.33	48.13	20.58	20.96
	增长率（%）	24.8	32.3	18.7	32.8	28.4
2006 年	绝对量（亿元）	109998	10520	54637	20897	21997
	占全国比重（%）	—	9.74	50.57	19.34	20.36
	增长率（%）	23.9	37.0	19.7	29.4	24.7
2005 年	绝对量（亿元）	88774	7679	45626	16146	17645
	占全国比重（%）	—	8.82	52.39	18.54	20.26
	增长率（%）	26.0	37.6	21.9	28.9	28.3
2004 年	绝对量（亿元）	70477	5580	37432	12529	13754
	占全国比重（%）	—	8.05	54.02	18.08	19.85
	增长率（%）	26.8	32.5	24.5	32.1	26.8

续表

		全　国	东北地区	东部地区	中部地区	西部地区
2003年	绝对量(亿元)	55567	4212	30064	9486	10844
	占全国比重(%)	—	7.71	55.06	17.37	19.86
	增长率(%)	27.7	20.8	33.2	27.2	27.3

数据来源:根据2003—2013年《中国统计年鉴》计算。

2. 新的经济增长极不断涌现

近10年来,随着区域协调发展战略的实施,各区域发展活力不断增长,除传统的京津冀、长三角、珠三角地区以外,在中西部地区又涌现出了长江中游、成渝、中原等一批新的增长极,东部地区的辽中南、山东半岛、海峡西岸经济区也发展壮大。

长江中游地区位于沿长江通道横轴和京广通道纵轴的交汇处,包括湖北武汉城市圈、襄荆宜城市群、湖南环长株潭城市群、江西鄱阳湖生态经济区,已发展成为全国重要的高新技术产业、先进制造业和现代服务业基地,全国重要的综合交通枢纽。

成渝经济区位于沿长江通道横轴和包昆通道纵轴的交汇处,包括重庆经济区和成都经济区,已发展成为全国重要的高新技术产业、先进制造业和现代服务业基地,科技教育、商贸物流、金融中心和综合交通枢纽。

中原经济区位于陆桥通道横轴和京广通道纵轴的交汇处,包括河南省以郑州为中心的中原城市群部分地区,已发展成为全国重要的先进制造业和现代服务业基地、能源原材料基地。

辽中南地区位于环渤海地区的北翼,包括辽宁省中部和南部的部分地区,已发展成为全国先进装备制造业和新型原材料基地,以及重要的科技创新与技术研发基地。

山东半岛地区位于环渤海地区的南翼,包括山东省胶东半岛和黄河三角洲的部分地区,已发展成为全国重要的先进制造业、高新技术产业基地。

海峡西岸经济区位于台湾海峡西岸,包括福建省以及浙江省、江西省和广东省的部分地区,已发展成为沿海地区的外向型制造业基地、港口物流基地。

(二)四大区域板块比较优势得到充分发挥

区域协调发展战略立足问题导向,对不同地区解决其面临的主要问题,如西部地区解决贫困问题,东北地区解决工业衰退问题,东部地区解决无序发展问题,都具有很强的针对性和可操作性,基本实现了对各个典型地区的"一区一策",充分调动了中央和地方两方面积极性,有力地推动了各个地区比较优势的发挥,有效解决了各个区域面临的突出问题。

1. 西部地区基础设施、生态环境建设和特色产业发展取得积极进展

西部地区发展基础较为薄弱,因此,国家制定的西部大开发战略将基础设施、生态环境和特色产业作为西部大开发的重点方向。10多年来,西部地区在这些领域取得了举世瞩目的成就。

一是基础设施建设明显加快。10多年来,国家在西部地区陆续开工建设100余项西部大开发重点工程,主要涉及公路、铁路、民航、水电以及社会事业发展等方面。西部地区公路通车里程快速增加,由1999年的53.3万千米增加到2008年的142.1万千米;高速公路里程由2529千米增加到16456千米,二级以上公路里程由35131千米提高到99478千米。民航机场及其一些枢纽机场的改建扩建和支线机场的建设取得了巨大成就。铁路有了很大的改善,青藏铁路全线通车,兰渝铁路等重点项目也正在建设。西部通信走廊、数字化城市、宽带接入和电话普遍服务等通信基础设施等四大工程进展顺利。西气东输全线实现供气,一批大型水利枢纽工程相继建成投产。

二是生态建设不断加强。国家在西部地区率先实施了退耕还林、退牧还草、天然林保护、风沙源治理、三峡库区国土整治及水污染治理、江河源头生态保护、石漠化治理、生态屏障建设等一批重点生态建设工程,扭转了西部地区生态日益恶化的趋势,部分地区生态状况实现了由"整体恶化,局部改善"向"整体遏制,局部好转"的重大转变。退耕还林工程的实施取得了明显的生态效益、社会效益和经济效益,森林覆盖率平均提高两个百分点,促进了草场休养生息、畜牧业生产经营方式转变和牧区经济结构调整。天然林保护工程全面展开,京津风沙源治理工程取得初步成效,岩溶石漠化综合治理开始启动。

三是特色优势产业发展迅速。西部地区第二产业发展,特别是煤炭、石油、天然气、电力等能源工业,交通运输、文化、旅游等第三产业,以及特色农业发展取得巨大进展。西部地区的能源及化学工业、优势矿产资源开采及加工业、特色农牧产品加工业、装备制造业、高技术产业、旅游产业等6大特色优势产业发展势头良好,形成了一批特色优势产业基地和一批在国内外拥有较大知名度和较强竞争能力的名优品牌和企业集团。商品粮、优质棉、糖料、烟草、名酒、瓜果、畜牧产品等产品的生产加工能力持续增强。此外,生物技术、新能源、现代制药和现代农业等高新技术产业化项目顺利实施,先进适用技术推广和科技成果转化加快,高新技术对经济增长的促进作用不断增强。成渝和关中地区信息、生物、航空航天等高技术产业不断壮大,内蒙古、新疆、陕西、宁夏等省区煤电一体化和煤化工产业基地进展顺利,新疆已成为我国最大的天然气输出地和重要的石化基地。随着资源价格改革的深入,西部地区的资源富集区和输出地区获得了更多的发展空间和体制保证,优势资源开发明显加速,相关产业实现持续快速发展。

【专栏 2-1】

西部大开发的实施进展（以成渝地区为例）

　　成渝经济区位于西部地区的长江上游，是我国重要的人口、城镇、产业集聚区，是西部地区基础条件较好、经济增长较快的区域，肩负着建成"西部地区重要的经济中心"的重任。西部大开发实施以来，成渝地区经济社会发展成效显著。

　　一是经济总量大幅提升。2006—2012 年，重庆经济总量由 3907 亿元增加到 11410 亿元，人均地区生产总值达到 39083 元，超过全国平均水平，位居西部第 2 位、全国第 12 位；非农产业增加值比重达到 91.2%。2007—2012 年，成都市 GDP 从 3364.78 亿元跃升至 8138.94 亿元，年均增长达 19.32%；人均 GDP 从 26849 元增加到 57624 元，年均增长达 16.50%；财政总收入从 996.61 亿元增加到 2331.26 亿元，年均增长达 18.52%。

　　二是有效扭转了城乡差距。2006—2012 年，重庆市城镇化率上升至 57%。城乡居民收入与 GDP 同步增长，分别达到 22968 元和 7383 元，较西部地区平均水平高 2391.6 元、1321.3 元。城乡收入差距由 2006 年的 3.6∶1 缩小到 2012 年的 3.11∶1。2007—2012 年，成都市城镇化率由 2007 年的 62.58% 提高到 2012 年的 68.44%，农民人均纯收入从 5642 元增加到 11501 元，年均增长 15.30%，城乡居民收入差距从 2.63∶1 缩小为 2.36∶1，在城乡快速发展的同时进一步缩小了城乡居民收入差距。

　　三是初步形成了城乡一体的就业、户籍、社会保障制度和覆盖城乡的教育、医疗卫生、文化等公共服务体系，推动了交通、供水供电供气、信息网络、市政服务等资源的城乡均衡配置，初步形成了城乡居民共建共享改革发展成果的机制,农村居民享受到了越来越多的实惠。

四是重大项目顺利实施。一大批交通、能源、商贸、社会事业等项目均取得了重大进展,成渝客专、西成客专、襄渝复线铁路、宜万铁路等重大项目已经建成,兰渝铁路、成哈铁路、渝黔铁路、郑万铁路、成都新机场、重庆江北机场扩建等一批项目正加紧建设中。重庆两江新区和成都天府新区获批为国家级新区。

资料来源:根据公开资料整理。

2. 东北地区等老工业基地国有企业等重点领域改革、重大技术装备研制以及资源枯竭城市转型等取得显著成效

东北地区等老工业基地是国家重要的重工业基地和原材料基地,国有企业比重高、重工业比重高、能源原材料产业比重高。实施东北地区等老工业基地振兴战略以来,国家重点支持东北地区深化国有企业等重点领域改革,积极支持重大技术装备研制能力建设和棚户区改造等重大民生工程,有力地促进了老工业基地的转型发展。

一是国有企业改革加快。国家支持东北老工业基地国有工业企业全面启动了产权制度改革,通过政策性破产、核销呆坏账、分离企业办社会、剥离不良资产、豁免历史欠税、处置不良贷款等政策使国企卸下了沉重的历史包袱。2003—2012年10年间,东北三省累计政策性破产企业320户,安置职工83.3万人,占全国1/5左右。250多家企业共分离企业办社会1700多家,涉及职工17万人。

二是产业竞争力逐步重塑。国家加大对东北老工业基地重大技术装备自主化的支持力度,10年来,百万千瓦核电、火电机组,特高压输变电设备,大型水轮机组,大型风电机组,百万吨乙烯装置,大型盾构机,高速动车组列车,先进船舶和海上钻井平台,高档数控加工中心和重型数控机床等一大批重大技术装备在东北老工业基地研制成功,在重大技术装备和国防科技工业等领域继续发挥着支柱作用。10 年间,东北老工业基地引入了大连英特尔、沈阳宝马等一批具有影响的外资项目。企业"走出去"成效显著,沈阳机床等一批大型企业成功并购国外知名企业。

【专栏 2-2】

东北地区装备制造业基地的发展

东北地区是全国重要的装备制造业基地之一。经过 10 年振兴战略的实施,百万千瓦核电、超超临界火电、±800 千伏直流和 100 万伏交流特高压输变电成套设备,70 万千瓦大型水轮机组,30 万千瓦抽水蓄能机组,5 兆瓦大型风电机组,百万吨级乙烯装置,大型盾构机,时速 350 千米高速列车,航空航天军工领域急需的高档五轴联动加工中心和重型数控机床等在东北地区实现自主化。沈阳、大连、哈尔滨、齐齐哈尔等具有国际竞争力的先进装备制造业基地正在形成,其中沈阳和大连的装备制造业产值在全国排名靠前。

沈阳聚集着沈阳机床、北方重工、新沈鼓集团、三一重装、特变电工沈变集团等众多国家级重型装备公司,产品覆盖矿山设备、电站设备、冶炼设备、轧钢设备、石化设备、水泥设备、起重设备、数控机床、锻压设备、人造板成套设备、散料输送设备、环保设备、工程机械、传动机械、农业机械、金属切削机床、大型输变电设备等,广泛应用于矿山、石化、冶金、电力、国防、科研等领域,素有"东方鲁尔"之称。2008 年 11 月,经《装备制造》杂志社和装备工业发展研究中心联合评选,沈阳铁西新区入选我国重要的装备制造业聚集区,并居第一位。

大连拥有大连机床集团、华锐风电公司、大连造船集团、大连船用曲轴厂等全国知名的行业龙头企业,在高档数控机床及相关产品,风力发电设备、海洋工程装备、大型船用曲轴、盾构机、核电产品、高端铸锻件等重大技术装备,高端机车和城市快轨车辆、高端轴承产品、高端制冷产品等方面具有较好的技术基础。

齐齐哈尔拥有一重集团、齐重集团、齐二集团等行业龙头企业,在数控机床、轨道交通装备、核电装备等方面具有优势。

哈尔滨市拥有哈量集团、哈电集团、哈飞集团等行业骨干企业,在工具量具、发电设备、飞机制造等领域有很强的技术优势。

长春市拥有长客集团等行业龙头企业,在轨道交通装备、农机装备等领域具有很强的技术优势。

2012年,东北三省发电设备产量占全国1/3;数控机床产值占全国1/3;内燃机产量占全国1/5;炼油能力接近全国1/5;乙烯产量占全国1/6;钢产量占全国1/10以上,汽车产量占全国1/7左右;造船总能力接近全国1/5。在国家装备制造业和重要工业产品中发挥着重要的支柱作用。

资料来源:根据公开资料整理。

三是支持资源枯竭城市转型,实施棚户区改造等重大民生工程。2001年,国务院将阜新确定为全国第一个资源枯竭型城市经济转型试点市。2005年,国家确定了东北地区5个资源型城市经济转型试点城市,分别是阜新、伊春、辽源、白山、盘锦,国家加大力度支持资源枯竭城市发展接续替代产业,加快重大民生工程建设,修复生态环境。2005年,棚户区改造工程率先在抚顺、阜新两个资源枯竭城市启动。2006年东北地区在全国率先全面启动棚户区改造工程,过去10年东北地区改造各类棚户区面积超过3亿平方米,1000多万困难群众因此受益。

此外,在东北地区先行试点的基础上,国家还积极支持全国老工业城市和城区老工业区加快改造。在全国认定了北京市首钢、南昌市洪都、武汉市古田、株洲市清水塘、徐州市鼓楼、洛阳市涧西、兰州市七里河等21个城区老工业区搬迁改造试点,组织试点老工业区在组织实施方式、资金筹措、土地利用、工业污染土地治理、老厂区老厂房老设施改造利用、工业遗产保护利用、绿色建筑推行等方面积极进行探索,为全国其他城区老工业区搬迁改造提供借鉴。

3. 中部地区"三基地一枢纽"建设积极推进

中部地区交通区位优势突出,人口众多,产业基础较好,实施中部地区崛起战略以来,国家重点支持中部地区加快推进现代装备制造及高技术产业基地、能源原材料基地、粮食生产基地和综合交通运输枢纽建设。

一是加快推进现代装备制造及高技术产业基地建设。国家安排专项资金支持中部地区发展清洁高效发电技术装备、高压输变电设备、大功率电动机车、大型施工机械、数控系统、新型农业装备等装备制造业。推进电子信息、生物工程、现代中药等高技术的研发和产业化。"十一五"时期在中部地区支持新建国家重点实验室22个,省部共建国家重点实验室培育基地13个,国家工程技术研究中心16个。

二是扎实推进能源原材料基地建设。建设了一批钢铁、有色金属、乙烯等项目,包括武汉钢铁集团扩建、山西太钢不锈钢无缝钢管生产线、湖南华菱钢铁集团合资建设汽车板和电工钢等一批重大项目。利用重点产业振兴和技术改造、老工业基地调整改造等产业结构调整专项资金支持中部地区装备制造、汽车、石化、机电、轻纺等领域相关项目。

三是支持粮食生产基地建设。中央加大了对中部六省粮食直补、农资综合直补和良种、农机具购置补贴的财政支持力度,提高了产粮大县奖励资金水平,支持粮食生产基地建设。"十一五"时期累计支持中部六省高标准农田建设超过133万公顷,累计建设近1000个农业项目。

四是积极推进综合交通运输枢纽建设。加快建设客运专线、区际联系通道和煤运通道,加大省际公路干线建设和国、省道升级改造力度,"十一五"时期建成了北京至武汉至广州、郑州至西安客运专线,石家庄至太原、合肥至武汉至宜昌至重庆快速铁路,太原至中卫、武汉至襄阳至安康复线、重庆至怀化、洛湛铁路南段、大秦铁路扩能工程、侯月线扩能工程、包西通道等区际干线和煤运通道;建设了郑州至徐州、杭州至长沙至昆明、蚌埠至合肥至福州、大同至西安等客运专线,赣州至龙岩铁路扩能、赣州至韶关、娄底至邵阳、衡阳至茶陵至吉安、阜阳至六安、宿州至淮安、太原至兴县等铁路项目;建成了南昌至九江城际铁路,开工建设了武汉至黄石、武汉至孝感、武汉至咸宁、长沙至株洲至湘潭、郑州至开封、郑州至焦作、南京至安庆等城际铁路;实施了南昌、郑州、武汉、长沙、太原等5个中部干线机场和黄山、景德镇、洛阳、张家界等12个支线机场的改扩建工程,开工建设了大同机场、南昌机场,改扩建阜阳机场,新建吕梁、九华山、神农架机场等项目;继续推进长江黄金水道建设,开工建设了武汉新港、宜昌港、合肥港、芜湖港、蚌埠港、南昌港。

五是重点城市群发展取得突破性进展。武汉城市圈率先在优化结构、节能减排、自主创新等重要领域和关键环节取得新进展,武汉市的带动辐射作用显著增强。中原城市群把握国家支持建设中原经济区的战略机遇,以客运专线和城际快速轨道交通等重要交通干线为纽带,重点以郑东新区、汴西新区、洛阳新区建设为载体,率先在促进农业现代化、工业化和城镇化协调发展方面实现新突破。长株潭城市群积极探索形成有利于资源节约、环境保护的新机制和城市群发展的新模式,先进装备制造业基地、电子信息产业基地、文化创意产业基地建设积极推进。皖江城市带积极推动沿江城市跨江合作和联动发展,加快形成产业密集区,已成为全国重要的承接产业转移示范区。环鄱阳湖城市群以建设鄱阳湖生态经济区为目标,明确功能分区,优化空间布局。太原城市圈率先推进资源型经济转型,稳步推进以太(原)榆(次)为中心,公交、电信、金融、市政设施等领域"同城化"发展。

【专栏 2-3】

中部地区城市群建设的进展（以武汉城市圈为例）

武汉市是中部地区的中心城市，近年来，武汉城市圈对中部地区崛起和区域发展起到了重要的作用。

一是工业链条化、一体化发展态势逐渐明显。武汉的光电子产业逐步向孝感、咸宁等城市延伸链条；钢铁及深加工企业主要向鄂州、黄石延伸；医药、化工产业主要向潜江、孝感、黄冈转移；纺织、服装及印染产业主要向孝感、仙桃、天门转移；汽车及零部件产业主要向孝感、仙桃、潜江延伸链条。建材行业中，华新水泥集团将业务和研发机构向武汉聚集，在武汉投资建设了华新武汉青山公司（30 万吨水泥粉磨站）、华新武钢公司（利用武钢公司的高炉渣进行粉磨深加工）、华新武汉混凝土公司 3 个公司，在咸宁赤壁、黄冈武穴和仙桃投资建设生产基地。武烟集团先后兼并了三峡、红安、广水 3 家卷烟厂，购买了江陵、大悟、咸宁 3 家卷烟厂的计划指标，使武烟集团的年产规模大幅提升。此外，城市圈内机械制造、电子电器、食品加工等产业也日益呈现集群发展态势，初步形成了光电子产业、钢铁产业、化工产业、纺织服装产业、汽车及零部件产业等特色产业带。

二是旅游、商贸、金融、信息等重点服务行业一体化发展效应明显。旅游业方面，武汉城市群统一制定了《武汉城市圈旅游发展总体规划》，实现九市旅游一体化发展。依托城市群资源，精心编排并组织科教文化、温泉度假、红色文化、生态休闲等 8 大主打旅游产品，形成了城市群内系列旅游品牌。商贸物流业方面，武汉市武商集团股份有限公司、武汉中百集团股份有限公司、武汉中商集团股份有限公司等 3 大商贸流通集团不断把连锁网点延伸到群内各城市。其中,仅武汉市武商集团股份有限公司就已在城市群内发展了700余个连锁经营网点,总营业面积达95万平方米。金融业方面,武汉区域性金融中心的地位逐步显现,中国人民银行、中国工商银行、中国农业银行、中国建设银行等金融机构分别在武汉设立区域性总部、分行或全国性金融后台服务中心,先后引进外资金融企业达35户,成立小额贷款公司40余家。武汉市商业银行获批为汉口银行,并在鄂州设立了分行。信息传输、软件和信息技术服务业方面,城市群内通信费用不断降低。湖北省通信管理局率先在武汉和鄂州之间进行通信资费改革试点,实行"城市圈优惠套餐",两城市间固定电话和手机通信资费实现下调,通话费标准基本接近本地通话标准。

三是城市群跨区域投融资平台逐步完善。成立了湖北省联合发展投资集团有限公司,以出资人的形式进行融资开发建设。目前,湖北省联合发展投资集团有限公司已经进行大东湖生态水网、武汉新港、花山新城等重大项目的建设、融资。设立城市群建设发展基金。由湖北省联合发展投资集团有限公司、国开金融有限责任公司、国家开发银行湖北省分行共同出资,作为城市群建设发展基金。湖北省政府每年投资3亿元,重点支持城市群内9城市以改革创新引领建设发展的综合项目,以公开招标形式确定项目,并引导社会资金注入。

四是交通基础设施建设方面"一小时交通圈"已基本构建。随(州)岳(阳)高速公路,武汉市青(菱)郑(店)、(武)汉英(山)、汉(阳)蔡(甸)、(武)汉麻(城)、(武)汉洪(湖)5条高速出口路和关(山)葛(店)一级公路、阳逻长江大桥已建成通车,武汉市188千米的外环全线贯通,城市群内高速公路里程达到2000千米,城市群"承东启西、接南纳北"的公路骨架基本形成。武汉至孝感、武汉经鄂州至黄石、武汉至咸宁、武汉至黄冈 4 条城市铁路项目竣工通车。武(汉)广(州)客运专线、武汉至合肥铁路、武(汉)襄(阳)安(康)铁路增二线相继建成投入使用,武昌火车站改造、武汉火车站相继投入使用。武汉机场三期扩建工程、武汉机场新建国际楼工程稳步推进。华中地区最大的公、铁、水、空综合性立体交通枢纽初步形成。电力方面,500 千伏鄂东环网输变电工程全线竣工,年输电量 300 亿千瓦时,为城市群的建设和发展提供强大的电力支持。

五是公共服务一体化加速。教育方面,城市群积极推进武汉部属高校与地方高校联合办学、武汉与周边 8 市基础教育对口支援和职业教育园区建设,促进教育资源的共建共享。文化方面,城市群内 9 市的图书馆联盟网站正式开通,群内各城市公共图书馆之间互通阅览服务已全面开展,城市群内演艺联盟已经初步形成,城市群内博物馆、纪念馆积极推行免费开放。卫生方面,城市群内 9 市的突发公共卫生应急指挥系统正积极建设,其中第一期省级卫生应急决策与指挥信息系统已经建设完成。9 市的妇幼保健院实行信息互通、资源共享、优势互补、降低运行成本。

资料来源:根据公开资料整理。

4. 东部地区发展质量进一步提高

东部地区作为我国经济最发达的区域,实施区域协调发展战略以来,国家重点支持东部地区不断提高经济发展的质量和效益,在转变经济发展方式上走在全国的前列。

一是东部地区经济实力和整体素质进一步提升。东部地区 GDP 由 2000 年的 52742.8 亿元增加到 2013 年的 322259 亿元,年平均增长率达到 9.1%。人均 GDP 由 2000 年的 14397.3 元增加到 2013 年的 62405 元,超过 1 万美元,已达到中等发达国家水平,年平均增长率达到 8.1%。

二是核心区域辐射带动能力显著提升。2013年长三角、珠三角、京津冀三大都市经济圈地区生产总值占全国生产总值的42.6%,进出口总额占全国的76.2%,实际利用外资占全国的85.2%,三大都市圈继续发挥着我国经济发展和对外开放的核心引擎作用。目前,东部沿海地区的珠三角城市群、长三角城市群和京津冀城市群已初步具备全球竞争力,山东半岛城市群、海峡西岸城市群等也均成为带领区域竞争的重要平台。在全国具有竞争力的10大城市群中,东部沿海地区占6个。东部沿海地区的城市群已成为引领我国经济参与全球竞争的重要平台。

三是产业结构和自主创新走在了全国前列。电子信息、生物医药、新能源、新材料等高新技术产业,以及现代物流、金融服务、科技服务、信息服务、旅游、文化创意和休闲娱乐等服务业的比重和水平进一步提高。东部10省市的第三产业增加值占全国的比重由2005年的57.2%,提高到2006年的57.9%和2013年的59.1%。与此同时,东部地区积极推进自主创新,广泛运用高技术和先进实用技术改造提升传统产业,加快加工制造业转型和转移。高新技术产品和机电产品等高附加值产品出口比重明显提高。经过努力,东部地区目前已初步建立起了以现代服务业和高新技术产业为主体的产业结构。同时,东部沿海城市群已成为创新要素高度集聚的地区,2012年在我国发明专利授权中,东部地区占比接近70%,创新要素集聚度已超过经济集聚度。

(三)困难地区发展取得积极进展

在四大区域板块差别化政策的基础上,国家针对困难地区也实施了特殊扶助政策,初步建立了通过类型区和功能区解决跨行政区域离散型地区特殊困难的区域政策体系。

一是贫困地区发展条件得到改善。全国农村扶贫标准从2000年的865元人民币逐步提高到2010年的1274元人民币,2011年又提高到2300

元。以此标准衡量的农村贫困人口数量,从 2000 年年底的 9422 万人减少到 2010 年年底的 2688 万人;农村贫困人口占农村人口的比重从 2000 年的 10.2% 下降到 2010 年的 2.8%。贫困地区经济全面发展。贫困地区产业结构进一步优化,特色优势产业快速发展,县域经济综合实力不断增强。从 2001—2010 年,592 个国家扶贫开发工作重点县人均地区生产总值从 2658 元人民币增加到 11170 元人民币,年均增长 17%;人均地方财政一般预算收入从 123 元人民币增加到 559 元人民币,年均增长 18.3%;农民人均纯收入从 2001 年的 1276 元人民币,增加到 2010 年的 3273 元人民币,年均增长 11%(未扣除物价因素)。上述数据的增幅,均高于全国平均水平。贫困地区生产生活条件明显改善。从 2002—2010 年,592 个国家扶贫开发工作重点县新增基本农田 349.7 万公顷,新建及改扩建公路里程 95.2 万千米,新增教育卫生用房 3506.1 万平方米,解决了 5675.7 万人、4999.3 万头大牲畜的饮水困难。到 2010 年年底,国家扶贫开发工作重点县农村饮用自来水、深水井农户达到 60.9%,自然村通公路比例为 88.1%、通电比例为 98%、通电话比例为 92.9%,农户人均住房面积为 24.9 平方米,农户使用旱厕和水冲式厕所比重达 88.4%,贫困地区农村面貌发生明显变化。贫困地区社会事业不断进步。到 2010 年年底,国家扶贫开发工作重点县 7～15 岁学龄儿童入学率达到 97.7%,接近全国平均水平;青壮年文盲率为 7%,比 2002 年下降 5.4 个百分点,青壮年劳动力平均受教育年限达到 8 年。新型农村合作医疗实现全覆盖,基层医疗卫生服务体系建设不断加强,到 2010 年年底,国家扶贫开发工作重点县参加新农合的农户比例达到 93.3%,有病能及时就医的比重达到 91.4%,乡乡建有卫生院,绝大多数行政村设有卫生室。贫困地区人口和计划生育工作、公共文化服务体系建设继续得到加强。贫困地区生态恶化趋势初步得到遏制。从 2002—2010 年,国家扶贫开发工作重点县实施退耕还林还草 994.9 万公顷,新增经济林 1509.6 万公顷。国家扶贫开发工作重点县饮用水水源受污染的农户比例从 2002 年的 15.5％下降到 2010 年的 5.1％，获取燃料困难的农户比例从 45％下降到 31.4％。

二是民族地区加速发展。民族地区经济总量由 1952 年的 57.9 亿元增加到 2008 年的 30626.2 亿元，按可比价格计算，增长了 92.5 倍；城镇居民人均可支配收入由 1978 年的 307 元增加到 2008 年的 13170 元，按可比价格增长了 30 多倍；农牧民人均纯收入由 1978 年的 138 元增加到 2008 年的 3389 元，按可比价格增长了 19 倍。内蒙古经济发展速度曾经连续 7 年居全国之首，新疆经济发展速度连续 6 年保持两位数增长。西藏生产总值 2008 年达到 395.91 亿元，比 1959 年增长 65 倍。内蒙古、西藏、广西等民族地区依托资源、区位等优势，全面加快发展速度。内蒙古自治区积极开发优势资源，乳品、能源、化工、钢铁等产业继续高位增长，经济增长速度多年保持全国首位，同时，工业增加值能耗和化学需氧量排放明显下降。西藏自治区在青藏铁路开通运营的带动下，旅游业和消费强劲增长。广西壮族自治区通过推进北部湾开发开放，经济增长全面提速。新疆、云南、广西、吉林等边疆省区与周边国家的经济往来继续扩大。新疆与中亚的进出口贸易稳步发展，云南、广西与东盟国家外贸进出口总额增长迅速。

三是资源枯竭城市面临的突出问题有效缓解。2007—2011 年，前两批 44 个城市地区生产总值年均增幅高于全国平均水平 3.5 个百分点，地方一般预算收入年均增长 20.6％，较 2007 年翻了一番多。接续替代产业发展迅速，产业结构不断优化，资源枯竭城市多元化产业体系正在逐步形成，各地因地制宜发展接续替代产业使采掘业增加值占地区生产总值的比重逐步降低。盘锦的石油装备、铜陵的电子信息、阜新的液压装备等产业已粗具竞争优势，焦作和枣庄的旅游已经成为城市的支柱产业。民生不断改善。截至 2011 年年底，69 个资源枯竭城市累计改造棚户区 8700 万平方米，惠及近 200 万户家庭。生态治理扎实推进，累计恢复治理矿山地质环境 7.6 万公顷，煤矸石、冶炼废渣逐步得到综合利用，水土流失、重金属

污染等环境问题得到初步控制,植被得到抚育恢复,环境承载能力明显增
强。各资源枯竭城市还积极探索各具特色的转型模式。抚顺、白银分别通
过与沈阳、兰州协同发展为经济转型开辟新路;焦作、枣庄高起点发展旅游
业,逐步降低对矿产资源的依赖;阜新、辽源、盘锦、华蓥加强产业园区建
设,接续替代产业集群化趋势开始显现;萍乡开展了资源型城市可持续发
展准备金试点,探索建立可持续发展长效机制。

【专栏 2-4】

资源枯竭城市转型的进展(以阜新为例)

2001 年 12 月,国家批准辽宁省阜新成为全国第一个资源枯
竭城市经济转型试点市。10 多年来,阜新积极探索资源型城市
可持续发展道路,破解发展难题,着力改善民生,踏上了转型振兴
的新征程。

2002—2012 年,阜新地区生产总值由 70 亿元上升到 460 亿
元,年均发展速度高于全国 6 个百分点;地方财政一般预算收入
由 4.2 亿元增加到 50 亿元,翻了三番半;全社会固定资产投资累
计完成 1500 亿元,年均增长 30%以上。10 年来阜新的发展始终
贯穿一条主线:百姓为上、民生为先,即始终坚持把保障和改善民
生作为根本出发点和落脚点,坚持从解决人民群众最关心、最直
接、最现实的利益问题入手,以民生改善统领主导产业转换、城市
功能提升、生态环境治理。

促进就业,解决人往哪里去的问题。21 世纪之初,阜新全市
23 对矿井相继关闭停产,一大批产业工人失业,全市下岗失业人
员达 15.6 万人,占全部职工人数的 36.7%,城镇人口登记失业
率高达 7%,就业形势严峻,成为头等大事。就业是民生之本,10

年来,各级政府千方百计促进就业、再就业,累计实名制就业67.7万人,稳定就业率达到65%以上,"零就业家庭"动态为零,城镇人口登记失业率下降到3.9%,基本解决了历史遗留的再就业问题。

壮大产业,夯实提高人民生活水平的基础。阜新50多年形成的以煤炭为主的单一产业结构,使地方经济基础十分薄弱,人民生活十分困难。2000年,阜新人均GDP仅为辽宁全省平均水平的31%。资源枯竭城市转型以来,阜新坚持把产业结构调整作为经济转型的核心,着力改变以煤炭为主导的单一产业结构。大力推进食品及农产品加工、新型能源、煤化工"三大基地"和液压、现代皮革、板材家居、铸造、氟化工、新型材料等"六个重点产业集群"发展,多元化产业格局已经形成,接续替代产业框架基本建立。2002—2012年,以煤炭为主的单一产业结构得到调整,煤炭工业占规模以上工业比重由33.4%下降到22.2%;装备制造业占工业比重由3%提高到27.8%,于2009年历史性地超过煤炭产业比重,跃居首位。

优化环境,打造宜居幸福的现代化城市。阜新城区依矿而建,布局城乡间杂,基础设施建设滞后。资源枯竭城市转型以来,阜新市把完善城市功能、拓展城市空间、改善生态环境作为促进转型的重要举措,实施了中心区、阜蒙县城、新邱区"三位一体"规划。按照一个产业、一座新城的发展思路,规划建设了"玉龙新城""沈彰新城"等五个新城。加大基础设施建设力度,六条高速公路穿城而过,总里程和密度跃居全省前列。大力推进林业生态建设,十年累计造林绿化65.0万公顷,森林覆盖率由21.7%提高到32.1%。

改造棚户区,让居者有其屋。阜新是辽宁省棚户区面积最大的地区,可谓"百里矿区百里棚户区"。全市共有棚户区 632 万平方米,占城市住宅面积的将近一半,涉及人口 44 万,占城市人口的 2/3,而且这些房屋年久失修,很多已经成为危房。走出棚户区是几代阜新人的梦想。资源枯竭城市转型以来,阜新将棚户区改造作为全市的"一号民生工程"加以推进。从 2005 年开始,启动了全省面积最大、任务最重、困难最突出的棚户区改造工程,共拆除棚户区 491 万平方米,新建回迁楼 692 万平方米,40 万人居住条件得到彻底改善,使全市人均住房面积由 7.6 平方米增加到 22.5 平方米,近一半市民的人居环境发生了翻天覆地的变化。

强化保障,确保老有所养、病有所医。资源枯竭城市转型前,阜新市养老保险参保人数只有 17 万人,非国有经济单位职工享受不到医疗待遇,社会保障能力十分薄弱。资源枯竭城市转型以来,阜新市紧紧抓住国家在辽宁进行完善社会保障体制试点的机遇,不断加强社会保障和救助体系建设。10 年间,城市居民养老金标准提高 9 次,从 330 元提高到 1117 元,新型农村和城镇居民社会养老保险参合率分别达到 80% 和 83%,全地区养老保险各类参保从业人员已达 41 万人。城市医疗保险制度实现全覆盖,新型农村合作医疗参合率达到 93%。

资料来源:摘自振兴东北网:http://www.chinaeast.gov.cn/2012-10/12/c-131902。

二、区域发展中存在的主要问题

在取得巨大成效的同时,也要看到,当前我国区域发展中还存在一些突出的矛盾和问题。

（一）区域间经济发展绝对差距仍然较大

近年来,尽管地区间发展速度的差距趋于缩小,但区域发展的绝对差距仍然较大,不平衡问题仍然十分突出。以人均 GDP 差距为例,从纵向看,1978 年、2000 年、2010 年、2013 年,东部地区人均 GDP 与西部地区人均 GDP 的绝对差距分别是 202 元、7407 元、23885 元、27914 元,人均 GDP 的绝对差距仍呈扩大之势。与其他国家比,不同区域间人均 GDP 差异不仅与主要发达国家相比明显偏大,而且也超过了一些发展中国家。如用人均 GDP 最高和最低的行政区比值来衡量,美国是 2.41 倍,日本是 2.62 倍,印度是 3.61 倍,而我国 2013 年全国各省（区、市）中天津市的人均 GDP 最高,为 99607 元,贵州省的人均 GDP 最低,是 22922 元,相差 4.3 倍。即使剔除京津沪三大直辖市,最高的江苏达到 74607 元,仍然是贵州的 3.3 倍。

而且,近年来东中西部人均 GDP 增速差距缩小的态势还不稳定。2008 年国际金融危机爆发后,当时国际市场需求疲软,外需突然下滑,沿海地区首当其冲,东部地区受到较大冲击,东北地区和中西部地区由于外向型经济不发达,加上传导滞后、随后国家出台大规模扩大内需政策的影响,总体发展比较平稳。但 2013 年以来,东、中、西部和东北地区各区域面临的经济形势与 2008 年国际金融危机爆发后面临的情况出现了明显不同,东部地区发展较为平稳,增速还有所上升,而中西部内陆地区问题较为突出,东北地区增速低于全国和东部平均水平,西部、中部地区经济增速与前些年相比也明显下滑,与东部地区相对增速优势也显著缩小（见图 2-3）。东部沿海地区通过近些年的产业升级,"腾笼换鸟",2014 年以来经济增速逐步企稳回升,而中西部地区和东北地区经济增速下行压力持续增大,经济增长动力不足。2014 年,东部、中部、西部、东北地区 GDP 分别同比增长 8.1%、8.9%、9.1% 和 5.9%,表现出"东部缓中趋稳,中西部稳中有忧,东北压力较大"的新情况和新趋势。特别是近年来随着广东、江苏、浙江等东部省份纷纷加大经济转型升级力度,在市场化力量的作用下,今后一段时期内,各种要素和产业仍将会向那些条件较好的地区尤其是东部地区的大都市圈和城市群集聚,如果这种情况持续下去,区域经济增速差距缩小的局面有可能发生逆转。

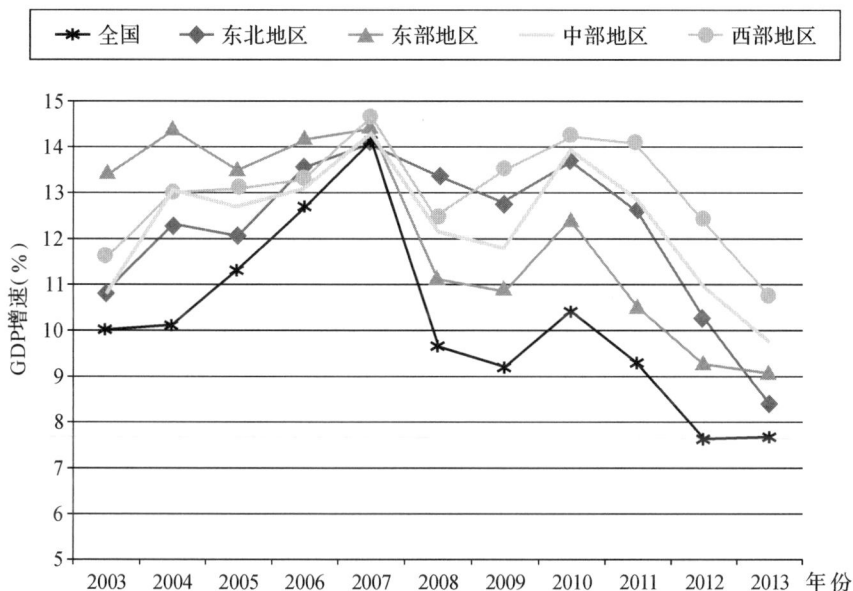

图 2-3　2003—2013 年四大区域板块经济增速及变化

来源:根据 2003—2013 年《中国统计年鉴》计算。

【专栏 2-5】

2013 年以来全国各区域经济增速的变化

2013 年,全国国内生产总值达到 568845 亿元,同比增长 7.7%,东部、中部、西部和东北地区地区生产总值分别达到 322259 亿元、127306 亿元、126003 亿元和 54442 亿元,同比分别增长 9.1%、9.7%、10.7%和 8.4%。

2014 年,全国国民生产总值 626463 亿元,同比增长 7.4%,其中东部、中部、西部和东北地区地区生产总值分别达到 350053 亿元、138671 亿元、138073 亿元和 57470 亿元,同比分别增长 8.0%、8.9%、9.0%和 5.9%。

2015 年,绝大多数省份下调经济增长预期。根据全国各省(市、区)公布的政府工作报告显示,除西藏外,其他 30 个省(市、区)均下调了 2015 年 GDP 计划增速。西藏、贵州、陕西、重庆、福建等五省(市、区)对 2015 年 GDP 计划增速分别设定为 12%、10%、10%左右、10%左右、10%左右,保持了两位数的预计增长,其他 26 个省(市、区)均预计为个位数增长。在地方一般公共预算收入指标方面,除西藏、江西、重庆、广东等四省(市、区)外,其他 27 个省(市、区)均下调了 2015 年计划增速。整体来看,东北地区在经济指标设定上为全国最低,西部地区平均也低于东部地区。

资料来源:根据公开资料整理。

(二)区域间基本公共服务水平差距继续扩大

基本公共服务水平是衡量区域发展水平的重要标志。进入 21 世纪以来,随着政府职能转变的不断深化,完善保障和改善民生、建立基本公共服务体系、促进基本公共服务均等化,日益成为党和国家重大战略方针,也日益成为区域政策关注的内容。2012 年 7 月,国务院印发了我国基本公共服务领域第一部国家级专项规划——《国家基本公共服务体系"十二五"规划》,确定了"十二五"时期 8 大领域 44 类 80 项基本公共服务项目,涵盖了公民生存和发展不同阶段以及衣食、居住、健康、文体等贯穿一生的基本需求,并明确将基本公共服务制度作为公共产品向全民提供。

　　规划将基本公共服务界定为："建立在一定社会共识基础上,由政府主导提供的,与经济社会发展水平和阶段相适应,旨在保障全体公民生存和发展基本需求的公共服务。"指出基本公共服务的范围一般包括"保障基本民生需求的教育、就业、社会保障、医疗卫生、计划生育、住房保障、文化体育等领域的公共服务",广义上还包括"与人民生活环境紧密关联的交通、通信、公用设施、环境保护等领域的公共服务"和"保障安全需要的公共安全、消费安全和国防安全等领域的公共服务"。

【专栏 2-6】

近年来各地出台的基本公共服务均等化规划

　　广东省在 2009 年 11 月出台了《广东省基本公共服务均等化规划纲要(2009—2020 年)》,将基本公共服务划分为两类八项内容,即基础服务类,包括公共教育、公共卫生、公共文化体育、公共交通等四项;基本保障类,包括生活保障(含养老保险、最低生活保障、五保)、住房保障、就业保障、医疗保障等四项。2014 年,广东省又对《广东省基本公共服务均等化规划纲要(2009—2020年)》进行了修编,新的纲要将基本公共服务界定为"公共教育、公共卫生(含人口和计划生育)、公共文化体育、公共交通、公共安全和生活保障(含养老保险、最低生活保障、五保、残疾人保障)、住房保障、就业保障、医疗保障、生态环境保障"。与国家相比,增加了安全和生态环境的内容。

　　广西壮族自治区于 2011 年 8 月出台了《广西壮族自治区基本公共服务均等化"十二五"规划》,将"十二五"时期基本公共服务的范围确定为两大类十项内容:一是基础服务类,包括公共教育、公共卫生、人口和计划生育、食品药品安全、公共文化体育、公共交通六项;二是基本保障类,包括生活保障(含养老保险、最低生活保障、农村五保供养)、就业保障、医疗保障(含医疗救助)、住房保障四项。

北京市于2011年10月出台了《北京市"十二五"时期社会公共服务发展规划》,区分基本公共服务与非基本公共服务,提出了"社会公共服务"的概念,并将"社会公共服务"总结为"公共教育、公共卫生和基本医疗、公共就业、社会保障、社会福利和社会救助、公共文化、公共体育、公共安全等服务"。此外,北京还提出了社会公共服务的"空间概念",主要包括建构便利生活服务网络、建构社会公共服务功能区和聚集区。

浙江省2012年12月出台了《浙江省基本公共服务体系"十二五"规划》,将基本公共服务体系划分为四类,即基本生活服务(就业促进、社会保障、住房保障)、基本发展服务(教育、医疗卫生、人口和计划生育、文化体育)、基本环境服务(生活基础设施、公共信息基础设施、环境保护)、基本安全服务(生活生产安全、防灾减灾、应急管理)。

江西省2012年12月出台了《江西省基本公共服务体系"十二五"规划》,其中重点讨论了加强城乡基本公共服务规划一体化,落实主体功能区基本公共服务政策;推进城乡基本公共服务制度衔接,加大革命老区、民族地区和贫困地区基本公共服务支持力度;加大农村基本公共服务支持力度,建立健全区域基本公共服务均等化协调机制。

福建省2013年3月出台了《福建省推进基本公共服务均等化"十二五"规划》,在"均等化"方面有所创新,主要包括两个方面:一是加大对原中央苏区和革命老区的支持力度;二是促进城乡、区域、群体基本公共服务均等化。

　　山东省 2013 年 8 月出台了《山东省基本公共服务体系建设行动计划(2013—2015 年)》,将公共安全服务纳入基本公共服务体系建设行动计划中,并主要将食品安全、药品安全、社会治安、交通管理、消防安全、校园安全等为重点内容。

　　江苏省 2013 年 8 月出台了《江苏省"十二五"基本公共服务体系规划》,一是增加了基本公共服务的内涵,将公共交通和环境保护纳入基本公共服务的范畴,二是将机制创新总结为六类,即财政保障机制、服务供给机制、管理运行机制、监督检查机制、城乡统筹机制、区域协调机制等。此外,江苏省还特别强调将基本公共服务供给法制化。

　　上海市 2014 年 1 月出台了《上海市基本公共服务体系暨 2013—2015 年建设规划》,对基本公共服务体系进行了明确的界定,将基本公共服务体系定义为"基本公共服务范围和标准、资源配置、管理运行、供给方式及绩效评价等构成的系统性、整体性的制度安排"。在机制方面,上海市强调在各部门之间分工协调方面发挥重要作用。

　　资料来源:摘自国家发展改革委委托课题《"十三五"健全基本公共服务体系研究报告》。

　　可以看出,虽然各地区对基本公共服务的界定不完全一致,但是地区教育、医疗卫生、社会保障水平等是基本公共服务水平的核心,而这些指标中,中西部和东部地区的差距仍在扩大。具体而言,东部与西部之间、沿海和内陆之间、发达地区与不发达地区经济社会发展差距较大,这些差距使得中国基本公共服务供给呈现现代化与贫困落后并存状况,例如,目前很难将北京的基本公共服务供给水平与甘肃等西部基本公共服务供给水平进行均等化比较。

　　例如,从义务教育看,1998 年全国各省区义务教育阶段"生均预算支出"的极值比为 3.41,即最高的省是最低的省的 3.41 倍;到了 2005 年,极值比上升至 11.57。其中初中阶段生均预算经费,全国最高的上海是最低的安徽的 27.4 倍,小学阶段生均预算经费,全国最高的上海是最低的广西的 31.5 倍[1]。2005 年后,中西部和东北地区与东部地区的生均教育经费支出绝对差距仍在不断扩大,2011 年,东部地区与中部地区、西部地区的义务教育阶段生均教育经费支出差距均进一步扩大(见表 2-6),上海、北京的各类生均预算内事业费超过全国平均数的 4 倍。

表 2-6 各区域义务教育阶段生均教育经费支出 (单位:元)

	2009 年	2010 年	2011 年
全　国	9199	11087	13680
西部平均	6946	8457	10612
东部平均	11135	13418	16504
中部平均	5727	6821	8768
东北平均	10782	12849	16185

资料来源:根据 2009—2011 年《中国统计年鉴》计算。

从高等教育看,"生均预算支出"的地区差异也在扩大。1998 年,全国各省区高等教育生均预算支出的基尼系数仅为 0.054,地区差异很小。从 1999 年到 2005 年,基尼系数逐年增加(2001 年例外),2005 年达到最大值,为 0.380,2006 年以来,基尼系数在 0.3 附近波动,2010 年又大幅度提高到 0.343,成为高校扩招后的第二大数值。2011 年,该基尼系数再次下降,数字为 0.328,但仍处于较高的水平[2]。

从医疗领域看,地区间差距也仍在日趋扩大。2010 年,东部地区每千人口卫生技术人员平均为 6.3 人,而中部、西部和东北地区每千人口卫生

---

[1] 江爱平:《我国区域间基本公共服务非均等化的现状与发展趋势》,《广西社会科学》2010 年第 8 期。

[2] 岳昌君:《从经费投入看如何促进大学教育机会公平》,《光明日报》,2013 年 7 月 24 日第 16 版。

技术人员平均为 3.9 人、3.9 人和 5.2 人,发展水平存在明显差距[①]。中国社会科学院所做的"2012 年中国社会发展与社会态度调查"显示,东中西部在医疗卫生方面存在显著差异。从资源分布上看,东部地区的医疗资源(人均医疗机构数量)是全国平均水平的 1.13 倍,中部和西部地区为全国平均水平的 90.85% 和 91.47%。北京、上海、天津是我国医疗资源最丰富的三个地区,江西、安徽、贵州三省的医疗资源处于全国的最末位。2011年,上海、北京新型农村合作医疗人均财政筹资分别达到了 987 元、637元,中、西部地区省份则主要集中在 230~240 元之间。医疗卫生的不平衡是当前地区间最为严重的基本公共服务不均等问题。同时,这种地区间不平衡的状况在未来三年内并不会有多大改善,并且发达地区的优越性将会继续保持[②]。

如果分别从东部、中部、东北和西部地区中选取一个典型的省份,例如分别为江苏省、湖北省、黑龙江省和贵州省,比较"十二五"时期不同地区基本公共服务发展情况,可以看出,东部地区各领域基本公共服务指标均优于全国平均情况,东部地区大部分指标好于全国平均水平,而东北和西部地区多数指标则落后于全国平均水平,显著滞后于东部地区发展水平(见表 2-7)。

表 2-7 "十二五"时期不同地区基本公共服务发展情况(2012 年)

领 域	指 标	全 国	东部 江苏	中部 湖北	东北 黑龙江	西部 贵州
基本 公共教育	普通小学生师比	17.36	(+)16.74	(+)17.04	(+)12.95	(−)19.2
	小学净入学率(%)	99.85	(+)99.98	(+)99.97	(−)99.77	(−)99.34

[①] 国家自然资源和地理空间基础信息库项目办公室:《中国区域规划与可持续发展分析报告》,2013 年 4 月。

[②] 中国社会科学院社会发展战略研究院:《中国基本公共服务调查报告(2012)》,2013 年。

续表

领　域	指　标	全　国	东部	中部	东北	西部
			江苏	湖北	黑龙江	贵州
劳动就业服务	城镇登记失业率(%)	4.09	(＋)3.1	(＋)3.8	(一)4.2	(＋)3.3
社会保险	城乡养老保险参保率(%)	59.26	(＋)66.61	(一)55.91	(一)40.72	(一)40.97
	城乡医疗保险参保率(%)	96.56	(＋)100.77	(＋)97.68	(一)78.16	(一)96.11
社会服务	社区服务机构覆盖率(%)	29.5	(＋)98.3	(一)25.9	(一)18.5	(＋)57.9
基本医疗卫生服务	每千人口卫生技术人员数(人)	4.94	(＋)5	(＋)5	(＋)5.25	(一)3.72
	7岁以下儿童保健管理率(%)	88.9	(＋)98.8	(＋)90.4	(＋)94.3	(一)78.8
	甲乙类法定报告传染病死亡率(1/10万)	1.24	(＋)0.47	(＋)0.77	(＋)0.79	(一)2.09
公共文化	人均公共图书馆藏量(册)	0.58	(＋)0.82	(一)0.44	(一)0.48	(一)0.4

注:(＋)表示相应指标优于全国平均情况,(一)表示相应指标落后于全国平均水平;社会保险数据为2011年年度数据,其他数据均为2012年年度数据。

资料来源:中国人民大学"十三五"健全基本公共服务体系研究课题组计算。

(三)区域开发无序问题严重

由于行政区经济的色彩仍十分浓重,不少地方将区域协调发展战略等同于本行政区经济增速的提高,为了追求GDP的增长,不顾自身资源环境条件和生态环境的承载能力及其比较优势,热衷于发展重化工业,竞相上马一些高消耗、高污染、资源加工型的"两高一资"项目,造成严重的资源破坏和环境污染问题,而且由此引发了行政封锁、行政壁垒突出,生产要素不能自由流动等问题。近年来钢铁、汽车、石化、有色金属、建材行业遍地开花、效益不高、集中度差等问题就是这一问题的典型反映。以钢铁工业为例,我国钢铁产量已经超过世界前15位国家产量之和,但还有部分省区仍然在建设钢铁新产能。还有一些地方在水资源严重匮乏的地区发展高耗水产业,在能源短缺地区发展高耗能产业,不仅损害了当地的资源生态系统,同时也导致区域间产业结构的同质化,加剧了地区间的恶性竞争,导致地区封锁、条块分割的问题比较突出。近年来,行政壁垒的形式呈现出隐蔽化趋势,以招商引资、技术标准为借口制造地方壁垒的问题越来越突出,并直接导致了经济的分散化和分割化,助长了"大而全""小而全"以及重复建设等问题的产生,严重阻碍了区域间资本、人才、信息、技术等生产要素的自由流动和资源的优化配置。

【专栏 2-7】

部分地区无序化竞争的案例

中华人民共和国审计署日前审计发现,一些县在招商引资中变相减免财政性收入。接受审计的 54 个县中有 53 个县 2008 年至 2011 年出台了 221 份与国家政策明显相悖的招商引资优惠政策文件,以财政支出方式变相减免应征缴的财政性收入 70.43 亿元,其中 2011 年变相免征 33.36 亿元,相当于其当年一般预算收入的 5.81%。招商引资,必然联系着优惠政策,在当今这已经是一个常识。那么,54 个接受审计的县中有 53 个县存在违反国家政策的优惠政策,从"招商引资"的语境上说应该十分正常,而剩下的一个县没有这个问题,反而有些不可思议——没有优惠,靠什么吸引投资呢?"招商引资"这个概念,已经越来越偏离其本义,而演变为地区间的恶性竞争。本来,招商引资的意思是指宣传地区优势,吸引投资,以及地区间优势互补等。然而,如果是同等优势和条件下的多个地区都有引资需求,而投资又是供不应求的,竞争便不可避免。这时候,如果地方政府面临的经济发展任务又都是硬性指标,并且谁争取的投资更多,就意味着谁的政绩更突出，恶性竞争也就不可避免。那么，减免税、税务征、财政退，甚至财政补贴等违规优惠政策，便纷纷登场了。并且各地还都给"招商引资企业"以超国民待遇，甚至有超脱法律的特权，大门上少不了要贴一张地方政府的"护身符"，比如"免检"之类。实际上，招商引资的优惠政策，各地间是严重趋同的，除了减免还是减免，除了特权还是特权，没什么新鲜东西。而就整个社会来说，招商引资造成的社会资源浪费和公共财政的损失，非常严重。有人形容恶性竞争的无意义、无效率，就像剧场中看演出的观众，前排观众站起来看，后排必须随着站起来，但其实原本大家都可以坐着看，那么大家都站着耗费体力便毫无意义。站在全国经济发展的层面来看，招商引资并不能增加投资与经济发展的总量，然而招商引资引发的恶性竞争，却浪费性地消耗了大量的社会资源，流失了大量地方税收，损失了财政收入，而且加剧着环境污染和自然资源的破坏，更严重的问题是对法制秩序的破坏。那么，我们需要反思的，首先不是招商引资中变相减免财政性收入情况的严重，而是招商引资本身——招商引资如何偏离了本义？

资料来源：摘自《人民日报》，2012年6月10日第2版。

(四)区域经济与人口分布、生态环境不协调

经济的发展与人口的聚集并不一定能够同步，从而造成区域间人口分布和经济分布的差异。我国东部沿海地区经济集聚高于人口集聚和西部地区经济集聚低于人口集聚的情况，有其自然条件、生态环境差异的客观原因，适度的区域间差异有一定的合理性。1935年，我国学者胡焕庸提出黑河(瑷珲)—腾冲线即胡焕庸线，揭示了全国人口分布规律。即自黑龙江瑷珲至云南腾冲画一条直线(约为45°)，线东南半壁36％的土地供养了全国96％的人口；西北半壁64％的土地仅供养4％的人口。二者平均人口密

度比为 42.6 : 1。1982 年和 1990 年我国进行的第三、第四次人口普查数据表明,自 1935 年以来,我国人口分布的基本格局基本不变。以东南部地区为例,1982 年面积占比 42.9%,人口占比 94.4%。1990 年人口占比为 94.2%,经历了 55 年时间,东西部人口比例变化不大。2000 年第五次全国人口普查发现,东南、西北两部分的人口比例还是 94.2 : 5.8。

【专栏 2-8】

胡焕庸线

"胡焕庸线"是指中国地理学家胡焕庸在 1935 年提出的划分中国人口密度的对比线,即:"瑷珲—腾冲一线"(或作"黑河—腾冲一线")。"瑷珲—腾冲一线"在中国人口地理上起着画龙点睛的作用,一直为国内外人口学者和地理学者所承认和引用。这条被称为"胡焕庸线"的人口地理分界线,同时还负载、分割着许多神奇的自然与社会的元素。

在新中国成立 60 周年以及中国近现代地理学创立和发展 100 周年之际,由中国地理学会与中国国家地理杂志社发起的"中国地理百年大发现"评选活动,共发布了 30 项地理大发现,排在"珠峰测量"之后的,是"胡焕庸线"。

胡焕庸线的形成有其自然背景,它是气候变化的产物。近代发现的 400 毫米等降水量线,是我国半湿润区和半干旱区的分界线,该线与胡焕庸线基本重合,也揭示出气候与人口密度的高度相关性。年降水量不足 400 毫米,土地便向荒漠化发展,正如西北部的草原、沙漠、高原等景色和以畜牧业为主的经济,东南部降水充沛则地理、气候迥异,农耕经济发达。

中国科学院国情分析研究小组根据 2000 年资料统计分析,

胡焕庸线东南侧以占全国 43.18% 的国土面积,集聚了全国 93.77% 的人口和 95.70% 的 GDP,压倒性地显示出高密度的经济、社会功能。胡焕庸线西北侧地广人稀,受生态胁迫,其发展经济、集聚人口的功能较弱,总体以生态恢复和保护为主体功能。胡焕庸线是适宜人类生存地区的界线,其两侧还是农牧交错带和众多江河的水源地,是玉米种植带的西北边界。同时,中国的贫困县主要分布在胡焕庸线两侧。胡焕庸线与 400 毫米等降水量线重合,线东南方以平原、水网、丘陵、喀斯特和丹霞地貌为主,自古以农耕为经济基础;线西北方人口密度极低,是草原、沙漠和雪域高原的世界,自古是游牧民族的天下。

资料来源:根据公开资料整理。

但是,在"胡焕庸线"两侧东南、西北两大部分的人口结构基本不变的同时,我国省区间人口分布却发生了巨大的变化(见表 2-8),很多省区经济比重与人口比重差异较大,目前经济—人口分布异常省区的个数远多于"正常"区域个数,导致大量劳动力常年跨省区流动。以经济—人口分布的 GPR 值来评估(一国内行政区人口占本国人口的比重与行政区经济总量占本国总量的比重的比值,GPR 值越偏离 1 表示越不协调),2012 年在 16 个发达国家的 323 个省级区域中,GPR 值在 0.75~1.25 合理范围之间的区域有 264 个,占全部区域的 81.4%。而我国 31 个省、自治区、直辖市中,以 2013 年数据为例,GPR 值在 0.75~1.25 之间的区域只有 10 个,占全部区域的 32%;区域经济集聚度远高于人口集聚度的区域有 6 个,占全部区域数量的 19%;区域经济集聚度远低于人口集聚度的区域 15 个,占全部区域数量的 48%。我国畸高和畸低的区域比例分布导致区域发展呈现典型的"哑铃型"特征,表明了区域经济的发展还存在与生态环境、人口分布的不协调状况,国土开发总体布局仍有待优化,这也是导致近些年来大量劳动力跨省流动就业的重要原因。

表 2-8　2000—2010 年各省常住人口变化情况[1]

地　区	2010 年常住人口数[2]（人）	比重[3]（%）	
		2000 年	2010 年
全国合计[4]	1339724852	100	100
北京市	19612368	1.09	1.46
天津市	12938224	0.79	0.97
河北省	71854202	5.33	5.36
山西省	35712111	2.60	2.67
内蒙古自治区	24706321	1.88	1.84
辽宁省	43746323	3.35	3.27
吉林省	27462297	2.16	2.05
黑龙江省	38312224	2.91	2.86
上海市	23019148	1.32	1.72
江苏省	78659903	5.88	5.87
浙江省	54426891	3.69	4.06
安徽省	59500510	4.73	4.44
福建省	36894216	2.74	2.75
江西省	44567475	3.27	3.33
山东省	95793065	7.17	7.15
河南省	94023567	7.31	7.02
湖北省	57237740	4.76	4.27
湖南省	65683722	5.09	4.90
广东省	104303132	6.83	7.79
广西壮族自治区	46026629	3.55	3.44
海南省	8671518	0.62	0.65
重庆市	28846170	2.44	2.15
四川省	80418200	6.58	6.00
贵州省	34746468	2.78	2.59

续表

地　区	2010 年常住人口数（人）	比重（%）	
		2000 年	2010 年
云南省	45966239	3.39	3.43
西藏自治区	3002166	0.21	0.22
陕西省	37327378	2.85	2.79
甘肃省	25575254	2.02	1.91
青海省	5626722	0.41	0.42
宁夏回族自治区	6301350	0.44	0.47
新疆维吾尔自治区	21813334	1.52	1.63
现役军人	2300000	—	—
难以确定常住地	4649985	—	—

注：[1]本表中数据来自第六次全国人口普查报告。

[2]常住人口包括：居住在本乡镇街道且户口在本乡镇街道或户口待定的人；居住在本乡镇街道且离开户口登记地所在的乡镇街道半年以上的人；户口在本乡镇街道且外出不满半年或在境外工作学习的人。"境外"是指我国海关关境以外。

[3]指各省、自治区、直辖市的常住人口占全国合计常住人口（包括现役军人和难以确定常住地的人口）的比重。

[4]本表全国合计不包括香港特别行政区、澳门特别行政区和台湾地区的人口数。

三、区域政策存在的主要问题

（一）区域政策的系统性和整体性有待进一步提高

一是缺乏国家总体层面国土空间规划和管制的法律。目前，我国的立法以行业性立法居多，综合性的空间地域的立法较少，关于国土空间规划相关的法律缺乏，已有的相关法律主要集中在住房和城乡建设方面，如《中华人民共和国城乡规划法》等，但现行法律缺乏像日本《国土综合开发法》《国土利用规划法》等类似的全国性、综合性的国土空间规划的法律。国土空间规划职能散落在多个部委，难以统筹协调交通、产业、能源、环境等方面,难以提高在区域发展中的综合效益,共同解决复杂的城乡区域发展和国土空间规划问题。

二是区域管理和区域政策在调控宏观、经济发展和国家重大产业布局方面的作用不足,缺乏总体统筹和协调,目前区域规划受地方行政区划分割影响很大,区域政策更多地依靠地方政府的积极性,导致国家区域政策一定程度异化为行政区政策,刺激了省区政府追求 GDP 竞争,弱化了基本公共服务均等化等任务的实现。同时,当前我国社会主义市场经济体制尚在完善阶段,资源要素自由流动的壁垒尚未完全消除,统一、开放、竞争和有序的全国统一的社会主义大市场还有待完善,区域之间在利益补偿、产业分工等方面还有很多问题待解决,一定程度上也弱化了区域战略的指导作用。

三是促进区域协调发展的财税体制还不健全。财政税收政策在区域发展中发挥的作用不够,目前基本没有针对区域的差异化财税政策,例如对经济基础薄弱和生态环境脆弱的地区,一般性转移支付和专项转移支付规模偏小,不能满足和适应缩小基本公共服务差距的要求。同时,税收领域的征收方式和总部纳税等规定,导致税收仍然偏重生产领域,偏重总部地区,不利于资源产地和欠发达地区,刺激了地方不顾资源环境条件,盲目发展税收增收效应大的重化工业和招商引资吸引企业注册地和总部落户,而没有起到引导各区域关注基本公共服务的作用。

四是其他部分政策与区域政策存在冲突。在国家出台区域政策的同时,产业、金融、土地等方面也出台了一系列针对区域布局的政策措施,其中财税政策、产业政策作为核心政策,对区域经济结构优化和区域间产业分工协作具有重要的促进作用。但区域政策和财税政策、产业政策两大经济政策由于价值目标不完全一致,在面对不同区域经济的发展状况和复杂多样的问题时出现了不协调的问题。区域政策聚焦在实现区域经济的协调发展,扶持欠发达地区,更加关注支持区域发挥比较优势,而产业政策更加注重根据产业的不同发展阶段更加有效地在全国配置资源和生产要素，财税政策也更多注重全国一盘棋。

(二)区域规划编制有待进一步聚焦

在国家层面国土空间规划法律缺失的情况下，国家级区域规划近年来却日益增多。自 2006 年以来，在东部、中部、西部、东北等区域的地域框架之下，国家有关部委又针对一些省区市以及长三角、珠三角、天津滨海新区等地区，单独出台了一系列的特殊区域政策(见附表 1)。据初步统计，2006 年以来，国家出台区域规划、区域政策文件大约有 100 余个，其中区域规划 60 多个，区域政策文件 40 多个。从地域单元看，有的是以四大板块(西部、东北、中部、东部)为单元，有的跨越了省级行政区(长江三角洲、关中—天水、海峡西岸、成渝、四省藏区)，有的是以省级行政区为单元，有的是以省级行政区内重点区域为单元。从覆盖范围看，近 10 年，区域规划和区域政策文件的出台十分密集，甚至可以说是空前繁荣，并且基本实现了对各地区的全覆盖。这种特殊政策对支持特定地区的发展无疑起到了重要的作用，但应该看到，这种过度的区域优惠或支持政策，在刺激特定地区发展的同时，也容易造成诸多负面效应。

一是对国家区域政策体系造成冲击。国家对某个地区实行优惠和支持政策，并没有严格的统一标准和依据，实践中往往取决于近期政策意图和地方的诉求，这样无疑会对形成合理的国家区域政策体系造成冲击。而从集中优势，到分散优势，从有限区域到全国普惠，这一系列国家发展规划，刺激了地方政府的重复竞争，亦致使一些地方面临对于资源、政策、发展的更为剧烈的竞争。

二是容易诱发"跑部钱进"。由于政策缺乏明确的标准，且与各地的谈判和公关能力密切相关，自然会诱发地方通过各种渠道和方式，进行公关和游说活动。特别是许多地方热衷于以国家级区域规划的名义加快招商引资和投资步伐。2009 年以来,珠江三角洲、海西经济区、深圳综合配套改革试验区、江苏沿海、横琴岛、关中—天水、辽宁沿海、长吉图、黄河三角洲等 9 个区域发展规划获批上升为国家级规划,几乎与本轮国家级区域规划"大跃进"同时的,是各个省级地方政府的投资"大跃进"。广东确立了未来 5 年 2.3 万亿元的投资;云南的 5 年投资计划,则达到了 3 万亿元。

三是导致区域政策的"泛化"。在市场经济条件下,为促进区域协调发展,国家应更加注重公平目标,对面临各种困难的问题区域尤其是贫困落后地区应给予重点支持和帮助,但区域规划"遍地开花",导致重点不突出,政策不聚焦,政策支持的地域范围几乎遍及全国各个省区市。不少地区有多个国家级区域规划覆盖,有的省区甚至提出了"争取全部省辖市都进入国家战略"的口号。

四是容易产生新的不公平问题。由于政策是"一对一"的,所以国家对某特定地区给予政策优惠和支持,必然会对其他同类地区形成不公平,由此将造成不公平的区域竞争环境。而且区域规划和区域政策仍以行政区划和行政区为基础制定,一定程度上弱化了国家区域战略,助长了省区GDP 竞争。

四、存在问题的深层原因分析

(一)以经济增长为目标的地方政府竞争体制和考核机制

改革开放以来,中央政府相对放权,地方政府权限相对扩大,在重视GDP 增长的机制下,形成了地方政府竞争体制,出现了一种非常独特的现象,即地方政府为了竞争,直接配置资源,直接参与市场竞争。一些学者认为,这种"地方竞争"的格局是中国经济高速增长的动因之一,是"中国模式"中的独特经验。继美国学者拉莫之后,张五常提出中国经济高速增长的密码在于"县域竞争"①,即地方政府通过给予优惠政策招商引资发展本地经济,推动了经济的高速发展,他还以"佃农理论"对此进行了理论论证,指出地方政府相当于地主,招商引资来的企业相当于农民,地方政府出售土地时的地价相当于固定地租,之后的增值收益相当于分成地租。史正富更是认为,地方政府已经成为参与市场竞争的三大市场主体,"在中国,尤其是市县两级政府,长期在经济发展的第一线竞争拼搏,已经成长为与企业界共生互动的有生力量,成为中国经济社会发展的发动机之一"②。如果单纯从 GDP 增长的角度看,地方政府竞争居功甚伟,但是以经济增长为目标的地方政府竞争也积累了一系列问题,如重复建设、产能过剩、环境污染等。各级政府"经营城市""经营土地""经营国有资产",书记相当于董事长,市长相当于总经理,地方政府的主要精力放在招商引资、工业发展、开发区建设等工作上,尤为严重的是,由于地方政府充当了资源配置的主体,国家宏观调控发生严重扭曲,调控的对象不是市场而是地方政府,国家的区域战略和区域政策也在一定程度上异化为促进行政区发展的政策。可以说,以追求 GDP 为目标的地方政府竞争体制已逐渐成为困扰我国区域协调发展的重要障碍,对实现区域协调发展和产业分工形成了很大制约。

一是地方政府激烈博弈,损害公平竞争的市场秩序,阻滞国家区域战略落实。在财政分权和 GDP 考核的绩效机制作用下,地方政府之间针对经济发展展开激烈的"税源博弈""资源效益博弈""环境效益博弈"和"声誉政绩博弈"。同时,地方政府由于手握行政大权,拥有对土地和资源的控制权和监督权,可以通过竞相出让土地和资源、开展"制度补贴竞争"。这种考核的压力和地方政府的手段相结合,导致地方政府热衷于追求 GDP 增长和扩大投资,导致众多地方政府打着"促进本地区和本区域经济发展"的

---

① 张五常:《中国的经济制度》,中信出版社,2012 年版,第 3~5 页。
② 史正富:《超常增长:1979—2049 年的中国经济》,《复旦大学学报》(人文社科版)2014 年第 2期。

旗号,使用行政手段干预市场公平竞争,对本地区的企业及其产品采取保护措施,或是实行特殊优惠政策吸引企业,严重影响产品和要素的合理流通。在一些地方保护主义泛滥的地市,公安、工商、税务、防疫、技术监督等部门,为外地产品的进入设置障碍,在"地方竞争"的格局下,全国统一的市场秩序难以建立起来,各区域之间陷入了恶性竞争。

二是地方政府竞争严重加剧产能过剩,阻滞了区域协作和区域产业分工。早在 2000 年就有学者指出,"全国按 31 个省区市建制,各有各自的计划制定权,都把加快经济增长速度作为主要目标,相互攀比,竞相赶超,必然造成大量的重复生产和重复建设"[①]。但多年来,地方政府在 GDP 竞争的格局中陷于"囚徒困境"。如果一个地方政府在上重大项目、建重化工业方面落后于其他地方,不仅影响当地财政收入、就业,更影响当地官员的升迁。这使得地方政府在招商引资和扩大产能时很少甚至根本不考虑环境和社会成本,而竭力追求本地区的 GDP 增速和产业项目建设。地方政府在恶性竞争中惯常使用的优惠政策包括低价出让工业用地、税收返还、违规贷款、压低劳动力成本和水电价格等,这些政策扭曲了要素价格,带来了畸形的资源配置。有时候,地方政府还会破坏企业自由进出的市场机制,强令亏损企业继续经营,通过财政补贴或政府担保为这类企业输血,进一步加剧了产能过剩,区域协作和区域产业分工也很难实现。

三是地方政府竞争加剧生态环境恶化,使区域之间生态补偿和共同保护机制无法建立。地方由于更加关注区域 GDP 增长,对项目"来者不拒",普遍追求重工业化,与绿色、低碳、循环理念背道而驰。有的地区承接转移时不顾本地主导产业方向、不在乎是否具备发展条件。不少地区因此患上"招商引资饥渴症",只要引资项目经济效益好,能增加地方财政收入,能拉动 GDP 的增长,甚至仅仅是能够引来资金或项目,就赠送土地,减免税收,

---

① 房维中:《经济改革与发展建言集》,中国计划出版社,2013 年,第 21 页。

忽略环保。在招商引资中,大量引进高污染、高耗能企业。由于生态环境具有一定的公共产品属性,通过破坏环境可以获得产业的发展和税收的增加,而率先保护环境却没有收益,因此各区域之间对于生态保护很难形成合力,区域之间生态补偿和共同保护机制无法建立,反而形成了"谁破坏、谁受益""谁保护、谁贫困"的悖论。

总体来看,在以经济增长为目标的地方政府竞争和考核体制作用下,各地把缩小区域发展差距的重点放在了缩小区域之间经济发展水平差距,尤其是 GDP 差距上,而忽视了缩小区域之间居民生活和福利水平的差距。突出表现为追求 GDP 高增长,热衷于通过各种优惠手段(如减免税收或税收返还、给予补贴、给予某种垄断经营权等)开展多种形式的招商引资,竞相设立各种形式的开发区或园区,竞相发展那些能够较快增加当地经济总量和财政收入的重化工产业和企业,竞相大范围征用土地,开展"造城运动",竞相争取各种特区、实验区、示范区、新区等"帽子",竞相将政府目标聚焦在经济增长速度,这样节约能源资源、保护生态环境、保障和改善民生等要求往往难以切实执行,带来的负面影响会越来越大,最终必将影响居民生活和福利水平的改善,区域经济发展也容易出现反复。

而且,在追求 GDP 增长的指挥棒下,区域协调发展更多体现为区域 GDP 增速较以往均衡,并且很大程度上等同于"GDP 加快增长"。但是,中西部地区短期内技术创新和产业升级难以获得大的突破,加快增长主要还是只能依靠高投入,依靠增加物质资源消耗来拉动增长,缺乏明显的新增长亮点。因此当前各区域增长速度的变化实际上反映的是区域之间资本投入和产业转移的此消彼长,而并非真正意义上的转变发展方式的区域协调发展。收入分配、户籍、财税、社会保障、基本公共服务等领域的制度性缺陷依然严重,在节约资源、保护生态环境等方面甚至有"开倒车"的危险,促进区域协调发展的长效机制仍未建立。特别是劳动力、生态环境等要素的价值得不到与其贡献相称的回报或补偿,容易对落后地区造成逆向激励,进一步侵蚀这些地方可持续发展的基础。

(二)中央政府和地方政府的财权和事权不清晰

中央与地方事权和财权划分是国家治理的重要构成要素,也是影响区域发展的重要基础。一般而言,事权是指一级政府在公共事务和服务中应承担的任务和职责。依据事权的内涵来看,政府的每项事权既有同一级政府不同部门间的横向划分,也有不同层级政府间的纵向划分。财权是指一级政府履行事权的财政支出保障,合理的事权和财权划分能够使各级政府和职能部门各司其职,各负其责,促进政府高效率运转。

我国现行政府间事权和财权划分的基本格局是在新中国成立后政治经济背景不断变化的情况下逐步演变而成的,目前事权划分基本沿袭了改革开放前的格局,而财权划分基本上沿袭了1994年的分税制改革时确定的格局。1994年中央政府对税收制度进行了大幅度调整。具有普适规则的分税制代替了按照(各级政府)所有制确定、可谈判的利税上缴体制,中央政府独享消费税和关税,而营业税和所得税归地方政府所有。对于增值税这个最大的税种,中央获得75%的份额。分税制改革基本上重新确定了中央和地方之间的财权,中央政府集中了预算内收入,并使中央可以对地方支出行为进行更加直接的控制。分税制在集中收入方面的效果非常明显:1994年,中央政府在预算内财政收入中的比例上升至56%。分税制改革后,所得税作为地方主要税种迅速增加,中央政府进一步调整了规则,2002年个人所得税的50%上划中央,2003年更将这一比例提高到60%。分税制修复了旧体制下存在的许多漏洞。作为一种流转税,增值税很难逃避,同时还能有效防止地方政府和国有企业合谋并进行会计操作。此外,独立国税系统的建立也确保了税收收缴。分税制后新成立的国税系统由中央直接管理,工资与办公经费都来自于中央财政。国家税务局负责征收增值税,然后再给地方属于地方分成的那部分(见图2-4)。

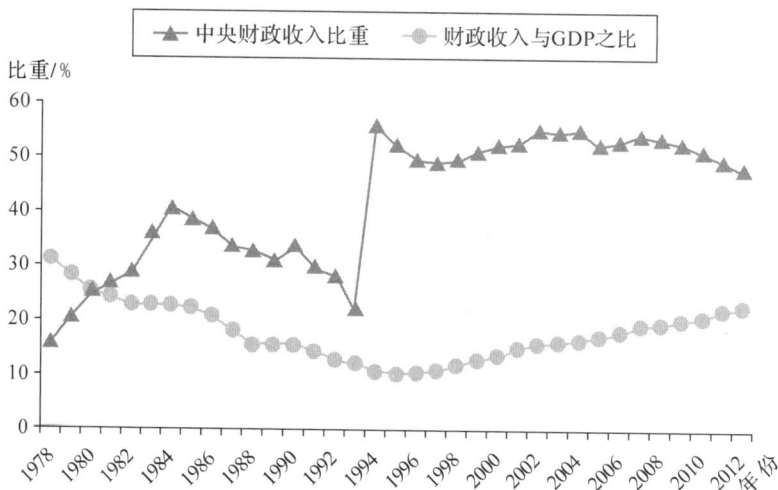

图 2-4　政府收入占 GDP 比例和中央收入占全部收入比例(1978—2012 年)

资料来源:根据国家统计局网站资料整理:http://www.nbs.gov.cn。

　　但分税制改革在集中税收收入的同时,并没有重新调整中央和地方之间的事权,部分应该由中央负责的事务,却由地方处理,属于地方的事项,中央承担了较多的支出责任,总的来看,中央和地方职责交叉,地方事权过大,财权过小①。教育、卫生、社会保障、公共安全、环境保护等基本公共服务供给方面的事权集中由地方承担,但没有相对应的财权,增加了地方的财政压力。而国家国土空间规划和区域补偿机制又缺乏顶层设计,这就进一步刺激了地方过度竞争,在区域发展中将谋求地方财力增长作为重要的目标。同时,作为单一制的国家,中央政府可以给地方政府增加任务,如教育、卫生、基础设施等,并要求地方政府买单。例如,20 世纪 90 年代中后期许多中、小型国有企业实施了破产或重组,而地方政府承担了提前退休的员工和下岗职工的社会保障支出。此外,还有很多政府间事权划分并未通过法律形式予以明确,而是执行中通过中央和地方间一事一议的方式协

———————
　　① 岳风:《政府间财政关系的演进及问题》,《改革内参》第 1029 期。

商解决,如农村养老、医疗卫生、农村公路等,通常是中央政府决策,地方政府执行,中央和地方共同负担经费。这种不清晰的中央和地方财权、事权关系对区域协调发展产生了以下几点负面影响。

一是影响了区域间基本公共服务均等化的实现。由于各地基本公共服务投入产出相对效率没有明显差异,政府基本公共服务整体属于"投入型"而非"效率型",因此,地区公共服务差距主要表现为投入差距。而目前基本公共服务事权大部分在地方,没有全国统一的基本公共服务经费保障机制,各地财政收入的巨大差距导致各地基本公共服务的标准差距太大,不可能实现均等化,而且不同群体之间,不同区域之间,二次分配还存在逆向转移的趋势。比如,基本医疗保险在一些地方待遇差距非常大,基本社会保障的地区差异也存在逆向转移趋势。例如,北京市、上海市社会统筹的这部分医疗保险,按照工资的 6 倍算封顶线,可以报销 30 万元、40 万元,可其他一些城市只可以报 10 多万元。

二是事权和财权划分缺乏法律依据和顶层设计,一定程度上导致各地区"跑部钱进",谋求区域优惠政策。2012 年,全国约 33％的财政收入由中央先集中再向地方财政转移,涉及资金近 4 万亿元,其中,一般转移支付总量过大,且并不以区域间差距作为主要衡量标准,专项转移支付规模过大,项目又过于细碎①。总体来看,中央与地方支出责任划分形式多样,有的按照项目划分,有的按照比例划分,同一地方不同事项,中央补助比例也不尽相同。同时,由于目前区域政策中同时存在以功能区划分和以行政区划分的方法,这两种划分方法的不同标准和不同维度,导致某些区域既处于板块划分政策区域(西部大开发战略、中部崛起战略、东北振兴战略),又处于特定功能区政策区域(贫困地区、民族地区、沿边地区、资源枯竭地区等),存在根据地方利益选择政策的可能,产生了两类政策的重复享受问

---

① 《改革内参》编辑部:《理顺政府间财政关系方略》,《改革内参》第 1029 期卷首语。

题。而有些财政转移支付政策实施中的同一类政策,由于在不同的行政区导致标准不一致。这使得各地、各区域热衷于"戴帽子",通过上升为国家战略来获得新的财政转移支付。

三是地方政府缺乏稳定的收入来源和自主财源,刺激了地方政府竞争。目前中央和地方政府之间的收入划分以共享收入为主,现行地方税主要包括流转税类、财产税类、资源税类和各种地方附加税,地方税体系建设严重滞后,适于作为地方大宗财源的资源税类和财产税类税基窄、税负轻,导致地方有效财源不足,使得地方政府有较强烈的扩大税基的愿望,往往通过招商引资、发展工业园区来扩大税基,这又导致地方对土地出让金依赖严重,必须不断扩大城镇开发规模和投资规模,进一步加剧了地方政府间过度竞争。

(三)税收地和税源地相分离的税收分配体制

1994年实行分税制财政管理体制改革以来,我国省际人均税收收入差距与人均GDP差距相比,呈现明显的扩大趋势,具体表现为,由于现行分税制缺乏区域之间横向税收分配的基本制度规范,一个地方政府创造的税源所形成的税收没有被这个地方政府所收缴和享有,而是被另外的地方政府享有,而且由于税制、税收征管以及市场经济制度不够完善,税收在不同地区之间不当转移愈演愈烈,本来属于甲地的税收却被乙地拿走,属于乙地的税收又被转移到丙地。据统计,目前占全部税收收入90%以上的税收收入都不同程度地存在"税收与税源地背离"的问题[①],这个由于税收制度设计产生的问题,对区域发展产生了巨大的影响。由于企业总部大都设在发达的区域,特别是集中在大城市,导致落后地区、原材料产地、央企生产基地所在地区,其税源所形成的巨额税收被发达地区和中心城市征

[①] 关于税收与税源地分离的有关定义,引自税收与税源问题研究课题组编:《区域税收转移调查》,中国税务出版社,2007年,第8页。

收,加剧了对不同区域平等权利的损害,影响了区域的协调发展。区域"税收与税源地背离"的问题主要有以下几种情况。

一是总分支机构分布于多个区域,区域间税收分配不合理造成税收与税源背离。具体又分为两种类型,一种是母子公司型,子公司是独立法人,独立核算。这种情况下不存在合并纳税,只存在利用关联交易、转让定价等方式,引发跨区域税收转移。另一种是总分公司型,分公司为非独立法人,企业汇总纳税,税收在总公司和分公司所在区域之间横向分配。我国目前税法按属地原则确定纳税地点,按照国家税务总局的有关文件,集中纳税企业的所得税的 60% 缴入中央国库,40% 缴入总部机构所在地地方国库。显然在这种管理体制下总部机构所在地区域政府得到了转移性税收收入,税收由分支机构所在地地区向总部机构所在地的区域转移。例如,"总部"最集中的北京,近年税收连续达到 20%～30% 的增速,其主要原因是,目前全国汇总合并纳税企业有 180 余家,北京市占有 90 余家,其中西城区有 38 家,约占全国的 20%。这 38 家企业的下属二级成员企业近 1300 家,各级成员企业多达几万家,大部分分布在全国各省市。这些分散在全国各省市的各级成员企业,却不能为所在地贡献税收。还有,国内最大的西气东输工程总部设在上海,即纳税地在上海,而途经了许多西部省市,这些地方政府为企业的经营发展提供了一定的公共产品和服务,同样也不能通过行使税权获得相应的税收。黑龙江的大庆油田由于是央企的生产基地,"十一五"期间,大庆油田年均应缴税收约 250 亿元,但按现行税法规定,大庆油田产生的所得税由中石油集团统一汇缴,黑龙江省却无权管理。值得关注的是,税收与税源相背离不仅出现在所得税领域,近年来,各地反映增值税分离的问题,也此起彼伏。

二是企业生产、经营场所横跨两个以上行政区域,区域税收和税源出现背离。例如湖北省与重庆市在三峡电站的税收分配问题,目前三峡电站发电实现的增值税重庆分成为 84.33%,湖北分成为 15.67%。由湖北省国家税务局课题组撰写的名为"三峡电站税收与税源背离问题研究"的报告认为,经过计算和估算,从 2003—2009 年,三峡电站累计可提供各类税收 248.77 亿元,其中三峡总公司获得 183.12 亿元,中央获得 42.21 亿元,重庆获得分配 19.77 亿元,而三峡电站所在地的湖北省仅仅获得分配 3.67 亿元,还不到税收总额的 1.5%,不到重庆市的 1/5。类似这种生产、经营跨行政区域的情况,全国还有很多,在企业"属地管理"的原则下,多个区域政府在法律上都享有税收征收管理权和税收收益权,税收收入如何在这些区域横向分配就成为问题的关键。在跨区域生产经营的情况下,一旦出现横向税收分配矛盾,即需要两个区域政府通过协商解决,或者上级政府裁决。如果两个区域之间实力悬殊,欠发达区域政府可能就处于劣势地位,横向税收分配一般就可能更有利于实力较强的区域。这种税收与税源背离进一步弱化了区域政府的政策能力,使欠发达地区经济和社会发展与发达地区进一步拉大差距。

【专栏 2-9】

三峡工程和三峡电站税收分配

三峡工程全称为长江三峡水利枢纽工程。整个工程由大坝、水电站和通航建筑物组成,位于湖北省宜昌市。1993 年开工,2009 年完工,工程预计总投资 2039 亿元,年发电总量 847 亿千瓦时。

从 2003 年到 2009 年,三峡电站实行特殊的税收政策,这种特殊的政策涉及区域之间税收横向分配和中央与地方税收纵向分配问题。2003—2009 年,依据国务院有关条例和财政部、国家税务总局的有关文件,三峡电站的税收分配政策是:所得税全部留给三峡总公司,增值税地方留成部分和城建税、教育费附加,湖北省和重庆市按照 15.67：84.33 的比例分配。

　　这个比例的确定,是按照考虑三峡库区综合淹没实物比例后进行测算所得的结果,三峡库区重庆市、湖北省土地淹没比例是80.31∶19.69,淹没实物比例为85.501∶14.499,综合此两项指标,再把坝区的淹没实物考虑进去,得出84.33∶15.67的比例。这一分配比例在建设阶段被广泛应用于重庆市和湖北省之间与三峡电站相关的各种资金的分配上,既包括三峡水电站发电产生的地方级税收的分配,也包括产业发展基金、三峡库区自用物资进口税收返还等资金的分配。

　　2003—2009年,三峡电站应纳税额248.77亿元,其中增值税117.42亿元,企业所得税121.97亿元,城建税和教育费附加9.38亿元。如按照属地分配原则进行分配,中央应得161.24亿元,湖北省应得87.53亿元。按照现行税收分配体制,中央分享42.21亿元,三峡总公司分享183.12亿元,重庆市分得19.77亿元,湖北省分得3.67亿元。

　　2009年三峡工程建成后,国家未明确具体的税收分配办法。据此,湖北省认为,三峡大坝和企业注册地、主要生产地均在湖北,应当按照属地管理原则,将三峡电站的地方税收全部归属湖北,重庆三峡库区发展需要的资金通过财政转移支付解决。重庆市认为,三峡库区和三峡电站同为三峡电力的"生产地",且重庆在移民支出上花费巨大,增值税应当继续按照重庆市84.33%,湖北省15.67%的比例进行分配,并将所得税也纳入按比例分配范围。

　　资料来源:摘自税收与税源问题研究课题组编:《区域税收转移调查》,中国税务出版社,2007年,第225~257页。

　　三是税收征收规定导致税收由生产地向消费地转移,由资源提供地向资源利用地转移。按照现行《中华人民共和国增值税暂行条例》,增值税主要是在生产地销售时征收,生产地所在区域政府享受到了增值税地方分成部分。但是增值税可以由生产企业最终转嫁到消费者,消费者承担增值税理应归其所在地区政府享有。按照国际上通行的增值税征收管理办法,增值税大部门留在最终消费地,在最终消费环节征收。但我国目前以生产地为主的增值税征收方式,不仅导致制造业欠发达的中西部地区向制造业发达的东部地区转移税负,而且鼓励了地方政府扩大制造业投资和扩大再生产。资源领域的税收也存在类似的问题,目前我国大部分商品价格由市场机制决定,但是仍有少部分初级产品价格由政府定价。长期以来,政府对资源性初级产品(如原油、天然气等)实行较低的价格,但是当它们作为原料进入下一个环节,经过加工变成成品或进入消费环节后,价格又由市场决定,其价值发生了巨大变化,增加几倍甚至几十倍。结果是部分税收利益由资源开发地向资源利用地转移,资源开发地区缺少足够的财力对资源消耗进行必要的补偿。

【专栏2-10】

跨区域资源调配导致的区域利益分配格局变化
(以西电东送为例)

我国资源种类和资源总量虽然较为丰富,但地区分布却严重不均。例如,我国水能资源90%集中在西南、中南地区和西北部分地区,煤炭资源绝大部分集中在山西、陕西、内蒙古西部地区,但电力需求集中在经济发达的东部地区。21世纪以来,我国开始实施大规模的西电东送工程,有效地改变了我国资源空间分布不均衡、资源利用结构不合理,以及资源禀赋与消费需求空间错位的局面。但是跨区域的规模资源输送,毫无疑问将在资源输出区与资源输入区之间建立新型的交易关系,并在此基础上形成了复杂、多样的区域利益关系,由于生态补偿机制和资源税收体系的不健全,东西部区域发展失衡却在不断加剧。

首先,西电东送诸多成本没有有效体现在电价中。除了电力开发、生产过程中直接的投资成本和各种运行维护成本外,还有很多潜在的和相关的经济、生态成本,如西部地区水电站建设中涉及的移民安置与后续发展成本,火力发电导致的长期生态环境破坏损失,以及西部地区为了保障东送电量而迫使其对本地企业拉闸限电等并没有被充分地计入市场交易成本,因此电价的合理性受到一定影响。

其次,西电东送所获得的经济收益只有一小部分落到资源输出地。据统计,目前西电东送的利益分配格局大致表现为:东部电力输入区节约了大量的购电成本,电力开发、电力输配企业获得部分利润,资源输出地获得小部分利益。以年输送 2000 亿千瓦时计算,东部地区可节约电费支出 560 亿元,电力企业获利 140 亿元,资源输出地国税、地税共获利不到 100 亿元。

最后,廉价电力的输送加剧了资源输出区与资源输入区之间的发展差距。资源输出地提供的资源和能源对东部地区产业发展具有重要意义,但是从地区的角度讲,资源的税收实际上是一种产地税,而不是消费税,它存在产地和消费地之间税收转移问题,即它要被加到商品的价格中去由消费者负担。因此,资源输入地享受了资源带来的额外收益,而资源输出地在购买制成品时,反而需要支付资源和能源产品的一部分额外成本。

资料来源:摘自 2009 年国家社会科学基金项目《东西部区域利益协调与加快西部少数民族经济社会发展研究——以西电东送为典型实证》,2009 年。

四是区域税收政策不统一,税收由高税负地区向低税负地区转移。我国目前存在较多的区域优惠政策,例如对经济特区、沿海经济开放城市、高新技术产业开发区、经济技术开发区等,都规定了一些区域性优惠政策。

此外,为了招商引资,地方政府还自行出台了一批支持企业发展的财税政策。这些政策在吸引投资者的同时,也造成了区域之间税收的恶性竞争。一些公司将公司注册在财税政策优惠区域,即使主要生产基地不在此地,也可以充分利用各种方式,将企业利润和税收从高税负区域转移到低税负区域,造成区域税收和税源分离。

虽然上述几种税收与税源背离的形式略有不同,但基本都是税收从欠发达地区(主要分布在中西部地区)向经济发达地区转移。不仅造成了欠发达地区财力紧张,扩大了区域间财力差距,而且与国家促进区域协调发展的目标相背离,制约了区域协调发展目标的实现。

第三章 党的十八大以来区域发展的新趋势

党的十八大以来，中央对区域发展问题高度重视，提出了新的要求，在继续实施西部大开发、东北地区等老工业基地振兴、中部崛起等区域发展战略的同时，提出要统筹东中西协调南北方，重点实施"一带一路"、京津冀协同发展、长江经济带三大战略。

统筹实施"四大板块"和"三大战略"，有利于更好地统筹国内和国际两个市场，促进东部和中西部联动发展，有利于以点连线，由线到面，培育新的经济增长极、增长带和增长点，构建沿海、沿江、沿边和内陆地区全方位开放合作的新格局。

一、继续实施西部大开发、东北地区等老工业基地振兴和中部地区崛起等战略

1. 深入推进西部大开发

西部地区在我国区域发展中处于优先地位,经过过去 10 多年打基础,目前西部大开发已经进入到全面深入推进的新阶段。在新的时期,建议坚持"民富为先、稳定为重"的方针,更加注重维护社会稳定、扩大就业机会和让百姓得到实惠,切实提高西部自我发展能力和综合竞争力,使西部尽快走上持续稳定快速健康发展的轨道。

一是建议强化西部大开发战略的顶层设计,编制《西部大开发"十三五"规划》,推动国家重点基础设施建设更多向西部地区倾斜。

二是加快基础设施建设,继续把交通、水利等设施建设放在优先位置,加快构建功能配套、安全高效、适度超前的现代化基础设施体系。

三是加强生态建设和环境保护,推进西北草原荒漠化防治区等五大生态区综合治理,加快推进退耕还林、退牧还草等重点生态工程,构筑国家生

态安全屏障。

四是支持发展特色优势产业,围绕建设国家能源基地、资源深加工基地、装备制造业基地、战略性新兴产业基地,合理布局一批重大产业项目,着力发展现代服务业,有序承接国内外产业转移。

五是提升自主创新能力,推进创新型区域和创新型城市建设,加大人才培养力度,继续实施重点人才开发工程,增强西部地区自我发展能力。

六是大力发展社会事业,把中央的支持重点用于改善西部各族人民群众的生产生活条件,建立覆盖城乡居民的公共服务体系。

七是加强重点经济区开发,推动成渝、广西北部湾、关中—天水、呼包鄂榆等一批经济基础好、资源环境承载能力强、发展潜力大的重点经济区加快发展,产生新的经济增长极。

八是坚持体制机制创新,充分发挥市场配置资源的基础性作用,探索边境地区开发开放的新模式。

2. 全面推进东北地区等老工业基地振兴

东北地区是国家重要的工业和农业基地。在国家有关政策的支持下,近年来东北振兴初见成效。然而,要实现东北地区全面振兴的目标,今后的任务仍相当艰巨。目前,东北地区还面临着国企改革任务重、产业竞争力不强、民营经济发育不足、服务业发展落后等诸多问题。下一步建议更加注重结构优化和机制体制创新,突出产业振兴和重点区域发展,强化国家战略产业基地和创新能力建设,加快实施全面开放战略,促进东北地区的全面振兴。

一是建议尽快出台《中共中央 国务院关于全面振兴东北地区等老工业基地的若干意见》,深入实施《国务院关于近期支持东北振兴若干重大政策举措的意见》。

二是进一步明确东北振兴战略的区域布局,支持东北地区打造新的经济增长点,因地施策地把东北老工业基地建设成为全国重要经济增长区域,实现老工业基地全面协调可持续发展。

三是完善现代产业体系,提升优势产业核心竞争力,支持战略性新兴产业发展,大力发展生产性服务业以及旅游、文化产业。加快转变农业发展方式,将东北地区等老工业基地建设成为稳固的国家粮食战略基地、全国重要的畜禽水产品生产加工基地和农业现代化示范区。

四是强化生态环境保护,促进林区全面协调可持续发展,推动辽河、松花江流域污染治理,加快科尔沁沙地治理,加强东北黑土地、重要湿地和三大草原保护。

五是推动重点区域加快发展,提升辽宁沿海经济带和沈阳经济区、长吉图经济区、哈大齐地区发展水平,建设振兴的先行区和示范区。

六是加强社会事业和民生工程建设,加快棚户区改造,推进城市集中供热管网改造,进一步做好就业和社会保障工作。

七是继续深化改革,深化老工业基地企业改革的政策思路,完善厂办大集体改革政策,推动尽快解决"债转股"资产处置问题,积极稳妥地推进国有林区、国有林场和农垦改革。

八是进一步扩大对外开放,推动东北亚区域合作进程,提升对俄合作水平,深化对日、韩经济合作,务实推进对朝、蒙互利合作,建成国家向东北亚开放以及参与东北亚区域合作的重要枢纽。

九是促进全国资源型城市可持续发展,健全资源型城市可持续发展的长效机制,开展资源型城市可持续发展试点。

十是统筹推进全国老工业基地调整改造工作,研究制定支持老工业城市转型发展符合实际、切实有效的政策措施。

3. 大力促进中部地区崛起

中部地区处于居中位置,在全国发展中起着承东启西的重要作用。同时,中部地区资源和环境承载能力较大,经济发展基础较好,工业化和城镇化的潜力大,是未来中国承接农村人口和沿海产业转移的重要区域。建议在今后一段时间继续抓好中部地区"三基地一枢纽"建设,同时加强以城市群为核心的重点区域开发,加快推进工业化和城镇化进程,促进重点区域率先崛起,进而带动整个中部地区的崛起。

一是加强和巩固全国重要的粮食生产基地建设,积极发展现代农业,加快农业结构调整,加强农业农村基础设施建设。

二是巩固提升能源原材料基地地位,推进国家大型煤炭基地建设,加强新能源开发利用和电力基地建设,推动钢铁、化工、有色、建材等优势产业结构调整和优化升级。

三是培育壮大现代装备制造和高技术产业,大力发展机械、汽车、轨道交通、船舶等装备制造业,培育壮大战略性新兴产业,以高技术和先进适用技术改造传统制造业。

四是强化综合交通运输枢纽地位,实施铁路客运专线、城际铁路、煤运通道建设,完善公路干线网络,加快干支线机场建设,提高水运、管道运输能力,加强全国性综合交通枢纽城市的规划建设。

五是发挥重点地区带动作用,引导长江中游城市群一体化发展,支持河南省加快中原经济区发展,指导中西部地区有序承接产业转移,推进安徽皖江城市和湖南湘南、湖北荆州、晋陕豫黄河金三角、江西赣南等产业转移示范区建设,形成沿长江、沿陇海、沿沪昆、沿京广、沿京九、沿焦柳"三纵三横"经济带。

六是加强资源节约和环境保护,进一步做好大江大河大湖综合治理,加快南水北调工程建设,加大生态建设和环境保护力度。

七是大力发展各项社会事业,优先发展教育,繁荣文化体育事业,增强基本医疗和公共卫生服务能力,千方百计扩大就业,完善社会保障体系。

八是深化体制改革和机制创新,积极推进武汉城市圈和长株潭城市群"两型"社会综合配套改革试验区建设,推动山西省资源型经济转型。

4.继续鼓励东部沿海地区率先转型发展

自改革开放以来,东部地区经济一直保持着高速增长的态势。尤其是珠三角、长三角等地区成为引领中国经济发展的重要增长极。然而,近年来,随着要素成本的全面上涨,东部地区过去那种以高度消耗资源、高度依赖出口市场、处于产业链低端,以低工资、低成本、低价格维持产业竞争优势的传统发展模式受到了严峻挑战。可以说,当前东部地区经济已经到了全面转型升级的新阶段,建议进一步支持东部地区转型发展。

一是着力提高科技创新能力,营造鼓励自主创新的政策环境,推动关键领域和核心技术的创新突破,加快国家创新型城市和区域创新平台建设,率先建成创新型区域。

二是着力培育产业竞争新优势,利用先进技术改造、提升传统产业,积极发展战略性新兴产业,大力发挥现代服务业,加快比较优势弱化的产业转移步伐。

三是着力推进体制机制创新,在总结综合配套改革试点的基础上,推广相对成熟、行之有效的改革政策,允许在金融创新、对外开放等一些重点改革领域先行先试。

四是着力增强可持续发展能力,在节能减排、生态保护、环境治理、绿色发展等方面走在全国前列,探索有效恢复生态和保护环境的体制机制。

五是着力加快区域一体化进程,进一步突破行政区划界限,在有条件的城市群推动规划一体化、基础设施一体化、产业发展一体化、环境保护一体化和公共服务一体化。支持环渤海、长三角、泛珠三角等区域合作和协同发展,支持山东半岛、海峡西岸、广西北部湾等新兴经济区的建设和发展。

六是着力提升开放型经济水平,积极参与国际产业分工,提高聚集国际资源要素的能力和承接国际产业转移的层次。

5. 继续加大对革命老区、民族地区、边疆地区和贫困地区扶持力度,扭转老少边穷地区与全国经济平均发展水平差距扩大的趋势,缩小与全国基本公共服务平均水平的差距

一是加强交通、能源、水利等基础设施建设,特别是加快改善集中连片贫困地区的外部发展环境,进一步改善老少边穷地区的生产生活条件。

二是增强公共服务能力,进一步提高教育、卫生、文化、社会保障等公共服务水平,着力保障和改善民生。

三是加快经济发展,提升特色产业发展水平,加快特色优势产业以及旅游业发展,大力发展非公有制经济,提高自我发展能力。

四是强化生态环境保护建设,实现可持续发展。高度重视生态环境保护与建设,加大保护与治理力度,实现经济社会、人与自然和谐发展。

二、谋划区域发展新棋局

促进"一带一路"建设,促进京津冀协同发展,建设长江经济带是新时期促进区域协调发展的重要平台和抓手。

(一)"一带一路"引领内陆地区开发开放

2013 年 9 月 7 日,习近平总书记在哈萨克斯坦访问时说,为了使我们欧亚各国经济联系更加紧密、相互合作更加深入、发展空间更加广阔,我们可以用创新的合作模式,共同建设"丝绸之路经济带"。10 月 3 日,习近平总书记在印度尼西亚访问时说,东南亚地区自古以来就是海上丝绸之路的重要枢纽,中国愿同东盟国家加强海上合作,发展好海洋合作伙伴关系,共同建设 21 世纪"海上丝绸之路"。2013 年 11 月,党的十八届三中全会通过的《中共中央关于全面深化改革若干重大问题的决定》提出,加快同周边国家和区域基础设施互联互通建设,推进丝绸之路经济带、海上丝绸之路建设,形成全方位开放新格局。2015 年 3 月,国家有关部门联合发布了《推动共建丝绸之路经济带和 21 世纪海上丝绸之路的愿景与行动》。

"一带一路"战略的提出正逢其时,该战略既是对外开放战略,也是促进区域协调发展战略。它以综合交通通道为空间,依托沿线基础设施和中心城市,对境内外贸易和生产要素进行优化配置,促进区域经济一体化。

一是符合我国与周边地区加强区域经济合作的发展现实。过去 30 年,我国经济快速发展对很多国家产生了向心力。寻求合作共赢可为各国经济发展提供更广阔的地缘空间,也符合我国深化开发开放的战略需求,"一带一路"是我国与各国共同发展的契合点。

二是顺应区域经济一体化潮流。近年来,我国虽积极参与区域经贸合作,但东盟与中国合作机制仍不紧密,中日韩自由贸易区进展缓慢,美国积极构建"跨太平洋伙伴关系协议",俄罗斯推出了殴亚联盟计划。在此背景下,我国亟须强化区域经济合作组织,提升发展空间。

三是我国区域协调发展的内在要求。"一带一路"有望带动经济实力薄弱的西部地区发展,破解东西部发展失衡的难题。"一带一路"建设可通过发展面向中亚及周边国家的外向型经济,提升西部对外开放和经济发展水平,推动西部成为我国新经济增长极,促进区域经济协调发展。

四是我国外交战略思维的重大转变。近年来,仅靠经济吸引力缓解周边国家疑虑的努力显得不够,我国亟须主动寻找未来发展的着力点和突破口。这个突破口就是次区域合作,即与中亚及周边国家共建经济,共同应对外部威胁,化解安全冲突,防范非区域势力的政治干扰,服务中华民族伟大复兴的中国梦。

"一带一路"贯穿亚欧非大陆,一头是活跃的东亚经济圈,一头是发达的欧洲经济圈,中间广大腹地国家经济发展潜力巨大。丝绸之路经济带重点畅通中国经中亚、俄罗斯至欧洲(波罗的海);中国经中亚、西亚至波斯湾、地中海;中国至东南亚、南亚、印度洋。21 世纪海上丝绸之路重点方向是从中国沿海港口过南海到印度洋，延伸至欧洲；从中国沿海港口过南海到南太平洋①。"一带一路"一个着眼于欧亚大陆，加快向西开放，一个着眼于海洋，提升海上开放水平。

"一带一路"注重区域联动，更强调不同板块之间的互动，推进"一带一路"建设，将充分发挥国内各地区比较优势，加强东中西互动合作，全面提升开放型经济水平。

西北、东北地区。发挥新疆独特的区位优势和向西开放重要窗口作用，深化与中亚、南亚、西亚等国家交流合作，形成丝绸之路经济带上重要的交通枢纽、商贸物流和文化科教中心，打造丝绸之路经济带核心区。发挥陕西、甘肃综合经济文化和宁夏、青海民族人文优势，打造西安内陆型改革开放新高地，加快兰州、西宁开发开放，推进宁夏内陆开放型经济试验区建设，形成面向中亚、南亚、西亚国家的通道、商贸物流枢纽、重要产业和人文交流基地。发挥内蒙古联通俄蒙的区位优势，完善黑龙江对俄铁路通道和区域铁路网，以及黑龙江、吉林、辽宁与俄远东地区陆海联运合作，推进构建北京—莫斯科欧亚高速运输走廊，建设向北开放的重要窗口。

西南地区。发挥广西与东盟国家陆海相邻的独特优势，加快北部湾经济区和珠江—西江经济带开放发展，构建面向东盟区域的国际通道，打造西南、中南地区开放发展新的战略支点，形成21世纪海上丝绸之路与丝绸之路经济带有机衔接的重要门户。发挥云南区位优势，推进与周边国家的国际运输通道建设，打造大湄公河次区域经济合作新高地，建设成为面向南亚、东南亚的辐射中心。推进西藏与尼泊尔等国家边境贸易和旅游文化合作。

沿海和港澳台地区。利用长三角、珠三角、海峡西岸、环渤海等经济区

① 中华人民共和国国家发展与改革委员会、外交部、商务部：《推动共建丝绸之路经济带和21世纪海上丝绸之路的愿景与行动》，2015年3月28日，引自网页：http://news.xinhuanet.com/gango/2015-06/08/c_127890670.htm。

开放程度高、经济实力强、辐射带动作用大的优势,加快推进中国(上海)自由贸易试验区建设,支持福建建设21世纪海上丝绸之路核心区。充分发挥深圳前海、广州南沙、珠海横琴、福建平潭等开放合作区作用,深化与港澳台合作,打造粤港澳大湾区。推进浙江海洋经济发展示范区、福建海峡蓝色经济试验区和舟山群岛新区建设,加大海南国际旅游岛开发开放力度。加强上海、天津、宁波—舟山、广州、深圳、湛江、汕头、青岛、烟台、大连、福州、厦门、泉州、海口、三亚等沿海城市港口建设,强化上海、广州等国际枢纽机场功能。以扩大开放倒逼深层次改革,创新开放型经济体制机制,加大科技创新力度,形成参与和引领国际合作竞争新优势,成为"一带一路"特别是21世纪海上丝绸之路建设的排头兵和主力军。发挥海外侨胞以及香港、澳门特别行政区独特优势作用,积极参与和助力"一带一路"建设。为台湾地区参与"一带一路"建设做出妥善安排。

内陆地区。利用内陆纵深广阔、人力资源丰富、产业基础较好优势,依托长江中游城市群、成渝城市群、中原城市群、呼包鄂榆城市群、哈长城市群等重点区域,推动区域互动合作和产业集聚发展,打造重庆西部开发开放重要支撑和成都、郑州、武汉、长沙、南昌、合肥等内陆开放型经济高地。加快推动长江中上游地区和俄罗斯伏尔加河沿岸联邦区的合作。建立中欧通道铁路运输、口岸通关协调机制,打造"中欧班列"品牌,建设沟通境内外、连接东中西的运输通道。支持郑州、西安等内陆城市建设航空港、国际陆港,加强内陆口岸与沿海、沿边口岸通关合作,开展跨境贸易电子商务服务试点。优化海关特殊监管区域布局,创新加工贸易模式,深化与沿线国家的产业合作。

当前,中央政府和各地积极推动"一带一路"建设,加强与沿线国家的沟通磋商,推动与沿线国家的务实合作,实施了一系列政策措施,西北地区作为丝绸之路经济带的重要地区在加强与丝绸之路经济带沿线国家的合作中,也正在争取收获一批早期成果①。

一是依靠人文优势打造文化科技中心和交流合作地。如新疆、甘肃境内维吾尔和哈萨克等少数民族与中亚语言相通,风俗相近。在此背景下,新疆正在扩大对中亚、西亚文化旅游产品和服务出口;甘肃以敦煌国际文化旅游名城为平台,开展以丝路文化为主题的文化遗产保护合作交流。

二是凭借区位优势打造贸易运输通道,发展依托交通优势的产业。通过完善航线网络,加快推进航空物流、航空维修等航空服务业发展,同时推进面向中西亚、欧洲的自由贸易园区建设,打造与航空产业关联的高端制造业聚集区,构建联通我国与中西亚、南亚以及欧洲、非洲的综合交通运输体系,并依托交通运输优势,建设联通国际国内的现代商贸物流网络体系。

三是凭借产业优势打造产业对接基地。如宁夏与中东等地区民族特色产品互补性强,借助中阿博览会,以清真食品和民族工艺等产业为重点,逐步建立面向阿拉伯国家、穆斯林地区重要的清真食品、穆斯林用品生产服务基地和中阿优势特色产业对接基地;此外,还可与中亚等地区共同勘探开发油气资源,合作建设高端油气化工项目。

"一带一路"对西部地区是重大利好,将来随着"一带一路"的建设和城镇化的推进,一些重要的基础设施,比如铁路,其建设会加快,也会修建、改造一些重大水利工程,一些城市的地下管网改造也会加速,有些地方的保障房建设等跟民生有关的项目都会进一步加快。对于西部地区而言,通过基础设施的互联互通,"一带一路"可以通过铁路、公路、机场、管道、口岸、港口等建设,改变当地的发展条件与环境。此外,西部地区能源资源富集,尤其是比较落后的西部地区,在当前内需不足、产能过剩的情况下,通过"一带一路"建设可以盘活这些资源。通过向西开放,还可以利用当地优势

---

① 中华人民共和国国家发展与改革委员会、外交部、商务部:《推进共建丝绸之路经济带和 21 世纪海上丝绸之路的愿景与行动》,2015 年 3 月 28 日,引自网页:http://news. xinhuanet. com/gango/2015-06/08/c_127890670. htm。

条件,发展对外加工贸易,改变经济发展对资源的路径依赖。在"一带一路"战略下,中国的优势资源可以向外输送,产业也会加快向西部转移,现在电子产品加工业等已经开始向西转移。中西部可以抓住有利时机,形成新的发展动力。随着向西开放力度加强,随着中国优势产业和先进技术"走出去",东部地区的产业也会加快转型。

"一带一路"的实施非一日之功,需与沿线国家充分交流合作,平衡大国关系。建议做好基础研究工作,制定不同时期的发展规划,更多加强人文交流,关心民生项目,为各领域合作提供支撑和支持。通过"一带一路"建设,支持内陆地区开发开放,促进区域协调发展。

(二)京津冀协同发展促进环渤海和北方经济协作

京津冀地处京畿重地,是环渤海地区和我国北方地区的经济中心,战略地位十分重要。地域面积 21.6 万平方千米,2013 年年末常住人口 1.09 亿,地区生产总值 6.22 万亿元,以全国 2.25% 的地域面积承载了全国 8.02% 的人口,创造了 10.93% 的经济总量;2013 年人均地区生产总值 5.7 万元,是全国平均水平的 1.36 倍。京津冀地区以汽车工业、电子工业、机械工业、冶金钢铁工业为主,是全国主要的高新技术和重工业基地,是我国北方经济规模最大、最具活力的地区。京津冀地区与长江三角洲地区、珠江三角洲地区比肩而立,是我国经济最具活力、开放程度最高、创新能力最强、吸纳人口最多的地区之一,是拉动我国经济发展的重要引擎。但是,目前,京津冀地区存在一些突出问题。

一是北京"大城市病"问题凸显。至 2013 年年底,北京常住人口达 2114.8 万人,人口过度膨胀导致一系列经济社会问题,交通日益拥堵,房价持续高涨,大气污染严重,社会管理难度大,给城市管理带来巨大压力。

二是资源环境承载超限,自然生态系统退化。京津冀水资源严重短缺,人均水资源仅为全国平均水平的 1/9。水土流失严重,沙尘天气时有出现,生态不堪重负,已成为我国东部地区人与自然关系最为紧张、资源环境超载矛盾最为尖锐的区域。

三是区域发展差距悬殊,且呈进一步扩大趋势。经济发展水平差距大,2013年,河北人均地区生产总值不足北京、天津的50%,人均财政收入分别只有北京、天津的1/6和1/5左右,城镇居民人均可支配收入和农民人均纯收入均为北京的一半,为天津的70%和60%左右(见图3-1);城镇化率比北京、天津分别低约38个百分点和35个百分点。

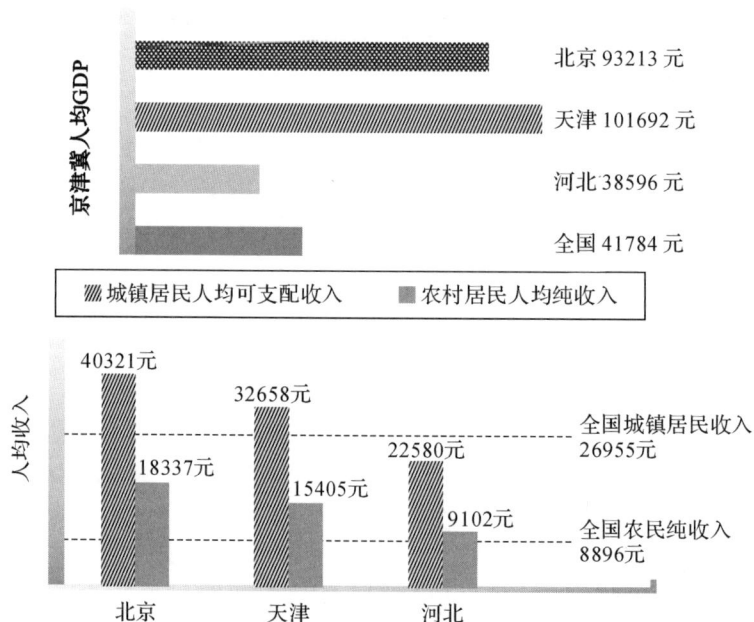

图3-1 京津冀人均GDP和人均收入对比(2013年)

资料来源:中国经济网新闻部:http://www.cet.com.cn。

四是公共服务水平落差明显。2013年河北人均财政支出分别只有北京、天津的30%和35%,环京津贫困带问题突出,目前河北仍有贫困人口366万,国家级贫困县39个,其中环首都贫困县9个。

五是资源配置行政色彩浓厚,市场机制作用发挥不充分。北京凭借优越的行政条件,集聚了央企总部、知名院校、三甲医院等大量优质资源,大量资金、人才、技术等优质资源在京津集聚,对周边地区的"虹吸效应"明显(见图3-2)。为吸引京津优势资源,河北一些市县采取竞相压低地价等手段招商引资,加剧恶性竞争,付出高昂成本。

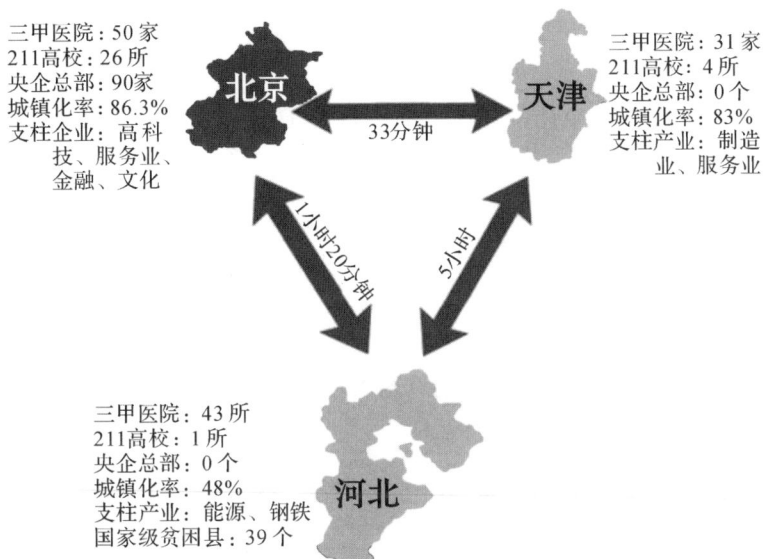

三甲医院:50家
211高校:26所
央企总部:90家
城镇化率:86.3%
支柱企业:高科技、服务业、金融、文化

北京

33分钟

天津

三甲医院:31家
211高校:4所
央企总部:0个
城镇化率:83%
支柱产业:制造业、服务业

1小时20分钟

5小时

河北

三甲医院:43所
211高校:1所
央企总部:0个
城镇化率:48%
支柱产业:能源、钢铁
国家级贫困县:39个

图3-2 京津冀基本公共服务和产业对比(2013年)

资料来源:中国经济网新闻部:http://www.cet.com.cn。

2014年2月26日,习近平总书记在北京市考察工作时发表重要讲话,全面深刻阐述了京津冀协同发展的基本思路和工作重点。并就推进京津冀协同发展提出7点要求。京津冀协同发展告别"纸上谈兵",进入实质性提速阶段。针对京津冀发展存在的问题,习近平总书记指出,北京、天津、河北人口加起来有1亿多,土地面积有21.6万平方千米,京津冀地缘相接、人缘相亲,地域一体、文化一脉,历史渊源深厚、交往半径相宜,完全能够相互融合、协同发展。

一是着力加强顶层设计,明确三地功能定位、产业分工、城市布局、设施配套、综合交通体系等重大问题,并从财政政策、投资政策、项目安排等方面形成具体措施。

二是着力加大对协同发展的推动,自觉打破自家"一亩三分地"的思维定式,抱成团朝着顶层设计的目标一起做,充分发挥环渤海地区经济合作发展协调机制的作用。

三是着力加快推进产业对接协作,理顺三地产业发展链条,形成区域间产业合理分布和上下游联动机制,对接产业规划,不搞同构性、同质化发展。

四是着力调整优化城市布局和空间结构,促进城市分工协作,提高城市群一体化水平,提高其综合承载能力和内涵发展水平。

五是着力扩大环境容量生态空间,加强生态环境保护合作,在已经启动大气污染防治协作机制的基础上,完善防护林建设、水资源保护、水环境治理、清洁能源使用等领域合作机制。

六是着力构建现代化交通网络系统,把交通一体化作为先行领域,加快构建快速、便捷、高效、安全、大容量、低成本的互联互通综合交通网络。

七是着力加快推进市场一体化进程,下决心破除限制资本、技术、产权、人才、劳动力等生产要素自由流动和优化配置的各种体制机制障碍,推动各种要素按照市场规律在区域内自由流动和优化配置。

这些关于京津冀发展的安排,包含了三个重要含义:一是协调京津冀区域发展,消除环境污染源,促进经济增长;二是解决北京"大城市病",让北京放下沉重包袱;三是加快河北发展,尽快让其摆脱落后局面。促进京津冀协同发展,是面向未来打造新的首都经济圈,推进区域发展体制机制创新,探索生态文明建设有效途径,有利于促进人口经济资源环境相协调,进而促进环渤海经济区发展、带动整个北方腹地发展,促进南北方的协调发展。

在促进京津冀协同发展过程中,重中之重是生态、交通、产业三个重点领域率先突破。

一是加快产业协调。习近平总书记在京津冀协同发展工作座谈会上指出,"着力加快推进产业对接协作,理顺三地产业发展链条,形成区域间产业合理分布和上下游联动机制,对接产业规划,不搞同构性、同质化发展"。在京津冀协同发展战略中,推进首都非核心功能疏解、部分产业外移是其核心内容。事实上,三地的产业发展由于历史和政治方面的原因,从一开始就存在着差异,并且这种差异随着经济的发展逐步加大。同时,三地之间的差异性为京津冀地区提供了一个互补发展的机会。京津冀产业版图正在重构——北京"转"、天津"立"、河北"补"。北京不再摊大饼,必须腾笼换鸟,构筑"高精尖"产业体系;天津在协同上下功夫,错位上做文章,发力做实"北方经济中心";河北纵使伤筋动骨也要脱胎换骨,打响压减过剩产能攻坚战,借力京津绿色崛起。

二是加快生态协作。习近平总书记在京津冀协同发展工作座谈会上指出,"着力扩大环境容量生态空间,加强生态环境保护合作,在已经启动大气污染防治协作机制的基础上,完善防护林建设、水资源保护、水环境治理、清洁能源使用等领域合作机制"。京津冀的空气污染和水污染是区域发展面临的迫切问题,可以说,京津冀的生态环境问题成了"同呼吸的痛"。为改善生态环境,三地一定要联防联控,实现生态保护一体化。通盘考虑三地的整体环境承载力,着眼于扩大总体环境容量生态空间,积极建立京津冀环境保护和生态建设合作机制,加快落实已出台的"大气十条"。

三是加快交通协同。习近平总书记在京津冀协同发展工作座谈会上指出,"着力构建现代化交通网络系统,把交通一体化作为先行领域,加快构建快速、便捷、高效、安全、大容量、低成本的互联互通综合交通网络"。北京"大城市病"的困扰,交通一体化的破题,市场一体化的构建,这些问题怎么解,是三地协同发展的难点所在。京津冀协同发展如同一张巨大的网,"一体化"的思维连通了三地的城市群、交通和市场。"路通,才能人通、财通。"京津冀协同发展,交通先行先导已成共识。三地的交通基础设施建设必须同绘一张图,首先需要的就是顶层设计和一体化规划,以及由此带来的体制机制创新。北京大外环将于2016年通车,有关部门正在推动轨道交通为导向的新型城镇的发展,其中重点就包括京津冀地区。

京津冀协同发展,既要做好顶层设计,又要加强三地协作;既要调整产业布局,又要促进交通一体化;既要优化城市布局,又要扩大生态空间;既要市场决定,又要政府善为。京津冀既是区域发展格局重构的一次大变局,又是区域协同发展机制创新的一次大试验。

(三)以长江经济带促进东中西协调发展

长江经济带东起上海、西至云南,涉及上海、江苏、浙江、安徽、湖北、江西、湖南、重庆、四川、云南、贵州等9个省2个直辖市。长江是我国第一、世界第三大河流,目前干支流货运量约23亿吨,位居全球内河第一。长江经济带11省市面积205.1万平方千米,2012年人口5.8亿人,国内生产总值23.6万亿元,分别占全国的21.4%、42.9%和40.9%。长江经济带横跨东中西,发展潜力和回旋余地巨大。

长江经济带具有得天独厚的发展基础和综合优势。

一是交通便捷,具有明显的区位优势。长江经济带横贯我国腹心地带,经济腹地广阔,不仅把东、中、西三大地带连接起来,而且还与京沪、京九、京广、皖赣、焦柳等南北铁路干线交汇,承东启西,接南济北,通江达海。

二是资源优势。首先是具有极其丰沛的淡水资源,其次是拥有储量大、种类多的矿产资源,此外还拥有闻名遐迩的众多旅游资源和丰富的农业生物资源,开发潜力巨大。

三是产业优势。这里历来就是我国最重要的工业走廊之一,我国钢铁、汽车、电子、石化等现代工业的精华大部分汇集于此,集中了一大批高耗能、大运量、高科技的工业行业和特大型企业。此外,大农业的基础地位也居全国首位,沿江 9 省市的粮棉油产量占全国 40% 以上。

四是人力资源优势。长江流域是中华民族的文化摇篮之一,人才荟萃,科教事业发达,技术与管理先进。

五是城市密集,市场广阔。沿江 9 省市拥有大小城市 216 个,占全国城市数量的 33.8%;城市密度为全国平均密度的 2.16 倍。而且这一地区人口密集,居民收入水平相对较高,各种消费需求也十分可观,对于国内外投资者有很强的吸引力。

由此可见,长江经济带是全国除沿海开放地区以外,经济密度最大的经济地带,它对我国经济发展的战略意义是其他经济带所无可比拟的。与沿海和其他经济带相比,长江经济带拥有我国最广阔的腹地和发展空间,是经济增长潜力最大的地区,应该成为世界上可开发规模最大、影响范围最广的内河经济带。

结合长江经济带的现实条件,国务院提出,长江经济带建设的重点任务包括以下七个方面。

一是提升长江黄金水道功能。增强干线航运能力,改善支流通航条件,优化港口功能布局,加强集疏运体系建设,加快实施内河船型标准化,扩大三峡枢纽通过能力。

二是建成综合立体交通走廊。形成快速大能力铁路通道,建设高等级广覆盖公路网络,推进航空网络建设,完善油气管道布局,加快多式联运发展,建设综合交通枢纽。

三是依靠创新驱动产业转型升级。增强产业自主创新能力,提升发展世界级产业集群,加快发展现代服务业,打造沿江绿色能源产业带,提高现代农业和特色农业发展水平,引导产业有序转移和分工协作。

四是全面推进新型城镇化。提升长江三角洲城市群国际竞争力,培育发展长江中游城市群,促进成渝城市群发展一体化,推动区域性城市群发展,科学引导沿江城市发展,强化城市群交通网络建设。

【专栏 3-1】

《长江中游城市群发展规划》摘要

　　2015 年 3 月 26 日,国务院以国函〔2015〕62 号文正式批复《长江中游城市群发展规划》(以下简称《规划》)。这是贯彻落实长江经济带重大国家战略的重要举措,也是《国家新型城镇化规划(2014—2020 年)》出台后国家批复的第一个跨区域城市群规划。

　　长江中游城市群是以武汉城市圈、环长株潭城市群、环鄱阳湖城市群为主体形成的特大型城市群,规划范围包括:湖北省武汉市、黄石市、鄂州市、黄冈市、孝感市、咸宁市、仙桃市、潜江市、天门市、襄阳市、宜昌市、荆州市、荆门市,湖南省长沙市、株洲市、湘潭市、岳阳市、益阳市、常德市、衡阳市、娄底市,江西省南昌市、九江市、景德镇市、鹰潭市、新余市、宜春市、萍乡市、上饶市及抚州市、吉安市的部分县(区),国土面积约 31.7 万平方千米,2014 年实现地区生产总值 6 万亿元,年末总人口 1.21 亿人,分别占全国的 3.3%、8.8%和 8.8%。长江中游城市群承东启西、连南接北,是长江经济带的重要组成部分,也是实施促进中部地区崛起战略、全方位深化改革开放和推进新型城镇化的重点区域,在我国区域发展格局中占有重要地位。

　　《规划》明确了长江中游城市群的四大战略定位:一是中国经济新增长极。通过加快转变经济发展方式,实施创新驱动发展战略,把长江中游城市群建设成为具有全球影响的现代产业基地和全国重要创新基地,提升城市群综合实力和竞争力,打造长江经济带发展重要支撑,构建中国经济新的增长极。二是中西部新型城镇化先行区。完善城市群融合发展的体制机制,优化城市空间形态和空间布局,提高城镇综合承载能力,促进城镇发展与产业支撑、转移就业和人口集聚相统一,建设与山脉水系相融合的宜居宜业城市,打造农业转移人口就近城镇化典范,促进城乡融合互动。三是内陆开放合作示范区。以长江黄金水道和重要交通通道为纽带,畅通内外联系,构建统一开放的市场体系和高水平的对外开放平台,深化全球合作和国际交流,打造内陆地区全方位、多层次开放合作的先行示范区。四是"两型"社会建设引领区。加快资源节约型与环境友好型社会建设,建立跨区域生态建设和环境保护的联动机制,打造具有重要影响力的生态型城市群,为全国"两型"社会和生态文明建设积累新经验、提供典型示范。

《规划》明确了推进城乡、产业、基础设施、生态文明、公共服务"五个协同发展"的重点任务。在城乡统筹发展方面,《规划》提出要坚持走新型城镇化道路,强化武汉、长沙、南昌的中心城市地位,依托沿江、沪昆和京广、京九、二广等重点轴线,形成多中心、网络化发展格局,支持省际毗邻城市合作发展,推进美好家园建设,推动城乡发展一体化。在基础设施互联互通方面,《规划》围绕提高综合保障和支撑能力,统筹推进综合交通运输网络、水利基础设施体系、能源保障体系、信息基础设施等重大基础设施建设,提升互联互通和现代化水平。在产业协同发展方面,《规划》强调要依托城市群产业基础和比较优势,建立产业协同发展机制,共同打造优势产业集群,建设现代服务业集聚区,发展壮大现代农业基地,有序推进跨区域产业转移与承接,加快产业转型升级,构建具有区域特色的现代产业体系。在生态文明共建方面,着眼推动生态文明建设和提升可持续发展能力,建立健全跨区域

生态环境保护联动机制,加强生态环境综合治理,共同构筑生态
屏障,形成人与自然和谐发展格局。在公共服务共享方面,《规
划》以推进基本公共服务均等化为重点,全面加强教育科技、医疗
卫生、公共服务交流合作,共同推动文化繁荣,联合开发人力资
源,创新社会治理体制,提升公共服务共建共享水平。

《规划》把改革创新、先行先试作为城市群发展的支撑和动
力,放到突出重要的位置,贯穿于规划全文,主要体现在以下几个
方面:一是创新城镇联动和城乡统筹发展机制。促进城市群规划
统筹、信息互通、资源共享,共同探索"城市病"问题解决途径,探
索建立城市群管理协调机制,创新城市群要素市场管理,促进生
产要素自由流动和优化配置;推进城乡统一要素市场建设和城乡
规划、基础设施、公共服务一体化,加快完善城乡一体化发展体制
机制,促进新型城镇化和新农村建设协调推进。二是推进综合交
通运输与城市交通发展改革创新。建立适应综合交通运输发展
的管理体制和协调机制,探索对各种交通运输方式实施高效统一
规划管理,促进城市群交通联动共享;探索物流管理体制改革,打
破长江中游城市群物流业务条块分割和地区封锁,降低物流企业
成本;开展铁路、公路、港口投融资和收费价格改革,建立跨三省
区域铁路、公路共同投资建设及经营管理模式,吸引社会资本参
与建设。三是推动水利建设管理体制机制改革创新。完善区域
水利项目合作机制,探索建设水资源一体化协作平台,统筹规划
区域内重大水利项目建设;建立政府和市场有机结合的机制,进
一步完善水利工程供水水价、上网电价和财政、金融、土地等配套
支持政策;强化流域和城乡水资源综合管理,完善流域管理与行
政区域管理相结合的管理体制,推动经济社会发展与水资源水环
境承载能力相协调。四是建立产业协同发展机制。加强产业政

策对接,建立健全产业转移推进机制和利益协调机制,逐步统一城市群内土地、环保等政策;充分发挥行业协会、商会的桥梁和纽带作用,搭建城市群产业合作平台;实行统一的市场准入制度,探索建立城市群企业信用信息互通共享机制;强化企业在技术创新中的主体地位,面向市场需求,加快产业关键共性技术协作攻关创新。五是共建跨区域环保机制。加强环境污染联防联治,逐步统一城市群工业项目、建设项目环境准入和主要污染物排放标准;加强应急联动机制合作,建立突发环境事件快速通报机制,共同应对区域突发性生态环境问题;共同实施水环境保护战略行动计划,推动跨界水污染防治,联手防治大气污染和重金属污染;完善生态补偿机制,实施环境监管执法联动,建立健全跨行政区的环境治理跟踪机制、协商机制和仲裁机制等。六是创新社会治理体制。发挥政府主导作用,鼓励和支持社会各方面参与,实现政府治理和社会自我调节、居民自治良性互动;推动社会治理向前端、向基层延伸,健全基层综合服务管理平台,逐步推行网格化管理;支持各城市行业协会成立联盟,积极开展跨区域合作,共同维护区域行业发展秩序;开展长江中游城市群公共服务质量评估,推进地区间检验检测资源共用共享;创新和完善人口服务和管理制度,促进人口有序流动、合理分布和社会融合;健全公共安全体系,加强跨区域联合执法、警务协作与协同处置。

资料来源:摘自中华人民共和国中央人民政府网站,国家发展改革委地区经济司负责人解读《长江中游城市群发展规划》,2015 年 4 月,http://www.gov.cn。

五是培育全方位对外开放新优势。发挥长江三角洲地区对外开放的引领作用,扩大中国(上海)自由贸易试验区示范带动效应,增强云南向西南开放"桥头堡"功能,加强与丝绸之路经济带战略互动,构建长江大通关体制。

六是建设绿色生态廊道。切实保护和利用好长江水资源,加强流域环境综合治理,实行长江干支流沿线城镇污水垃圾全收集全处理,强化沿江生态保护和修复,上游重点实施"退耕还林还草",中下游重点实施"退田还湖还湿"。

七是创新区域协调发展体制机制。建立区域互动合作机制,推进一体化市场体系建设,加大金融合作创新力度,加强生态环境协同保护治理,提高公共服务和社会治理协作水平。

在建设长江经济带过程中,重中之重是加快现代综合交通体系建设。目前长江经济带初步形成了以长江黄金水道为依托,水路、铁路、公路、民航、管道等多种运输方式组成的交通网络。但应该看到,长江航运潜能尚未充分发挥,东西向铁路、公路能力不足,南北向通道能力紧张,综合交通枢纽建设滞后,城际铁路与城市群空间布局不相适应。因此,国家明确提出,要加快长江经济带交通网络建设,到 2020 年,率先建成综合立体交通走廊,实现"四个建成"。

一是建成畅通的黄金水道。形成以上海国际航运中心为龙头、长江干线为骨干、干支流网络衔接、集疏运体系完善的长江黄金水道,高等级航道里程从目前的 0.67 万千米增加到 1.2 万千米。

二是建成高效的铁路网络。形成以沿江、沪昆高速铁路为骨架的快速铁路网和以沿江、衢(州)丽(江)、沪昆铁路为骨架的普通铁路网,运营里程从目前的 2.96 万千米增加到 4 万千米以上,其中高速铁路从 4000 千米增加到 9000 千米。

三是建成便捷的公路网络。形成以沪蓉、沪渝、沪昆、杭瑞高速公路为骨架的国家高速公路网,覆盖所有县城的普通国道网,通车里程从目前的 189 万千米增加到 200 万千米,其中国家高速公路从目前的 3.2 万千米增加到 4.2 万千米。

四是建成发达的航空网络。形成以上海国际航空枢纽和重庆、成都、昆明、贵阳、长沙、武汉、南京、杭州区域航空枢纽为核心的民用航空网,民用机场从目前的 74 个增加到 100 个。

第四章　经济发展新常态下区域发展新思路

经济发展进入新常态，区域发展也面临新的形势，需要明确新的目标、新的内涵、新的思路。建议在总结过去经验的基础上，以区域间基本公共服务均等化为主要目标，重点推动缩小各区域间基本公共服务和生活水平差距，引导各地区充分发挥比较优势，实现经济发展与人口、生态相协调。建议将构建全国统一大市场、合理界定中央与地方的事权财权关系、改革相关财政税收政策作为促进区域协调发展的重要任务，完善促进区域协调发展的长效机制。建议在充分发挥"四大板块"各自优势的基础之上，着力推动"一带一路"、京津冀协同发展和长江经济带建设，形成板块与轴带有机结合、行政区与类型区有机结合、国内与国际有机结合、区域战略和区域政策有机结合的区域发展新局面。

一、区域发展面临的新形势

(一)经济新常态的新要求

2014年的中央经济工作会议提出,我国经济发展已进入新常态[①]。会议要求要科学认识当前形势,准确研判未来走势,历史地、辩证地认识我国经济发展的阶段性特征,准确把握经济发展新常态。认识新常态、适应新常态、引领新常态,将是当前和今后一个时期我国经济发展的大逻辑。可以看到,中高速增长、发展方式转变、结构深度调整、发展动力转向是新常态的基本特征[②]。在此基础上,新常态下的区域发展也具有新的特点[③]。

一是出口要营造新优势。目前,全球总需求不振,我国低成本比较优

---

① 新华社:《中央经济工作会议在京举行》,2014年12月11日,引自网页:http://news.xinhuanet.com/2014-12/11/c 113611795_2.htm.

② 人民日报评论员:《主动适应经济发展新常态——一论贯彻落实中央经济工作会议精神》,《人民日报》,2014年12月14日第1版.

③ 国家信息中心:《九大趋势性变化定位新常态》,《国家信息中心决策要参》2014年第47期.

势也发生了转化,但是我国出口竞争优势依然存在,高水平"引进来"、大规模"走出去"正在同步发生,必须加紧培育新的比较优势,使出口继续对经济发展发挥支撑作用。我国出口低成本的传统优势已经发生了变化,一方面是国际市场世界经济发展不稳定,在缓慢地复苏中;另一方面,我国自身比较优势也发生了变化。所以我国要转变对外贸易的发展方式,寻找新优势,改变拼价格这种传统的办法,更多的是要提高产品质量、提高技术含量、进行品牌战略、搭建服务网络等。丝绸之路经济带和21世纪海上丝绸之路以及长江经济带、上海自贸区的建立等都将多方位打造我国对外贸易新型优势。

二是创新要成为新引擎。从生产要素相对优势看,经济增长将更多依靠人力资本质量和技术进步,必须让创新成为驱动发展新引擎。我国改革开放30多年来,保持了经济的高速增长,主要是依靠数量规模扩张,依靠劳动力成本、土地成本等低廉要素的外延投入。但是目前的经济形势发生了很大变化,其中一个变化就是从过去的高速增长变成了现在的中高速增长。这种新常态的经济增长可能会持续很长一段时间,也就是进入到我们所说的内涵型经济。这种依靠技术进步和创新驱动的经济发展方式也代表着更高层次的发展模式和发展水平,也是中央对未来提出的一个高瞻远瞩的新的思路。转变经济发展方式的落脚点在于,一要提高经济发展的质量,二要大力强调创新。这里面既包括企业的产品创新、技术创新,也包括模式创新和制度创新。

三是环境要营造低碳型。从资源环境约束看,过去能源资源和生态环境空间相对较大,现在环境承载能力已经达到或接近上限,必须顺应人民群众对良好生态环境的期待,推动形成绿色低碳循环发展新方式。一是中国经济发展到现阶段,资源、环境的承载力已经到了一个限度,不得不迫使我们放弃原先经济中高污染、高能耗、高排放的发展方式;二是按照经济发展的自身规律,目前中国经济自身也有转型升级以及向低污染、低能耗、高附加值的产业链高端迈进的需要。可以说,在经济规律与自然规律的共同作用下,新常态下的发展,将不再只有枯燥的 GDP 数字,而是更加注重百姓的生命健康、生活品质与生存环境。

四是投资要转向新产业。从投资需求看,经历了 30 多年高强度大规模开发建设后,传统产业相对饱和,但基础设施互联互通和一些新技术、新产品、新业态、新商业模式的投资机会大量涌现,对创新投融资方式提出了新要求,必须善于把握投资方向,消除投资障碍,使投资继续对经济发展发挥关键作用。当前经济下行压力大,产能过剩严重,通货紧缩风险显现,所以稳增长仍应放在首要位置。实现稳增长需要稳投资,更需要互联互通,即各地之间通过公路网、铁路网连接而派生出的基础设施建设,以及互联网、电商、信息消费、创意文化产业等,都派生出新的投资机会。互联互通能使区域经济发展一体化,使企业物流成本和商品成本下降,还会派生出道路、码头、港口、物流、产业园区建设等投资建设机会,对经济增长产生"乘数效应"。与过去不同,新常态下的投资不再盲目,而是重在促进经济调结构,优化产业结构,正确引导社会资金有序流动,把钱用在刀刃上,提高资源配置效率,调整经济结构,补上经济发展的短板,惠民生,引导经济实现稳增长。

五是产业要走上新路径。产业结构将进一步优化升级,企业兼并重组、生产相对集中不可避免,新兴产业、服务业、小微企业作用更加凸显,生产小型化、智能化、专业化将成为产业组织新特征。在创业方面,政府主动降低门槛,扶持小微企业发展,放开一些垄断领域投资限制,建立负面清单制度等;在产业创新方面,大力发展现代服务业。同时鼓励创新,包括大众创新、万众创业,激发全体老百姓的创新潜力,这既是实现稳增长的需要,更是产业升级增效以及新常态必经的步骤。

六是竞争要扣住差异化。从市场竞争特点看,过去主要是数量扩张和价格竞争,现在正逐步转向质量型、差异化为主的竞争,统一全国市场、提高资源配置效率是经济发展的内生性要求,必须深化改革开放,加快形成统一透明、有序规范的市场环境。竞争要扣住差异化,这背后根本性的是过去的经济模式的转变,尤其是要调整中央和地方之间的利益关系。中国改革开放 30 多年,最根本的经济增长的驱动是来自于地方政府所谓的 GDP 竞争,地方政府由于具有很强的做大 GDP 的导向,就会形成市场的分割、产业的同构化,以及整个国家的产能过剩、资源错配,妨碍了全国统一的要素市场的形成。现在要转向质量型、差异化的竞争,从根本上就要打破地方政府驱动经济的模式,重新调整中央与地方之间财权事权分配的关系,让地方政府职能从一个经济建设型的政府向服务型的政府转型。也意味着地方政府的事权有一个重新界定的过程。在经济建设上的职能要逐步削弱,社会保障、人民生活、公共服务的供给要大幅度地提升。当财权事权能够清晰界定以后,必然会带来地方政府职能的调整,包括土地流转、户籍等方面的改革。

七是调控要着眼总供求。从资源配置模式和宏观调控方式看,全面刺激政策的边际效果明显递减,既要化解产能过剩,也要通过发挥市场机制作用探索未来产业发展方向,必须全面把握总供求关系新变化,科学进行宏观调控。过去,我们的资源配置是听"市长",而不是听"市场"。资源配置由市长决定的制度很难根治"问题官员"和"问题富豪"。党的十八届三中全会提出让市场发挥"决定性"作用。新常态最大的"不一样"就在于,以市场化机制进行科学调控。

(二)各地区发展阶段和发展潜力出现了新趋势

一是中西部等内陆地区发展已积累了强大的物质基础,未来发展潜力巨大。过去 10 年,因应经济全球化和区域一体化进程,国际国内产业结构调整加速推进,这一过程不仅有利于东部地区优化产业结构,提高经济发展的整体质量和国际竞争力,而且对中西部地区承接产业转移创造了条件,中西部地区承接了大量的产业转移,促进经济增长动力的转换,发展速度和可持续发展能力均显著提升。目前,中西部地区投资环境和发展条件不断改善,自主发展能力不断增强,进一步发展的思路更加清晰,为更好更快发展奠定了良好基础。特别是中西部地区的重大基础设施建设加快推进,为促进区域经济均衡发展创造了良好的基础。例如,2014 年,全国铁路共完成固定资产投资 8088 亿元,投资规模创历史第二高[①],其中中西部铁路投资占比高达 78%;投产的新线中,中西部铁路网达 6747 千米,占比高达 80%。随着兰新高铁、拉萨至日喀则铁路等 18 个中西部铁路项目开通运营,中西部铁路营业里程达到 7 万千米,占全国的 62.3%,高铁通达率大幅提高。未来,应对世界经济格局的深刻变化,我国必须长期坚持扩大内需的基本方针,中西部地区市场潜力巨大、战略资源丰富的优势将进一步凸显,这为加快中西部地区发展创造了有利条件。

二是特殊类型地区的问题日益突出。贫困地区和部分少数民族地区基础设施落后、生态环境脆弱、产业结构不合理、市场体系发育滞后、自我发展能力不强等问题仍然没有根本改变,支持贫困地区全面建设小康社会、维护边疆稳定的任务仍然繁重。老工业城市和资源型城市等结构单一地区工业结构以能源化工、资源加工为主,处于产业链的低端,面临着既要加快发展、又要转型的双重压力,转变发展方式压力更大,有更多的难题需要破解。而且这些地区均跨越多个省级行政区,目前以行政区划为基础的区域政策体系解决这些问题存在一定的不足。

三是区域政策体系不断完善,但进一步完善还有巨大的空间。随着国家综合实力的进一步增强,政策体系不断完善,统筹区域发展的能力显著提高,支持中西部发展的力度明显加大,有利于形成东西部良性互动的新局面。但是日前促进区域协调发展仍然受到制度性障碍的制约,产业转移

---

① 白天亮:《区域协调发展成经济新亮点》,《人民日报》,2015 年 3 月 3 日第 6 版。

和优化生产力布局受到行政区划的限制,人口和劳动力流动受到户籍制度制约,欠发达地区与经济发达地区的协同发展和利益协调关系受到财税体制的制约,下一步完善区域政策体系大有可为。

(三)促进区域协调发展的内涵发生了新变化

区域协调发展具有丰富的、不断深化不断发展的内涵,概括来说,就是区域协调发展要适应经济社会发展的需要,符合我国社会主义现代化的目标要求,而且这三者是辩证统一、密不可分的。近年来,随着区域发展实践的不断深化,各界也越来越意识到促进区域协调发展在新时代具有了新内涵。具体来说,可能主要有以下两个方面。

一是更加重视将基本公共服务的均等化作为区域协调发展的主要目标。最初,多数研究往往从平衡发展或空间均衡的角度来理解区域协调发展。项目平衡布局、经济平衡增长以及地区经济发展差距特别是人均GDP差距的缩小,曾经是学术界和政府部门高度关注的问题。但目前来看,这种单纯从生产或产出角度的考察,具有一定的局限性,因为在市场经济中,经济生产和产业活动分布本身就是空间不均衡的,市场因素倾向于向比较优势突出的地区集中。有鉴于此,未来应该深入研究把区域协调发展的内涵扩大到社会发展、生态环境和人的全面发展等方面,强调追求居民收入、消费水平、基本公共服务和生活质量差距的缩小,强调提高人的基本生活品质和自身发展,促进生产要素的自由流动。

二是更加重视将健全和完善体制机制作为促进区域协调发展的主要手段。首先是厘清政府和市场在促进区域协调发展中的关系,党的十八届三中全会对此有全新的表述。进一步完善体制机制,真正体现市场发挥决定性作用和政府更好发挥作用相结合,让"看不见的手"和"看得见的手"相得益彰。在市场经济条件下,资源在空间上的优化配置主要靠市场来实现,但政府的作用不仅不是可有可无的,而且是不可替代的。这首先需要研究转换区域规划和区域政策在区域战略中的角色,逐渐改变过去主要靠政府投资重大项目引导区域发展的模式,把政府的职能转向重点构建全国统一市场,加强政策协调,加强国土和空间规划控制,引导产业、产品和要素按市场信号的指引在地区间自由顺畅流动。其次是明确中央政府和地方政府在促进区域协调发展中的定位,进一步完善相关制度和机制,实现中央和地方财权、事权划分清晰,中央和地方两个积极性充分发挥,引导和保证地方政府把区域工作的着力点由招商引资、争取优惠政策转移到营造良好发展环境、提供公共服务上来。最后是提升财税、产业、金融、投资等政策在促进区域协调发展中的作用。充分发挥不同政策在促进区域协调发展中的独特作用,依靠政策引导,形成各地区自发追求新的发展模式的机制。

二、促进区域协调发展的新目标

(一)促进基本公共服务均等化和区域生活条件差距缩小

现在有些学者仍建议把 GDP 或人均 GDP 指标大致相当作为区域是否协调发展的第一衡量标准或主要衡量标准,但是如果 GDP 是衡量区域是否协调发展的主要标准,比 GDP 增长速度就难免成为衡量区域发展最现实的目标,在目前经济增长过多靠投资拉动的模式下,比投资增长又会成为各地最直接的目标。而在市场经济条件下,各类要素投资总是向回报率高的地方集聚,因此如以 GDP 或人均 GDP 大体相当作为区域协调发展的主要衡量指标,实现区域协调发展就是十分困难和相当遥远的事情。建议考虑以基本公共服务均等化、公共设施基本完备作为衡量区域协调发展水平的主要指标,即教育、医疗、社会保障、住房等民生指标大体相当,供水、供气、供电、供暖大体平衡,铁路、公路、民航等交通设施基本具备,就可以认为区域发展水平大致协调。

一是基本公共服务均等化作为区域协调发展的主要目标是社会主义的本质要求。在全国范围内推进基本公共服务的均等化,使无论居住在城市还是乡村,无论是东部还是西部地区的居民,均能普遍享受一致的义务教育、基本医疗卫生服务、社会保障和安全等,这是社会主义的本质要求。而且,从长远看,实现城乡和各区域居民拥有大体一致的生活质量,才能真正做到让广大民众分享改革、开放和发展的成果,实现共享式发展。

二是基本公共服务均等化作为区域协调发展的主要目标是加快构建统一的社会主义市场经济的客观需要。只有将基本公共服务均等化、公共设施基本完备作为衡量区域间是否协调发展的主要指标,才有可能弱化乃至取消地方的 GDP、投资等指标考核,不再把这类经济指标作为地方政府政绩考核内容,以保证全国政令统一、市场统一[①]。才有可能加快构建全国统一的社会保障体系,把加快构建普惠、均等、一体化的基本公共服务作为区域政策的优先领域,为顺利推进生产力布局的调整创造必要条件。

(二)引导各地区比较优势得到充分发挥

由于发展阶段、资源禀赋和社会经济特点的差异,每一个地区均具有自身的优势和劣势条件。地区比较优势的来源主要有两类,一类是外生的,即先天存在、短期内保持不变的要素禀赋和生产技术水平差异,比如资源型地区的资源优势、东部沿海地区的海运优势等;另一类是内生的,即在经济发展过程中逐步形成的,比如规模经济、技术进步和制度变迁等。此外,空间距离和运输成本也对地区比较优势有一定的影响。近年来,越来越多的学者提出,要素禀赋和规模经济共同决定贸易模式和产业空间布局[②]。总体来看,随着改革开放的深化,市场机制的决定性作用不断加强,

---

① 宋晓梧:《"三维市场经济"与地方政府职能界定》,《新华文摘》2014 年第 6 期。
② 陈秀山等:《区域协调发展:目标、路径、评价》,商务印书馆,2013 年,第 315 页。

区域分工将明显加强,因此充分发挥各地区的比较优势是区域发展的重要内涵。只有不同地区的比较优势得到充分发挥,才能得到全局利益的最大化。而如何充分发挥优势,扬长避(补)短,逐步形成优势互补、合理分工的产业协调发展格局,将是实现区域协调发展的重要目标。因此,不论是按照四大区域板块(西部开发、东北振兴、中部崛起、东部率先)来划分,还是按照主体功能区(优化开发区域、重点开发区域、限制开发区域、禁止开发区域)来划分,或者按照轴带开发或类型区来划分,都要认真分析每个地区的比较优势和发展潜力,促进各地区区域分工趋于合理、错位发展。同时,要加快建立跨区域利益共享和利益补偿机制,有效协调区域发展和竞争中各种利益关系,最终实现区域间优势互补、互利互惠。

(三)实现人口分布、经济布局、生态环境相协调

经济与人口布局的协调,是国家发展战略的重要内容和基本理念,在制定区域重大战略、重大规划和发展政策的过程中,建议研究和评估对经济—人口布局的影响,从资源、环境、经济、人口等多个维度,审视和把握国家重大产业、基础设施、资源配置等相互关系,采取更为积极有效的措施,扭转经济—人口分布失衡的局面,逐步减小地区差距,保证地区间经济—人口发展的基本平衡,促进区域协调发展和科学发展。这一目标包括两方面的内涵。一方面,要保持地区人口分布与经济布局相协调,促进人口与产业协同集聚;另一方面,要保持地区人口、经济与资源、环境相协调,使地区人口、经济与资源和环境承载能力相适应,形成功能定位清晰的国土空间开发格局。这两个协调也是区域协调发展的重要目标。特别是从大区域的角度看,还要保持国民经济的适度空间均衡,防止出现经济过密与过疏问题,避免某些大区域出现衰落和边缘化。

实现人口分布、经济布局、生态环境相协调,客观上要求各地区功能定位,明晰不同区域的发展思路和重点。如东部地区的京津冀、长三角、珠三

角等重点城镇化地区建议其主要目标为促进转型升级,建设成为带动全国经济社会发展的龙头、我国重要的创新区域、有全球影响力的经济区、全国规模最大的人口和经济密集区。中西部地区的长江中游、中原、成渝、哈长等重点开发区域,建议其主要目标为大力推进新型工业化、城镇化进程,提高集聚产业和人口的能力,形成分工协作、相对完整的现代产业体系,成为支撑未来全国经济持续增长的重要增长极。中西部地区的农业和生态功能区域,建议其主要目标为,把农业地区建成保障农产品供给安全的重要区域,把生态地区建成保障国家生态安全的主体区域、全国重要的生态功能区、人与自然和谐相处的示范区。按照这些目标制定适宜的财政、社会保障等政策,引导人口和产业活动有序转移,切实保护好青山绿水。

三、促进区域协调发展的新思路

(一)由解决特定区域问题转向加快建设统一的全国大市场

新时期促进区域协调发展,建议将区域发展放到全国发展大局中,不仅立足于解决特定区域存在的问题,更要立足于全国总体目标、全局目标和长远目标制定区域发展战略。即按照"四个全面"的战略部署,更加关注全面深化改革和全面建设小康社会的总目标,着力促进全国统一大市场的形成和市场要素的自由流动,激发各地区的发展活力和发展潜力,促进各地区的合理分工,理顺阻碍区域协调发展的体制机制,破除各种限制生产要素特别是劳动力自由流动的障碍。

第一,建议加快研究制定全国层面的国土空间开发法律体系。通过法律的形式,实现国土空间的全域覆盖,建立空间规划体系,优化国土空间开发格局,促进全国国土空间的有效保护、合理布局和优化利用,增强对区域规划和空间规划的约束性,使国土开发和区域发展与国民经济和社会发展规划,与各行业、各地方规划衔接起来。进一步完善中央政府层面国土空间开发和管制的政策体系,逐步建立跨区域空间规划的协调机制。

第二,中央政府在教育、医疗、社会保障等基本公共服务事项上,担负更主要的支出责任。一是明确界定基本公共服务的范围,并随经济社会发展水平提高而相应调整。二是明确基本公共服务均等化的标准,并建立科学的评价指标体系。加强基本公共服务统计数据收集监测,建立基本公共服务绩效评价机制。三是明确划分各级政府提供基本公共服务的权责,保证责任归属清晰、合理,不仅考量基本公共服务财政投入,也要加大对产出和结果的评价,提高财政资金使用效率,提升基本公共服务质量和效益。

第三,建议深化改革,促进劳动要素的跨区域自由流动。一是加快户籍制度改革,放宽对人口流动的限制,推动建立公正、统一的劳动力市场,保证不同人群平等的就业权,同时促进人口有序转移到经济相对发达、就业岗位更多和收入相对高的地区。二是切实推进收入分配制度改革,提高劳动报酬占国民收入的比重,增加劳动者收入。三是加大社会保障制度改革力度,重点解决社会保障跨地区转移和异地接续的问题,特别是东部沿海地区加强对于外省务工人员的社会保障,强化劳动力使用地的保障责任。四是完善财税制度,合理调整政府间财权配置,扩大地方税收来源。五是完善财政转移支付制度。中央政府在财政转移支付政策上,对主动吸纳外来人口的地区给予适当鼓励,鼓励发达地区吸纳欠发达地区的人口,促其融入当地社区,成为稳定的迁徙者。以常住人口而不是户籍人口为基础来制定财政转移支付制度,鼓励地方政府实行积极吸纳外来人口的规划和政策,具体推动落实。六是积极探索建立跨区域生态补偿制度,支持地方建立健全跨界污染联合监测预警、事故应急处理和治理机制。

(二)由依托区域板块转向区域板块和点轴带相结合

建立在"四大板块"基础上的区域经济政策,主要从地理位置和行政区划对我国区域进行了大致的划分,实施10多年以来,中西部和东北地区自我发展能力显著增强,我国区域经济版图发生了积极变化。但值得注意的是,四大区域板块一定程度上割裂了区域之间的经济联系,形成了在政策上各个区域板块的攀比,导致发展诉求与支撑条件的不匹配,同时,从过去10年的数据中可以看出,对于地域辽阔,地区间自然条件、历史基础和经济发展水平差距较大的西部地区和东北地区来说,四大板块的划分从空间尺度来看可能仍然偏大,掩盖了部分困难地区发展中存在的问题,10年来各版块内部差异性不断扩大,区域政策针对性有所降低。

建议充分发挥横跨我国东中西、连接南北方的重要轴带,提升轴带对统筹区域发展的引领和带动作用。可以考虑沿长江、珠江、黄河等大江大河和京广、京哈、京沪等重要交通干线,促进生产要素集聚和扩散,促进区域人口、产业、城镇布局的优化,逐渐形成经济开发轴带。同时充分发挥一级轴带的核心作用,辐射带动周边地区形成二级开发轴带和复合开发轴带,如充分发挥长江经济带的辐射带动作用,延伸形成汉江经济带、湘江经济带、赣江经济带等二级开发轴带,形成我国东中西开发的主轴带。依托京广一级轴带向东向西延伸形成京九—京广—焦柳之间宽约300千米,长约2000千米的我国南北复合发展主轴带。

沿海轴线经济基础雄厚,产业结构合理,基础设施完备,国际化程度高,城市群分布密集,是我国经济最发达的地区,也是海上丝绸之路中国段的重点地区。在加快沿海地区城市群内部整合力度和增强城市群竞争力的基础上,建议按照"抓两头、带中间"的思路,一方面进一步提升长三角、珠三角、京津冀的辐射带动能力,打造世界级的城市群,另一方面着力提升辽宁的辽西北地区、江苏的苏北沿海地区、广东的西南部沿海地区、广西沿海地区的经济发展水平,逐步缩小沿海地区内部的差距。

长江轴线贯通长江三角洲与长江中游、川渝等三大城市群,资源环境承载能力强,是国内最具发展潜力的地区。同时,该轴线通过与孟中印缅经济走廊连接,形成了面向陆海两端开放的新格局。建议在充分发挥长江黄金水道的航运功能的基础上,积极推进沿江高速公路、沿江高速铁路建设,以多式通道的联动为突破口,增强沿江地区集聚人口和生产要素的能力,形成横贯东中西的重要发展轴带,同时以汉江、赣江、湘江、嘉陵江、乌江等长江重要支流为支撑,构建复合型开发轴带。

京广轴线自南向北串联了珠三角、长江中游、中原、京津冀等大城市群,几乎覆盖了我国中部地区,是沟通环渤海和珠三角的重要桥梁。建议把京广线、京九线、太焦—焦柳线通过的地区作为整体,共同打造复合型地域开发网络系统,大幅增强京广轴线的发展活力。

陇海—兰新轴线连接江苏沿海、中原城市群、关中城市群及天山北坡城市群,开发历史悠久,是欧亚大陆桥重要组成部分,但轴线沿线城市间横向联系和分工协作不密切,建议以亚欧大陆桥加强东中西联动为切入点,强化各城市的合作,加快产业在轴线两侧聚集。

京沈—哈大轴带是连接京津冀地区和东北地区的主要经济带,向北可通过沿边口岸沟通俄、蒙、韩,向南可通过辽宁沿海港口沟通日韩和欧美,建议通过哈大经济带抓好沿海和腹地的互动,同时做好沿边开放的文章,加快推进东北地区经济一体化发展,通过京沈轴带加强东北与京津冀地区的协同发展,进一步释放东北地区发展潜力。

珠江—西江轴带是连接珠三角地区和西南中南腹地的重要经济带,向东通过珠三角港口群沟通海外,向西由珠三角带动由东向西梯度开发。建议围绕珠三角—广西—东盟开放经济带,提高珠江、西江航道等级,布局更加便捷的铁路、公路通道,推进海路、公路、铁路和管道等多式联运的集疏运系统建设,支撑西南、中南地区开放发展。

在轴带开发的同时,进一步细化四大区域板块,依托现已形成的城市群和经济区,逐步培育形成东北、京津冀、泛长三角、泛珠三角、长江中游、西南、西北、海峡西岸等八大区域经济板块①。将轴带和板块结合起来,既注重轴带对区域协调发展的统筹能力,又注重引导生产要素在区域板块内部集聚和合理分工,从而形成网格化、多支撑的区域发展新格局。

(三)由以行政区为基础制定区域政策转向依托类型区和功能区

目前,在西方发达国家,区域政策大都不以行政区划进行划分,而是按照问题导向的类型区进行划分。例如,目前欧盟已建立了欧盟地区统计三级单元目录(NUTS)②并以此作为区域政策的识别标准,主要包括两个部分,一种是经济基础较差的待开发和欠发达地区,这类地区的主要任务是加快经济增长,解决经济发展中的资金不足和劳动力素质等问题。另一种是对在产业结构升级或者城市化发展的过程中由于机制性问题或结构性问题,导致就业岗位减少,失业增加,福利水平下降并造成恶性循环的地区,这类地区的主要任务是调整优化经济结构,稳定就业。

我国目前的区域政策仍主要以行政区划划定支持区域和政策,建议在行政区域划分的基础上,探索按照国土空间开发评价和问题导向划分区域援助政策范围。借鉴欧盟 NUTS,缩小我国区域政策的实行范围,将区域政策下移一级,到地级市和县的层面。通过一系列指标分辨需要中央政府援助的贫困地区、资源枯竭城市、粮食主产区、边疆地区、少数民族地区、革命老区,以及需要指导加快发展的大都市区、改革试验区等,制定有针对性的区域政策。加大对特殊类型区域的支持力度,建立全国统一的国家区域援助政策体系③。

对于贫困地区,建议继续坚持开发式扶贫,突出精准扶贫,真扶贫,扶真贫,出实招,着重解决集中连片贫困地区的综合治理,提高农村贫困人口

---

① 国家自然资源和地理空间基础信息库项目办公室:《中国区域规划与可持续发展分析报告》,2013 年 4 月。

② 见本书第五章欧盟经验介绍。

③ 魏后凯:《中国国家区域政策——评价与展望》,经济管理出版社,2011 年,第 38～44 页。

的自我发展能力。

对于老工业城市,建议重点解决重化工产业和原材料产业的产业衰退问题,通过创新恢复传统产业竞争力,培育发展新的主导产业。重视解决国有企业历史包袱,化解社会矛盾,为企业的创新创造必要的基础条件。

对于资源枯竭城市,建议更加关注资源逐渐枯竭后的就业问题和经济结构单一问题,把重点放在积极培育发展接续产业,促进产业结构调整升级上,同时加快城市转型,促进城市由单一的矿产资源生产基地向综合性城市发展。

对于粮食主产区,建议重点破解粮食增产不增收的问题,努力实现粮食增产、农民增收和财力增强。研究粮食主销区对粮食主产区的对口协作机制,由主销区协助主产区建设各种类型的粮食仓储基地和粮食批发市场,建设农副产品深加工项目。

对于边疆地区,建议今后一个时期把重点放在扩大基础设施互联互通和对外开放方面,切实增强边疆地区的自我发展能力,实现边疆地区经济社会的全面发展。

对于过度膨胀的大都市区,建议进一步强化规划的空间管制作用,划定城市扩张边界和城市建设红线,依靠严格科学的城市规划和良好的城市治理,加强对大都市区过度膨胀问题的综合治理,积极解决城市二元结构问题。

对于少数民族地区和革命老区,建议结合扶贫政策和支持边疆地区发展政策,根据不同的情况实行不同的援助政策。重点加强基础设施建设、产业项目建设等。

同时,继续选择适当的地区,针对特定的问题,支持自由贸易园区、国家级新区、综合配套改革试验区等区域先行先试,积累发展经验,增强对区域发展的带动效应。

在进一步细化区域政策的同时,建议将区域规划的重点转移到促进城市群的发展上来。我国的城市承载着 50％以上的人口和 80％以上的经济活动①,而且城镇人口比例还在继续扩大,城市在促进区域协调发展和生产力优化布局中有着十分重要的作用。下一阶段区域规划的重点,可以考虑从行政区划内的功能布局调整为合理规划跨行政区的产业和城镇的空间关系,使城市产业的选择和发展与城市规模、职能相匹配,完善城镇基础设施和公共服务设施,构筑城市间现代化的基础设施网络,实现产业整体协同发展,形成城城之间、城乡之间、城市群内部良好的分工与联系,加强区域合作,鼓励以强扶弱,推动互利共赢。以多个城市组成的城市群为区域规划的主要对象,加强高铁等快捷交通基础设施建设,增强城市间物理连接性和经济关系性,提高城镇体系承载人口和经济活动的整体能力。

(四)由主要依靠投资政策和产业政策转向以财政政策作为主要手段

近年来我国在促进区域协调发展方面的投入逐步加大,但主要仍是依靠中央投资和重大产业项目布局,这不仅导致了区域 GDP 竞争的加剧,也导致区域发展过度依赖重大项目。从近年来中央财政转移支付的数额和转移支付实施前后地区财力差异看,我国现行的转移支付制度在缩小地区财力差异上发挥着十分重要的作用,一定程度上有利于我国地区间基本财力的平衡。但目前财政政策以均衡性转移支付为主,促进区域发展的概念较弱。在我国地区经济发展、自然生态和人口分布等方面的差异都十分巨大的总体背景下,财政政策在促进区域发展中的作用仍有较大的提升空间。而且,从国际经验看,在经济增速由高速增长转向中高速增长时期后,

---

①　国务院发展研究中心"区域协调发展和优化全国生产力布局"课题组:《市场条件下优化生产力布局的思路与举措》,《改革内参》2014 年第 45 期。

财政政策在区域发展中都逐渐发挥了主导作用①。

建议短期在不改变现有资金及投资渠道的情况下,对有关财政资金进行归类,建立形成区域协调或地区发展的财政资金概念,便于协同推进实施,利于分析研究,提供决策支持。建议将现行区域性财税政策分为两大类,一是区域协调发展战略下的财税政策安排,与我国区域协调发展战略相对应,主要表现为对三个区域板块的政策支持和倾斜,即西部大开发的财税政策、振兴东北等老工业基地的财税政策和支持老少边穷的财税政策;二是可持续发展战略下针对资源环境的财税政策,与国家整体可持续发展战略相适应②。

从长远看,建议借鉴加拿大、德国和日本等国的经验③,逐步建立形成国家层面区域协调或地区发展概念下的财政资金管理分配机制,逐步有所统筹。通过财政政策的创新和改革,使财政政策与区域政策的目标相一致,使财政政策在区域发展中的导向作用得到充分发挥。

一是通过政府间转移支付制度,实现财力在国土空间和功能区之间的重新分配,健全与常住人口相挂钩的转移支付制度。保证所有地区的财力都能支持基本一致的基本公共服务的提供,确保各地区间享有均等化的基本公共服务。

二是对资源要素的流动以引导性财税优惠和支持为主,并适当补偿因流动带来的短期损失,引导资源要素合理向目标功能区流动。具体体现为引导资本、劳动力和技术向城镇化重点地区流动,引导人口从生态地区和农产品主产区有序流出,推进产业在国内合理转移等。

三是使资源浪费和环境污染行为支付必要的财税成本,通过成本影响市场主体和居民的行为,支持采用节约资源和环境保护技术的企业提升竞

① 见本书第五章。
② 国务院发展研究中心"区域协调发展和优化全国生产力布局"课题组:《市场条件下优化生产力布局的思路与举措研究报告》,《改革内参》2014年第45期。
③ 加拿大和日本的经验见本书第五章。

争力,逐步建立起生态环境的跨区域补偿机制。

(五)由统筹国内区域发展转向对外开放和对内开发相衔接

20世纪90年代以来,经济全球化和区域经济集团化成为世界经济发展的两大趋势。据不完全统计,目前世界上80%左右的国家参加了不同层次的区域合作组织。全球构建完成或正在构建的主要区域集团组织有欧盟、北美自由贸易区、亚太经合组织、东盟、中国—东盟自由贸易区、独联体经济联盟、加勒比共同体、安第斯集团等。区域经济一体化已成为许多国家应对全球化、融入世界经济的重要策略和手段。目前,我国参与的具有实质内容的国际区域合作和次区域合作有:亚太经合组织、上海合作组织、中国—东盟自由贸易区、中国—瑞士自由贸易协定、曼谷协定、澜沧江—湄公河国际次区域合作、中国与中亚次区域合作、图们江次区域合作等。但总体来看,我国参与国际区域、次区域合作的深度和广度均不够。进一步加强国际区域、次区域合作,以"一带一路"促进国内各区域发展恰逢其时,通过对外开放促改革、促合作、促发展,是未来国内促进区域发展的新趋势。建议以"一带一路"建设为依托,支持各地区探索通过开放促开发,通过开放促合作的有效途径。

一是西南地区通过珠江—西江经济带,充分利用中国—东盟合作平台,深化珠三角与北部湾地区的合作,将广东、广西打造成我国面向东南亚合作的核心区,将云南、四川打造成面向南亚开放的"桥头堡"。

二是支持西北地区加强与中亚、西亚国家合作,建设新疆丝绸之路核心区,将西北地区的发展与向西开放紧密结合起来。

三是支持东北地区加强中俄蒙、中日韩和中朝合作,将黑龙江、吉林、辽宁、内蒙古打造成面向东北亚开放的重要枢纽。通过东北亚国际区域合作带动国内区域合作和区域开发。

四是支持东部沿海地区继续率先开放发展和转型,在经济全球化深入发展的背景下,加快"引进来""走出去"等,加快 21 世纪海上丝绸之路经济带建设,走出一条更多依靠创新和转型实现区域经济发展的模式。

四、近期促进区域协调发展的具体举措建议

按照以上促进区域协调发展的目标和思路,建议近期重点对以下措施进行深入研究并尽快实施。

(一)完善评价区域协调发展的主要指标和考核机制

地方政府是区域经济发展的重要主体,其行为的合理化是区域协调发展和生产力优化布局的前提之一。促进区域协调发展,很重要的一点是转变地方政府关于区域发展的思路,而转变地方政府关于区域发展的思路,短期而言主要是改变地方政府的激励和约束机制。地方政府激励和约束机制最重要的表现是地方政府官员考核和任免机制,以经济指标和经济增速为主来对地方官员进行考核,必然会使地方政府更多关注经济增长而忽视对公共产品方面的投入,引导地方政府把主要精力放在直接推动经济增长上,而忽视社会发展和资源、环境的协调。所以建议逐步改革地方政府官员的考核机制和任免制度,改革对地方政府的考核方式,根据不同区域的功能定位,设置各具特色、各有侧重的考核指标,以全面综合的考核指标来代替单纯的经济指标的考核[①]。考核重点建议可集中在三个层面。

一是综合考核辖区内经济、社会、生态建设的发展水平。把经济发展和民生改善、社会和谐建设、生态文明建设等一并作为考核评价的主要内容,创新政府绩效评估模式,弱化对"快"的考核,突出强调"好"的考核,即

---

① 郑志国:《中国区域经济政策历史演变与制度变迁》,重庆工商大学硕士学位论文,2006 年。

在考核发展速度的同时,加强对发展质量的考核,在考核经济发展的同时,也考核经济与社会、人与自然的和谐发展。更加重视科技创新、教育文化、劳动就业、居民收入、社会保障、人民健康等指标的考核,加大资源消耗、环境保护、淘汰落后产能、化解过剩产能等指标的权重。

二是将与其他区域的合作和协同发展纳入考核内容。如对于京津冀、长江三角洲、珠江三角洲等经济较为发达和经济发展一体化趋势较为明显的区域,可以探索在考核中突出跨区域合作和协作事项的完成,促进区域间合作和横向利益补偿,化解地方利益冲突。支持开展共编规划,共享产业,共建交通,共控污染,积极支持产业合理分工和区域发展利益共享。

三是针对不同发展水平区域,制定不同的绩效评价体系,实施差别化的产业转移政绩评价考核指标。对于东部沿海地区等产业转出区域,实行转变经济发展方式优先的绩效评价,强化经济结构、资源消耗、环境保护、自主创新等指标的评价,弱化乃至取消经济增长速度、招商引资、出口等指标的评价;对于中西部承接产业区域,实行工业化城镇化水平优先的绩效评价,综合评价经济增长、吸纳人口、质量效益、产业结构、资源消耗、环境保护等内容,弱化对投资增长速度等指标的评价。

(二)明确各级政府间财权和事权划分

目前地方政府的过度竞争,重要的原因是各级政府的财权和事权划分不对等,特别是省以下地方政府拥有更多支出责任,却没有相应的财政来源,致使许多市县政府财政捉襟见肘、入不敷出。在巨大的财政压力下,地方政府往往采取短期行为,以牺牲环境和资源为代价,换取一时的财力。区域协调发展战略难以落实,与地方政府的财政压力和利益驱动有着极为密切的关系。建议按照党的十八届三中全会的部署,按照公共财政框架和基本公共服务均等化的要求,结合实际明确界定各级政府的事权,并落实与之相匹配的财力。

一是合理区分中央与地方的财权关系,建立地方政府主体税源体系,科学确定地方税主体税种,结合税制改革,完善中央和地方税结构,放宽地方设税权限,培育地方主体税种。可考虑将消费税、房产税、资源税等培育成为地方税的重要税目,理顺中央和地方收入划分,不断增加地方税收收入。在统一税收的前提下,对于一般地方税税种,赋予省级人民政府一定的税目利率调整权限,进一步增强地方特别是中西部地方的安排税收收入的自主性和加强税收管理的积极性,使各级政府更多地关心基本公共服务的有效提供,营造良好的发展环境。尽快将各级政府间财税关系、责权划分等基本制度,以法律形式加以规范,限制中央政府部门的自由裁量权,杜绝"跑部钱进"的弊端,同时减少地方政府对"土地财政"的依赖。

二是按照公共财政框架和基本公共服务均等化的要求,明确中央和地方事权,建立事权与支出责任相适应的财政制度。加强中央政府在国防、外交、国家安全等方面的事权和支出责任,基础教育、环境保护、公共卫生、食品安全等领域应作为中央和地方共同事权,逐步理顺事权关系,中央和地方按照事权划分相应承担和分担支出责任。对于跨区域且对其他地区影响较大的公共服务,中央通过转移支付承担一部分地方事权与支出责任。

三是建立全国统一的基本公共服务经费保障机制,逐步缩小各地公共服务和基础设施的差距。特别是建议改变长期以来在基本公共服务方面,中央确定原则框架,地方根据财力制定实施标准的做法。多年来的实践证明,这种做法虽然有较大的灵活性,但难免造成越是经济发达的地区,其基本公共服务水平越高。从全国看,基本公共服务的差距不是在缩小,而是在扩大。建议借鉴发达国家的经验,将我国基层政府承担的基本公共服务事权和支出责任逐步上移至省级以上政府,强化中央和省级政府在公共服务方面的事权和支出责任。首先将义务教育、社会保障事权上划到中央,义务教育经费全部由中央承担,省及以下政府承担具体管理职责;提高社会保险统筹层次,逐步建立全国统一、流动转接顺畅的社会保险体系,促进劳动力市场统一和劳动力有序流动。

四是加快研究解决税收地与税源地不一致的问题。尽快制定区域政府之间横向税收分配办法,加快推进省以下分税制财政体制建设,形成适用范本,并建立向中央政府的报备制度,确保区域之间横向税收分配依法、合理、规范、便于执行,解决省以下,省、市、区之间的税收分配和再分配的相关制度问题。对于企业集团缴纳的增值税、企业所得税、营业税,要在不增加企业集团总体税负的基础上,按照税源分布在有关地区分配税款。个人所得税应归属居民所在地的地方政府,无论代扣代缴单位的所在地是否在居民所在地。按照市场对资源的需求,完善自然资源有偿使用机制和价格形成机制。加快资源价格改革步伐,逐步形成能够反映资源稀缺程度、市场供求关系、环境治理与生态修复成本的资源性产品价格形成机制。科学制定资源性产品成本的财务核算办法,把矿业权取得、资源开采、环境治理、生态修复、安全设施投入、基础设施建设、企业退出和转产等费用列入资源性产品的成本构成。

五是完善转移支付,强化一般性转移支付,减少专项转移支付,形成有效均衡地方财力、支持地方建设与发展的财政转移支付体系。创新一般性转移支付制度,在目前"基数法"税收返还的基础上,要测算各地区税收收入能力,建立基于地区间基本公共服务均等化要求的一般转移支付制度①。探索建立横向转移支付制度,在总结对口支援制度的基础上探索规范化、制度化的横向转移支付机制,鼓励发达地区支持欠发达地区发展。加强法制建设,强化财政监督管理及信息公开,促进形成公开透明、公平高效的财政转移支付体系。

---

① 许善达:《财政专项转移支付的改革建议》,《改革内参》第 1078 期。

(三)严控国家级区域规划和区域优惠政策数量

区域规划和区域政策是中央政府引导和规范各地发展不可或缺的手段。近年来,国家出台了大量区域规划和政策性文件,各地也依据国家规划编制了很多区域发展专项规划,建议按照党的十八届三中全会关于建立空间规划体系、推进规划体制改革的部署,优化区域规划编制工作,强化区域规划落实。

一是对近年来出台的100多个国家级区域规划和区域政策文件进行梳理和清理。加强规划落实和后期评估,适时委托第三方,对近年来出台的国家级区域规划和政策文件开展实施评估。推动区域规划从重数量向重质量转变,从重规划编制向重规划实施转变,从重一般性、常规性规划向重事关全局性、根本性规划转变。在此基础上,国家突出抓好京津冀协同发展、"一带一路"、长江经济带等战略的实施,其余跨省的区域规划由各省协商推动,一省之内的由各省自行协调。

二是建议从严规范国家级区域规划的立项和审批,国家层面不再大规模编制区域规划。在国家国土空间规划领域法律出台以前,建议先制定国家级区域规划的管理办法,明确国家级区域规划的编制范围和编制领域,从严控制国家级区域规划编制。国家区域战略建议重点转向完善多层次区域政策体系,引导区域之间在发展战略、基础设施建设、产业发展和生态环境建设等方面加强合作,避免重复建设、恶性竞争和资源浪费,加快形成互利共赢的发展环境,同时督促规划和政策的实施,加强规划和政策的评估和落实,使其落到实处,收到实效,仅适当编制一定数量的重点跨区域城市群发展规划。

三是地方政府也要减少区域规划的编制数量。重点加强对国家区域战略部署的落实,加强对本地经济社会事务的统筹协调,加强区域间协作和合作机制建设。地方政府应将促进区域协调发展的重心放在提供良好的经济社会发展环境,提供基本公共服务,维护市场公正、公平竞争秩序和社会安定,确保国家关于促进区域发展的方针政策和法律法规的有效实施上。同时积极探索区域间合作机制和联合规划机制,积极开展"三规合一"、多规融合的试点和探索,避免产业恶性竞争、基础设施重复建设等问题,促进毗邻地区协同发展。

第五章　世界主要大国促进区域协调发展的经验

区域发展不平衡是世界各大国普遍面临的问题。为了缩小区域间的发展差距,各国政府通常都制定并实施一系列有针对性的区域政策。这既是市场经济国家政府调节经济的重要方面,也是各国建设国内统一市场和保障民生方面的重要支撑。

长期以来,美国、欧盟、加拿大、俄罗斯、日本、德国、澳大利亚等世界主要大国政府在特定环境和特定历史条件下,均形成了各有特色的区域政策体系,纵观这些国家区域政策方面的实践经验,财政政策、税收政策、产业政策、金融政策发挥了重要的作用,不同阶段又有不同的侧重。"他山之石,可以攻玉",认真总结这些国家在促进区域协调发展方面的做法,对我们当前和未来一个时期完善区域政策,具有重要的参考价值。

一、美国促进区域协调发展的经验

美国是联邦制国家,各级政府事权各有侧重,联邦政府职责集中在外交、国防、安全等领域,经济发展的责任主要在地方政府。即便如此,美国联邦依然对衰退地区和公共服务欠缺地区的发展给予了重点扶持。

20 世纪 60 年代以来,美国利用市场机制和政府干预,采取了一系列切实可行的战略措施,区域间差异得以逐步缩小。美国支持落后地区开发的政策目标明确,主要包括以下几方面。

(一)重视立法,依法推进管理

美国政府把援助地区经济发展置于严格的立法、执法和司法过程中。如 1993 年,克林顿总统签署批准并经国会通过的《联邦受援区和受援社区法案》,就是美国出台的一个系统解决欠发达地区发展问题的法案。联邦政府根据有关法律确定计划,审查援助项目的申请报告,拨付一定比例的资金给州政府,并定期审计资金的执行情况。州政府要制定出如何使用援助资金的法规和会计制度,具体指导和援助计划的实施。落后地区要想获取帮助,必须提出申请,得到批准后,受援助地区有权要求有关部门提供使用援助资金的指导和帮助,同时,必须接受联邦政府按照法律程序的监督和审计,一旦发现违规违法,则随时会被停止援助,当事人还要承担责任。通过严格的法律法规,从而保证援助项目落到实处。该法案还规定,拨款 25 亿美元无偿用于给受援区企业提供税收优惠,具体优惠额度与企业提供就业职位相关。联邦在全美分三批共确定了 38 个受援区,其中城市受援区 28 个,农村 10 个。申请地区要符合一些条件:一是失业率高于全国平均水平 1% 以上;二是收入水平低于全国平均工资 80% 以下;三是遭遇特殊情况(如受灾等)。

(二)制定重点区域综合开发规划并配套含金量高的政策

1961 年,美国颁布了《地区再开发法》,并成立了地区再开发管理局。1965 年,又颁布了《阿巴拉契亚区域开发法》和《田纳西河流域开发法》等法规。阿巴拉契亚山区开发规划原则是把贫困地区作为一个整体区域,从改善基础设施条件、发挥山区优势、调整产业结构入手,进行综合开发与治理。美国联邦政府把这一地区的建设重点放在交通建设上,把全部援助投资的 75% 用于修筑开发国家公路和地方公路,着力改善交通条件。其他公共投资主要用于加强经济增长中心建设、地区能源和产业开发,以及医疗、卫生、环保、幼儿教育、职业培训等,实行规划在先、专款专用,变"输血"式救济为增强贫困地区"造血"功能的开发式资助。通过改善投资环境和调整产业结构,阿巴拉契亚地区的就业人数和人均收入均实现了较大幅度增长,政策效果明显。田纳西河流域开发规划是把与水利资源综合开发有关的工程措施与经济开发相结合的全面规划。规划从防洪入手,在兴建防洪设施的同时,兼顾航运、水力发电,综合开发利用水资源。在此基础上,大力发展农牧渔业、高耗电工业和旅游业,努力为当地居民提供大量就业机会。经过 50 多年的综合开发与治理,田纳西河流域发生了巨大的变化,不仅成为目前美国电力、炼铝、军工和化肥的重要生产基地,而且农、林、牧、渔各业兴旺,旅游产业发达,从 1980 年起人均收入开始接近全国平均水平。

(三)加强资金支持

为促进落后地区的经济开发,美国联邦政府通过转移支付的形式,将其财政收入的 10% 左右用于补助州和地方,其中大部分拨给落后地区,主要用于增强州和地方政府提供公共服务的能力以及平衡各地区的公共服务水平。这也是联邦政府调节州和地方经济,实现其宏观经济政策目标的重要工具。为进一步加强对困难地区的经济援助,美国联邦政府成立了商务部经济开发署(Economic Development Administration,EDA)。从 1966 年至 1991 年,经济开发署仅通过向困难地区公共设施项目提供财政援助,就提供资金 43.3 亿美元。州和地方政府层面对区域发展问题更为关心,它们通过制定贷款、税收和土地优惠政策,对职工再培训,完善交通基础设施,治理城市环境,招商引资等方式推动区域转型和再造。特别是州政府支持设立企业区(Enterprise Zones)和机会区(Opportunity Zones),对于帮助衰退地区快速重建起到了重要作用。企业区和机会区类似开发区性质,其概念与做法来源于英国。政府及其他中介组织为入区企业提供全方位扶持,借此吸引外来投资。机会区的政策更加优惠,入区企业可以享受 15 年免税政策(即免征个人所得税和企业所得税州和地方部分)。选择在某个地区设立机会区的主要标准包括三种情况:区域内就业机会大量流失;经济活动低迷;收入水平低于全州平均。

(四)加强对落后地区的基础设施及公共工程的投资建设,为地区发展营造良好的发展环境

市场经济条件下,市场是配置资源的基础性手段,只有改善地区投资

环境和商业环境,才能吸引更多的企业和投资者到落后地区投资,为落后地区提供更多的发展机会,从根本上提高其自我发展能力。美国政府从20世纪30年代以来,在促进区域经济协调发展方面,重点投资建设以下四大领域:①全国公路网建设。目前美国已经形成纵横交错、连接各地的州际高速公路干线网络7万多千米,占全世界高速公路里程的2/3,以及60多万千米的支线公路。②全国信息网络建设。最近20多年来,美国政府特别重视信息高速公路建设,全国乃至全球的经济、科技等信息各地区均能享受,为一些落后地区和老工业基地及时掌握市场、科技信息,发展高新技术产业而后来居上创造了条件。③环境保护。联邦政府制定了比较完整的环境保护法规和政策,各地区经济发展项目无论大小均要进行环境影响评价。④基础教育。美国从小学、中学到州立大学基本实现义务教育,州政府每年将财政支出的85%用于教育,联邦政府的教育支出主要用于落后地区。

(五)公共部门、私人部门和非营利组织紧密合作,形成合力

美国将"公私合作伙伴"(Public-Private Partnership,PPP)这一全新理念充分运用于实践,演进出一套有效地推动区域转型发展的治理模式。吸引大批的非营利组织积极参与,由半官方机构具体实施,这些机构负责政府资金安排与具体改造项目的实施。如西南宾州委员会(Southwestern Pennsylvania Commission)就具体负责匹兹堡市及周边10个郡的联邦和州相关资金、项目的安排。同样,在底特律也设有半官方的底特律经济发展公司(Detroit Economic Growth Corporation,DEGC),该机构领导直接由市长任命,承担"棕地"再开发、中心城区发展等6项重要职能。这些企业通过公私合营的方式与政府建立合作伙伴关系,获得政府支持,并参与公共项目的组织实施。

二、欧盟促进区域协调发展的经验

欧盟是世界上经济社会最为发达的地区之一,但欧盟内部区域发展不平衡的问题同样存在。欧盟目前包括 28 个成员,成员之间的经济和社会差距比较明显,其中,有 1/4 区域的人均 GDP 低于欧盟 28 个成员平均水平的 75％。欧盟和欧盟成员为解决区域发展不平衡问题,通过设立地区发展机构,制定凝聚政策,安排发展基金等,促进落后地区发展,实现区域间均衡和城乡协调发展。

(一)设立专门机构

欧盟内部发展不平衡,既存在于成员之间,也存在于成员内地区之间,成员地区之间的差异大于成员之间的差异。欧盟为此构建了多层次、网络状的地区发展协调体系。在欧盟委员会、欧洲理事会和欧洲议会这三个欧盟最重要的机构中,都为地区发展事务设置了专门的职能机构和顾问机构。一是欧盟委员会下设有地区政策总司,专门负责制定和执行地区经济政策;二是欧盟理事会内设有地区政策委员会,负责国家间地区发展事务的沟通协调;三是欧洲议会设有 20 个常务委员会,其中地区政策委员会、交通与旅游委员会、环境和公共卫生与消费者保护委员会等三个委员会与区域政策问题密切相关。成员政府居于第二个层次,他们一般都拥有自身的区域政策,同时接受欧盟统一的地区政策协调和整合,其主要权力由各国政府特别是议会掌握,议会负责处理所有有关区域政策的法律,即批准或否决援助措施、奖励力度、区域设计和分散程度,也包括批准成立或取消特定管理机构等。地方政府也参与欧盟地区问题的决策,其渠道主要有:一是在地方层次相应设立区域政策机构;二是多数成员地方政府在欧盟总部布鲁塞尔都设有某种形式的办事处和代表;三是比利时和德国等国规定,如果部长理事会讨论的问题属于其地方政府管辖范围,地方政府的相关负责人也将出席理事会会议。

(二)明确区域政策

欧盟区域政策是一项投资政策,通常称为凝聚政策,由欧盟地区政策总司负总责,主要有三个目的:一是创造就业机会;二是提升竞争力,促进经济增长;三是提高生活质量和维持可持续发展。欧盟凝聚政策是地区发展的总战略,是整个欧盟战略的重要组成部分,凝聚政策须经欧洲议会批准,具有法律效力。欧盟已先后实施了《1988—1993 年欧盟凝聚政策》《1994—1999 年欧盟凝聚政策》和《2000—2006 年欧盟凝聚政策》。前不久,正在执行《2007—2013 年欧盟凝聚政策》[①],目前欧盟委员会已通过了《2014—2020 年欧盟凝聚政策(草案)》。《2007—2013 年欧盟凝聚政策》旨在通过欧盟各成员的一致努力促进地区经济增长和扩大就业机会,核心是打造和创建富有竞争力、吸引力和创造力的地区,实现聚合、地区竞争和就业、区域合作三大目标。《2007—2013 年欧盟凝聚政策》提出在继续援助落后地区的同时,将努力提高其他地区的区域竞争力,并加大区域合作的力度。欧洲委员会根据各成员人口状况、国家财富、区域财富和失业率等标准,给予每个成员指导性的年度欧盟凝聚与区域发展基金总额,每个成员再决定该基金在各个区域之间的具体分配。从执行效果看,欧盟凝聚政策在很大程度上改善了公共管理,增加了政策的透明度,形成了良好的治理模式。各成员政府和各地方政府在确保欧盟的援助资金得到充分利用的基础上,建立了经济社会伙伴关系,并推动私营部门、大专院校和科研机构有效利用这些经济和就业援助基金。

---

① 王丰:《论欧盟地区政策的沿革及其对中国的启示》,山东大学硕士学位论文,2009 年。

(三)准确界定区域政策援助范围

1973 年,欧盟的前身欧共体委员会向部长理事会提交了一份关于地区发展的报告,提出对"有问题地区"提供财政援助,并明确"有问题地区"包含贫困地区、传统工业衰退地区(Declining Industrial Areas)、受共同体政策影响的地区和多国边境地区。此报告于 1975 年 3 月获得批准,随后欧共体正式设立欧洲发展基金(简称结构基金),纳入欧盟财政预算统一管理,专门用于区域政策财政拨款。目前,在整个欧盟预算中,地区政策支出是仅次于农村农业政策支出的第二大项支出。欧盟 2007—2013 年凝聚政策支持地区发展投入资金为 3470 亿欧元,占欧盟预算的 35.7%。主要用于资助有特殊问题的地区(其中 75% 用于贫困地区,15% 用于结构性地区)[1],资金主要投向交通、环境、研发创新、城乡统一协调及支持边境地区发展;同时,欧盟要求各地区配套一定比例的资金共同承担风险,一般要求配套资金为 10%～50%,德国、英国等实际可达到 100% 配套。各地区对资金使用有很大的自主权,但要遵守共同自愿原则和环保、媒体自由两个前提条件,以使资金有效使用。具体管理上,为明确区域援助政策的受益范围,欧盟统计局根据各地区经济发展水平、产业结构状况、就业率等一系列指标,建立了欧盟地区统计三级单元目录(NUTS)。欧洲地区发展基金利用 NUTS 系统严格界定援助对象(2004 年 NUTS-2 为 213 个,2013 年为 271 个,基本相当于我国地级市;NUTS-3 为 1091 个,基本相当于我国的县)。

一是经济落后地区,即 NUTS-2 人均 GDP 低于欧盟平均水平 75% 以下的地区。欧盟为这些区域的经济发展和结构调整、经济转型、增强竞争以及欧盟领土合作提供资金支持,促进人均 GDP 低于欧盟平均水平 75%

---

① 戴宾:《欧盟国家落后地区的经济发展与欧盟的区域经济政策》,《西南民族大学学报》(哲学社会科学版)2000 年第 6 期。

的地区的经济发展和结构转型。

二是存在严重失业问题的区域。根据欧盟地区政策总司定义,严重失业问题指该区域工业部门的失业率在过去三年高于欧盟平均水平,并且工业部门处于退化状态,总就业人数仍呈下降趋势的区域①,欧盟资金主要用于支持经济结构单一的地区实现结构调整和产业多样化,并完善教育和培训体制及促进就业。

三是跨境地区和环境敏感地区。欧盟为这些区域的环境项目和跨国境项目建设提供资金援助,或与之相关的技术援助。

除了上述基金外,欧洲投资银行也积极提供中长期信贷。近年来,欧洲投资银行对欧盟欠发达地区提供的贷款占对欧盟总贷款额的七成,2/3的资金投入到符合结构基金和凝聚基金申请条件的区域,主要投向是交通和通信基础设施、对工业和服务业的投资、城市基础设施、健康和教育基础设施。

(四)欧盟 2014—2020 年区域政策的新趋向

近年来,欧盟开始着力推动跨国合作,其中以多瑙河流域最为典型。多瑙河是欧洲第二大河(全长 2857 千米),也是欧洲重要的经济、环境、航运通道,流经国家包括奥地利、保加利亚、捷克、克罗地亚、德国、匈牙利、罗马尼亚、斯洛伐克和斯洛文尼亚等 9 个欧盟成员以及波黑、黑山、摩尔多瓦、塞尔维亚和乌克兰等 5 个非欧盟国家,流域面积 80 万平方千米。多瑙河流域国际合作先后经历了以航运为主到以水能资源开发利用为主,再到以水资源保护为主和全面执行《欧盟水框架指令》等多个发展阶段,合作内容不断深化和拓展。2014 年,欧盟决定未来斥资 950 亿欧元推动实施多瑙河战略,并为此制定了总体战略报告,划分了 20 个细分合作领域并起草

---

① 国家发展改革委振兴司课题组:《西方发达国家对衰退老工业基地的财政支持政策研究》,2011 年。

了各领域的具体实施方案,明确了 11 个优先领域,包括能源、科技、治安、环保、水能、人力资源培训等。欧盟委员会发挥协调员作用,每个领域由两个国家牵头,其他国家派员参加,在此基础上,由国家代表组成高层决策委员会,每年召开两次会议,指导流域国家开展包括减污、防洪、水资源利用与保护、航运等经济社会发展多领域的合作和综合开发,意图帮助多瑙河地区欧盟成员加快融合进程,缩小成员之间的差距。

从总体上看,欧盟促进区域协调发展政策在缩小各成员、各地区的差异方面取得了明显收效。可以说,欧盟新成员的持续增加和经济货币联盟一体化的发展,都与其区域政策有着密不可分的关联。

三、加拿大促进区域协调发展的经验

由于各省区之间资源禀赋、地理位置和历史条件的差异,加拿大形成了南部地区经济发达而东部和西北部外围地区相对落后的区域经济发展格局。鉴于此,加拿大制定和实施了一系列政策和措施,旨在消除各地区经济发展不平衡状况。

(一)区域经济发展差异性明显

由于受地理、气候、历史、民族等多重因素的影响,加拿大南北、东西发展差异性大,具有明显的区域性特征。加拿大的人口和经济,主要集中于沿美加边境南北纵深的 100 千米之内,且主要集中在安大略省和魁北克省,据统计,两省经济之和占加拿大全国经济总量的近 70%,其中安大略省经济最发达。西部和东部一些省区由于自然条件、历史传统、产业结构等原因,经济发展相对落后。西部的阿尔伯塔、萨斯哈彻温、曼尼托巴和不列颠哥伦比亚四省过去一直以农业、林业和能源等资源产品生产部门为主,产业结构简单、门类较少,经济总量在全加拿大总体经济中所占的比重也不大。发展相对较落后的地区是加拿大东大西洋沿岸新布朗斯威克省、纽芬兰省、诸瓦斯科舍省和爱德华王子岛省。这四省是加拿大经济最不发达地区,经济发展缓慢,产业结构调整艰难,主要以渔业、林业及少量矿业为主,失业率居高不下。经济总量在加拿大整个国民经济中所占份额也很小。

魁北克省位于加拿大东部,是全国面积最大的省份,80%的人口为法国后裔,其官方语言为法语。魁北克省社会经济发展存在两面性:一方面,它是人口总量和经济综合实力在全加拿大排名第二的大省;另一方面,省内经济发展不平衡。魁北克省长期作为加拿大能源原材料和传统工业基地的经济结构有待调整,政治因素的影响也在很大程度上制约了魁北克省经济的发展。因此,魁北克省失业率很高,生活水平提高缓慢,贫富差距日益扩大。

(二)加拿大区域政策的沿革

加拿大建立联邦制以后的很长一段时期并没有一套明确的区域发展政策。经济发展主要依靠国内的资源分布和生产,向美国和欧洲等国出口,形成了早期的劳动分工。最初的经济政策重心基本上致力于面向资源集中地区开发,但是这种过度开采和提供初级资源的模式也导致了一些地区资源渐行枯竭和经济周期带来的经济衰退,特别是森林富集地区的变化。从20世纪80年代起,政府和学界开始关注加拿大地区发展不平衡问题,提出应该采取缩小地区发展差距的区域政策和措施,而不是放任生产要素的自然流动简单分工。建议在国际经济分工环境下,由官方制定出明确的区域振兴开发计划,设立区域开发机构,以确保区域振兴开发计划得以实施。1983年,加拿大获得立法和修宪的全部权力后,联邦政府开始实施独立自主的经济发展战略方针,注重统筹推进区域经济发展。近年来,加拿大各级政府为发展欠发达地区经济,成立专门机构,制定和实施鼓励性的政策措施,开展了促进欠发达省区经济发展的各种项目计划,取得了显著成果。

(三)实施区域统筹

实施区域统筹发展是加拿大推动区域经济发展的长期任务和重要措施。加拿大政府采取了一系列促进欠发达地区发展政策措施并取得了显著成效。一是实行分类指导。加拿大经济版图分为5个经济发展区域,政府对5个区域的发展规划、发展目标、发展重点各有侧重。如西部重点改善基础设施条件;东部魁北克、多伦多等发达地区重在帮助发展高新技术产业。二是成立相应工作服务机构。如为了加快西部落后地区发展,加拿大联邦政府于1987年就成立了西部经济多元化发展署;为促进加东四省经济发展,1988年,在联邦工业部下成立大西洋沿岸省份商业机会署(ACOA);1998年,联邦政府将地区经济发展办公室(魁北克分部)升格为加拿大魁北克地区经济发展署(ECD);最近,加拿大政府宣布成立加拿大北部经济发展署,专门负责开发位于北极圈附近的北部地区;有些地方为了协调多个市级单位发展需要,也成立了专门机构,如安大略省南部有7个市,为推进协调发展,专门成立了滑铁卢区域政府,对区域内的总体规划、公共设施、公共服务等统筹部署。

(四)实施政策引导

政策引导和政府服务是加拿大推动区域经济发展的基本方法。一是实行差别化税收政策。在智力支持方面,为避免优惠政策带来的不公,政府对企业扶持的重点逐步从资金支持转向智力支持,中小企业雇用理科毕业的大学生,政府在三年之内为其提供50%的工资,使到西部就业的大学生与在东部地区的收入水平差距大为缩小,极大地吸引了外来移民和专业人才到西部服务。税收方面,有些省份实行免征省销售税,不对省内企业和个人征收一般资本税(GPT)和工资税(PT),以降低居民个人纳税负担。统计显示,阿尔伯塔省年收入 55000 加元的家庭的纳税额分别比安大略省和魁北克省同等收入家庭少 2200 加元和 4600 加元。二是实行资金项目扶持。加拿大联邦政府对促进区域经济发展机构、中介组织每年都有一定的资金项目支持。如西部发展署、北部发展署每年都可获得政府相对固定的资金项目支持。三是实行优惠的金融政策。如联邦政府设有"供货商发展计划",主要是帮助西部企业参与政府采购计划的投标;在联邦的层级上向加拿大其他地方推介西部的企业和公司;与各级政府协作,不断简化优化西部企业发展的政策措施和法规。此外,联邦政府还建立了西部产业联盟,借此推动西部企业之间结成各种形式的生产联盟、技术合作联盟和营销联盟,从而使当地企业获得成本优势。

(五)高度重视财政政策在区域发展中的主体作用

加拿大的联邦体制相对分权化,但是加拿大在宪法中明确了"均等化转移支付",即均等化转移支付是使各省的财力都能达到一个共同的水准。均等化转移支付是联邦为解决省际财政能力不均衡、缩小各省财政能力差距而设计的无条件转移支付项目,其最终目的是实现全国范围内的公共服务均等化。它起源于 20 世纪 40 年代联邦和省政府之间签订的"均等化和税收出租协议"。在协议中各省将征税权出租给联邦政府,由联邦代征各省相关税收,同时联邦每年给各省支付一定的补偿金以弥补各省的损失[①]。从实际操作层面上来看,均等化项目转移支付的支付数额是基于公式来计算的,且是完全透明的并向社会公开。均等化财政转移支付在加拿大的经济与政治发展过程中扮演了重要的角色,2013 年加拿大均等化项

---

① 张启春:《区域基本公共服务均等化的财政平衡机制——以加拿大的经验为视角》,《华中师范大学学报》(人文社会科学版)2011 年第 6 期。

目转移支付规模达到 200 亿美元,占联邦财政支出的 25%①。财政转移支付的方式也从 20 世纪 50 年代的有条件转移支付转变成了目前的无条件转移支付,但是设立了事后评估和公开问责机制。通过将联邦收入进行无条件转移支付,加拿大在全国基本统一的征税水平下,提供全国基本统一的公共服务。2013 年,未平衡前和经转移支付平衡后加拿大各省人均财力如图 5-1 所示。

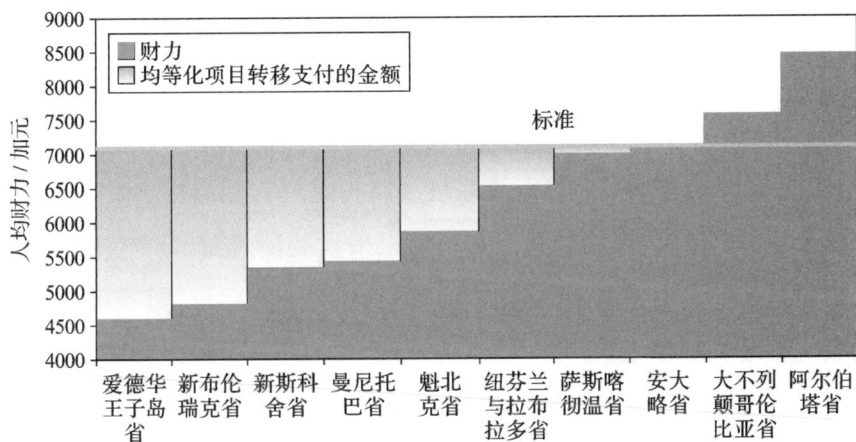

图 5-1　未平衡前和经转移支付平衡后加拿大各省人均财力(2013 年)

资料来源:林凯文:《大型复杂经济体内的财政转移支付:加拿大视角》,加拿大驻华使馆提供,2014 年。

四、俄罗斯促进区域协调发展的经验

俄罗斯领土东西跨越 1 万多千米,地区之间发展差异巨大。经济集中在欧洲部分,其中莫斯科和圣彼得堡两市占全俄地区生产总值的 27%,而 617 万平方千米远东联邦区(面积占全俄的 36.4%)仅占全俄地区生产总值的 4%,现有的 1100 个大中城市中,310 个分布在中央联邦区,198 个位

---

① 林凯文:《大型、复杂经济体内的财政转移支付:加拿大视角》,加拿大驻华大使馆提供,2014 年。

于伏尔加河沿岸区,145 个坐落在西北联邦区,而南方联邦区、北高加索联邦区和远东联邦区均不足百个,其中远东联邦区和北高加索联邦区则没有一座百万人口以上的城市。俄罗斯欧洲部分城市间的平均距离为 45～75 千米,而西伯利亚和远东地区城市间的平均距离在 200 千米以上。为支持区域协调发展特别是亚洲地区发展,俄罗斯近些年来采取了一系列举措。

(一)确立国家区域政策的主要目标与任务

"在地区发展多样化中寻求统一,保持和巩固经济和国家的完整性是俄罗斯区域发展战略最重要的宗旨",2008 年 11 月,俄联邦政府批准了《俄罗斯 2020 年前经济社会长期发展战略构想》①。战略构想确定了 2020 年前俄罗斯经济社会发展目标,对国家未来发展模式做出了选择,并指出了发展路径。其中,有关区域发展部分明确了国家区域政策目标,规定了国家区域政策主要任务,确立了地区政策主要原则,并对经济超前增长区域和主要经济区的发展进行了规划。随即,俄罗斯成立了地区发展部,负责制订八大联邦区经济社会长期发展战略,并为联邦区各联邦主体权力机构制订各自地区的发展战略提供互动平台。截至 2011 年年底,八大联邦区的长期经济社会发展战略相继出台并经俄总统和国家杜马批准:《2025 年前远东与贝加尔地区经济社会发展战略》(2009 年 12 月经俄联邦第 553 号政府令批准)、《2020 年前西伯利亚联邦区经济社会发展战略》(2010 年 7 月 5 日,俄联邦第 1120 号政府令)、《2025 年前北高加索联邦区经济社会发展战略》(2010 年 9 月 6 日,俄联邦第 1485 号政府令)、《2020 年前伏尔加沿岸联邦区经济社会发展战略》(2011 年 2 月 7 日,俄联邦第 165 号政府令)、《2020 年前南方联邦区经济社会发展战略》(2011 年 9 月 5 日,俄联邦第 1538 号政府令)、《2020 年前中央联邦区经济社会发展战略》(2011 年 9

---

① 俄罗斯地区发展部网站:http://www.poccuu.org。

月 6 日,俄联邦第 1540 号政府令)、《2020 年前乌拉尔联邦区经济社会发展战略》(2011 年 10 月 6 日,俄联邦第 1757 号政府令)、《2020 年前西北联邦区经济社会发展战略》(2011 年 11 月 18 日,俄联邦第 2074 号政府令)[①]。八大联邦区的长期经济社会发展战略分析了各联邦区经济社会发展现状、存在的问题,以及发展条件;根据俄罗斯发展的优先方向和现实发展特点,结合联邦区各地区的竞争潜力确定了发展目标和任务;设定了 2020 年(2025 年)前发展方案并对经济社会发展情况进行预测;确定了各经济部门和社会领域的发展任务、优先方向、指标体系、发展机制,并分析了资源保障能力。至此,全俄以及联邦区层次的地区长期经济社会发展战略体系出炉,俄罗斯地区长期发展战略体系逐渐形成。战略确立的地区政策目标是试图在如下两个方面取得平衡:一是对具有竞争优势的地区实行支持政策,以此带动地区发展;二是缩小地区差异,即实行区域平衡政策。

(二)促进区域多极化发展

利用大型城市集聚区经济增长强劲,人口和投资吸引力强,地区中心城市的城市功能多样化,服务业和工业生产对经济增长的强劲支撑力,石油天然气工业和冶金工业集中地区的资金实力,欧洲部分港口地区的地理位置优势,南方等地区自然资源独特、自然景观较好和历史文化传统较厚重的优势实现国内区域多极化发展,形成新的地区和跨区域增长中心,实现空间多元化发展。发挥人居环境质量高、人力资本发展潜力大、创新和教育基础设施较好的大型城市集聚区的科技和教育潜力,在城市化水平较高的地区构建地区生产集群,专业从事高科技领域产品生产,如航空业、造船业、原子能工业、新材料生产、信息与电信业产品的生产;在开发程度较低的地区建立利用现代技术专业从事原料深加工和能源生产的生产集群;

---

① 本书关于俄罗斯八大联邦区规划的有关内容引用自国家发展改革委东北等老工业基地振兴司组织编译的《俄罗斯区域规划》,2014 年。

在自然气候条件独特的地区设立和发展旅游休闲区,提供高质量的旅游休闲服务,依托 2014 年冬季奥运会,在黑海海滨建立和发展旅游休闲区,在阿尔泰、贝加尔、堪察加半岛等北方地区利用经济特区机制建立和发展类似的旅游休闲区;在国家交通主干线上发展大型交通物流和生产中心,特别是具有较大通行能力、连接主要经济增长中心、并能组建融入世界运输体系的交通干线;保持文化多样性,保留北方、西伯利亚和远东地区少数民族原住民的传统生活方式和劳作方式。

(三)充分发挥各联邦区比较优势进行产业布局

俄罗斯欧洲中心部分面向欧洲市场;北高加索与外高加索和近东国家相邻,民族政治形势复杂;欧洲部分北部地区是俄罗斯的资源区与主要海运基地之一;乌拉尔与西西伯利亚是俄罗斯经济的资源基础,是与中亚及东南亚国家进行经济协作的技术中坚力量;东西伯利亚与远东,是俄罗斯的资源基地,是主要资源的新兴开发区,是与亚太地区进行合作的前哨。由此,各联邦区的产业布局轮廓基本形成。①中央联邦区。首先,把莫斯科地区打造成世界级的现代化都市区;其次,巩固中央联邦区在全俄工业和后工业发展中的领头羊地位,保持其智力服务提供者、技术密集型产品生产者和高质量维修服务中心的地位。②西北联邦区。西北联邦区独特的地缘政治和经济地位优势决定其主要的功能是发展俄罗斯与欧盟及其邻近国家的经济关系,需要发展交通基础设施、跨境合作,并使一部分企业为对外经济关系服务。该联邦区在未来自然资源开采中将发挥重要作用,特别是在对北极地区的资源开发中。南部区域产业结构较为齐全的城市和城市集聚区将侧重发展进口替代型加工工业,北部区域分布的产业单一的城镇将主要发展采矿业和原料初加工工业。③南方联邦区。南方联邦区发展的战略目标是:打造大型农工综合体集群,把南方联邦区变成国家的食品基地;通过发展国际运输走廊发挥联邦区的运输潜力;发展国际级多功能休闲综合体;实现现代化发展,走创新之路,打造新的工业区和产业集群。④北高加索联邦区。北高加索是俄罗斯生态环境最好的地区。国家对北高加索联邦区的支持政策是通过投资增强各联邦主体的自给能力,促进该地区融入俄罗斯整体经济体系乃至世界经济体系。优先发展的行业是农工综合体和旅游业。⑤伏尔加河沿岸联邦区。依托对大型工业的现代化改造,以及在城市集聚区发展现代服务业,实现创新发展。改进经营管理方式,吸引外资并进行技术研发,应用新技术生产具有竞争力的工业产品。提高机械制造行业的竞争力,其中包括航空航天、汽车制造、化工和石化工业。强化地区间分工,以世界创新技术为基础、依托地区工业中心的科研基地实现地区间联合发展。⑥乌拉尔联邦区。规划建立两个创新中心:一是"叶卡捷琳堡创新"综合体;二是以南乌拉尔大学为基础在车里雅宾斯克建立创新中心。实现基础产业的创新发展,特别是交通、重型机械制造、化工、农业、能源机械和仪表、医疗设备、冶金等部门,并建立地区生产集群。此外,打造西伯利亚区域、乌拉尔工业区、亚马尔半岛区、乌拉尔东部坡地区和南乌拉尔农业区五个发展带。⑦西伯利亚联邦区。规划三个发展带:北极发展带、北部发展带和南部发展带。此外,依托俄罗斯科学院、俄罗斯医学科学院和俄罗斯农业科学院西伯利亚分院,在伊尔库茨克、克麦罗沃、克拉斯诺亚尔斯克、新西伯利亚、鄂木斯克、托木斯克高等学校基础上建立国立研究型大学,研制世界水平新技术,进行工业应用,实现"产学研"一体化,使创新成为经济增长的主导因素,逐渐形成新经济部门,对经济和社会传统服务部门进行现代化改造,增强竞争力。⑧远东联邦区。解决天然气化问题,形成统一的能源分配系统,优化运输费和电费,建设新海港并对原有港口进行现代化改造,发展集装箱运输,建立连接远东主要中心城市的统一的运输信息系统,并进而融入全俄乃至世界运输体系。通过发展职业教育,研发海洋开发和自然资源开采技术,其中包括生物技术、纳米技术和水下机器人等,发挥符拉迪沃斯托克和哈巴罗夫斯克城市集聚区的创新潜力。在远东城市集聚区、岛屿地带，包括萨哈林群岛、堪察加半岛和千岛群岛以及太平洋海港区打造生物资源集群，主要从事水生物资源的开采、加工以及海水养殖。对机械制造业进行技术改造，增强飞机制造、船舶制造和船舶修理行业的竞争力。

（四）重视解决产业结构单一的城市的问题

根据俄罗斯专家研究所的调查报告，产业结构单一市镇的确定标准有两个：一是单一企业或者同一行业的企业创造了全市（全镇）50％的工业产值或者服务业产值；二是同一企业集中了全市（全镇）25％的就业人员。产生大量产业结构单一的市镇是苏联城市化的典型特征。苏联新城市的建立大致经历四个阶段：建立企业—项目投产—工程竣工—城市形成。可见，在大型工矿企业的基础上发展起来的小城市大多具有产业结构单一的特征，因而被称为产业结构单一市镇。比较典型的产业结构单一市镇集中在采煤、发电、冶金、化工、木材加工、机械制造、食品和轻工业等领域。如西北工业区形成了以纺织业为主的市镇，伊万诺沃州和临近地区集中了大量纺织业市镇，北方和西北乃至中央区北部形成了大量的木材加工和纸浆制造业市镇，顿巴斯等地区则形成了煤业市镇。产业结构单一市镇在工业发达国家也存在，但从规模上看，俄罗斯的问题要严重得多。根据俄罗斯地区发展部 2009 年公布的数据，俄罗斯产业单一的城市数量为 335 个，约占城市总量的 40％，有 1600 万人口[①]。产业结构单一城市中，5％（拥有 140 万人口）危机状况较为严重，需要联邦政府采取措施；15％（540 万人口）处于濒临危机的高风险状态，需要联邦政府解决；80％需要对其经济和

[①] 产业结构单一市镇在俄罗斯属于近些年产生的新问题，统计数据不完备，各方数据出入较大。2008 年俄罗斯地区发展部撰写的报告《俄罗斯产业单一城市：如何克服危机？》中引用了专家研究所 2000 年的数据，即单一产业市镇有 460 个，集中了全俄 1/4 的人口。而根据社会政策独立研究所的估算，俄罗斯单一产业市镇不少于 150 个（不包括军工和核工业封闭城市），居住人口占俄罗斯全部人口的 8％，占俄罗斯城市人口的 11％。

社会发展状况进行定期监控,并制定中长期发展规划。2008 年金融危机爆发时,产业结构单一城市的脆弱性显露无遗,特别是专门从事黑色和有色金属冶炼、机械制造的城市,俄罗斯地区发展部从 2009 年开始制定专门的规划支持这些产业结构单一城市。2010 年和 2011 年俄联邦经济发展部制定并实施了国家援助试点项目,这些项目使这些城市的劳动市场情况有所缓解,并创造了 6 万个工作岗位。联邦预算拨款 240 亿卢布,俄罗斯经济发展部为此设立专门负责机构,协调单一结构城市稳定发展。主要工作一是制定单一产业城市清单,设立城市发展风险评估和发展预测体系,评估国家支持措施效率;二是制定单一结构城市投资项目清单,确定落实机制和筹措资金;三是会同地方政府及时向政府报告单一结构城市社会经济状况变坏的可能性,以便采取必要措施①。

总之,俄罗斯联邦中央力图逐渐强化对地方经济社会发展的干预力度,实现经济区域布局的统一性与完整性,实现区域发展协同化,优化人居环境,加强基础设施建设,培育新的地区经济发展中心和经济发展带,形成地区间的联动扩散效应,实现共同发展和创新发展。

五、日本促进区域协调发展的经验

日本在促进区域协调发展过程中,逐渐形成了一套较为完整的区域规划立法和政策体系,比较有效地缩小地区间经济发展差距。

(一)制定系统法规

日本区域经济政策是以区域发展的法律体系为核心,由一系列的地区开发立法组成,既有国家性法律,又有地方性法律;既有产业振兴法,又有

---

① 高际香:《俄罗斯城市化与城市发展》,《俄罗斯东欧中亚研究》2014 年第 1 期。

特定地区法。早在 1950 年,日本就制定了《国土综合开发法》,作为地区开发的根本法。该法对有关国土和地区开发的审议会制度、全国和各地方以及特定区域的综合开发规划的制定和实施做出了明确规定,并与后来相继制定的《孤岛振兴法》《山村振兴法》《北海道开发法》等关于特定落后地区振兴的法律,《新产业城市建设促进法》《低度开发地区工业开发促进法》等关于对产业的空间布局进行引导的法律,以及《控制首都圈市区内工厂等新建法》《工厂立地法》等限制大都市圈工业布局的法律一起,构成了一个相对完整的地区发展法律体系,使得各地区开发有立法作保障,制度有章可循。在系统立法方面大体经历了四个阶段。

第一阶段,战后复兴期(1945—1955 年)。主要是制定《国土综合开发法》《北海道开发法》《地方开发促进法》,编制实施全国综合开发计划、地方综合开发计划、都道府县综合开发计划、特定地区综合开发计划等。

第二阶段,高速增长前期(1955—1965 年)。主要是:①出台《首都圈建设法》,制定首都圈基本计划,防止人口及产业过度向首都集中。②制订全国综合开发计划,重点是防止大城市过于庞大,缩小地区差距,按基本开发方式将日本全国分为过密区域、建设区域和开发区域。其中,过密区域是对产业等进行管制和引导的区域(京浜、阪神、名古屋、北九州);建设区域是以引导工业疏散为目的,应当进行基础设施建设的区域(除过密区域以外的关东、东海、近畿、北陆等地区),设定大规模工业开发地区及中等规模开发城市;开发区域是以积极促进开发为目的,应当进行基础设施建设的区域(其他区域),设定大规模地方开发城市、大规模工业开发地区及中等规模地方开发城市。③制定《新产业城市建设促进法》《工业建设特殊区域建设促进法》,对特定地区进行开发,并给予一定的补贴。

第三阶段,高速增长后期(1965—1973 年)。主要是:1965 年,出台新全国综合开发计划,以构筑交通通信新网络、产业开发、环保项目为重点,推动"大规模开发项目",主要是提出广域生活圈构想,建设核心地方城市,建立连接其与圈内各区域的交通体系。

第四阶段,高速增长的终结(1974—1986 年)。主要是制订第三次全国综合开发计划,提出"定居圈构想"。根据地区特色,营造充满活力且富足的综合环境,从而打造新的生活圈。

(二)明确中央和地方政府财权和事权

日本的《宪法》《地方自治法》《财政法》《地方财政法》等法律均对中央与地方的事权与职责有明确的规定。其中,《地方自治法》对地方政府的地位、权限,以及收入支出等从法律上做出了清晰界定,并对地方政府与中央政府的关系、纠纷处理等做出了明确的规定。中央与地方事权主要基于受益范围划分,同时考虑提高效率、便于监督等,凡是低一级政府能做的事一般不交由上一级政府。1997 年,日本政府通过《地方分权推进相关决议》,正式开始了近 20 年的地方分权改革。1999 年,颁布了《促进地方分权相关法律关系整备法》,进一步明确了地方政府相关权限和中央地方事权划分。2006 年,通过《地方分权改革推进法》,设立地方分权改革推进委员会。2009 年,成立"地方主权战略会议",主要目的是讨论并实施促进"地方主权"的政策举措,落实"地方的事情由当地居民做主"的理念。该会议召集人是内阁总理,成员由副首相、官房长官、总务大臣、财务大臣,部分县知事、市长、地方议会议长,以及研究机构专家共 19 位人士组成。会议制订了《地方分权改革推进计划》,确定对中央与地方的事权划分进行适度调整,同时公布了详细清单。地方分权改革的主要目的是调整中央与地方的事权划分、放宽对地方的政策限制、充实地方财政、强化土地利用等。原则是在事权大类基本稳定不变的前提下,适当下放部分事权。如 2013 年会议确定的由中央向都道府县转移的事权主要包括:自用车客运登记与监管、一些国有道路及河流管理、免费职业介绍、部分农地转用等审批及管理权限。

具体职能划分:国防、外交等由中央负责;社会保障、医疗与健康、公共福利等具有收入再分配性质或需要全国统一标准的公共产品和服务,由中央及较高一级的地方政府负责;教育管理职能由各级政府按层级划分;对当地居民生产生活有直接影响的消防、城市规划、公共卫生、住宅等由各级地方政府承担,其基本架构见表5-1。

中央与地方的支出责任根据事权确定,在实施消费增税后的2014年,中央预算支出95.9万亿日元(含对地方的各种转移支付),地方预算支出83.4万亿日元。在具体事权与支出匹配方面,2012年中央与地方事权分配后的详细决算支出结构见表5-2。

表5-1 日本中央与地方事权划分

	国 家	都道府县	市町村
国防、治安	外交、国防、司法	警察	消防、户籍、居民基本台账
基础设施建设	高速公路、国管国道、一级河道管理	非国管国道、县道、二级及非国管一级河道、港口、公营住宅、区域规划	城市规划、市级以下公路、灌溉河道、港口、公营住宅、下水道
教育	国立与私立大学	都道府县立大学、中小学教师工资及人事,私立学校、特教学校	市立大学、初中、小学、幼儿园
社保、医疗卫生	社保、医师执照、医疗与药品许可、标准	救济(町和村)、儿童与老人福利及保健、环境监管	救济(市区)、儿童福利、老人保健及护理、健康和护理保险、自来水、垃圾和污水处理
产业、经济	关税、货币、邮政、通信等	地区经济振兴、职业培训、中小企业指导	地区经济振兴、农地利用

资料来源:日本总务省网站:http://www.soumu.go.jp。

表5-2 中央与地方的事权支出比例结构

事权类型(其中:地方事权)	地方支出占比(%)	中央支出占比(%)	在总预算支出中的占比(%)
总支出	58.3	41.7	
卫生费(保健院、垃圾处理等)	98	2	3.8
学校教育费(中小学、幼儿园等)	87	13	9.2

续表

事权类型（其中：地方事权）	地方支出占比（%）	中央支出占比（%）	在总预算支出中的占比（%）
司法、警察、消防等	79	21	4.0
社会教育费（图书馆、博物馆等）	74	26	2.7
民生费（儿童福利、老人看护与福利、生活福利等，不含年金费）	72	28	20.9
国土开发费（规划、道路、桥梁、公营住宅等）	76	24	8.1
国土保全费（河流、海岸）	74	26	1.3
商工费	61	39	6.2
灾后重建费	77	23	0.8
公债费	38	62	20.9
农林水产业费	37	63	2.0
住宅费等	38	62	1.7
恩给费	4	96	0.4
民生费中的年金相关费	100	0	6.3
防卫费	0	100	2.9
一般行政费等（户籍、居民基本台账等）	82	18	6.7
其他	0	100	2.1

资料来源：日本总务省网站：http://www.soumu.go.jp。

　　日本为全口径法定预算制国家，采用财政立法权集中、执行权分散、不设共享税或同源税的分税制体系，国税与地方税的区分主要依据《财政法》《地方财政法》等法律法规确定。一些税种虽同源，但国税与地方税界定清晰、分别征收，如国税中有消费税，都道府县税中有地方消费税，均由《消费税法》确定；再如国税中有法人税，都道府县税中有地方法人二税（法人住民税和法人事业税），市町村税中有法人市町村税，这些均由《法人税法》确定。为确保中央对经济的宏观调控及对地方经济的引导作用，在税源分配、税收数量等方面，中央均占有绝对优势。日本国税和地方税税目如表5-3所示。

表 5-3 日本国税和地方税税目一览表

	所得课税	资产课税	消费课税
国税	所得税、法人税、地方法人特别税、复兴特别所得税、复兴特别法人税、地方法人税	遗产赠予税、登录免许费、印花税	消费税、酒税、烟税、烟特别税、汽车税、地方汽油税、石油燃气税、汽车重量税、航空燃料税、石油煤炭税、电力开发促进税、关税等
地方税	个人住民税、个人事业税、法人住民税、法人事业税、道府县民税部分利息、道府县民税部分股息、道府县民税股份、部分让渡所得	不动产取得税、固定资产税、都市规划税、事业所得、特别土地保有税、法定外普通税、法定外目的税	地方消费税、地方烟税、轻油购买税、汽车购置税、高尔夫球场利用税、沐浴税、汽车税、轻型汽车税、矿产税、狩猎税、矿区税

资料来源：日本财务省网站：http://www.mof.go.jp。

在国税和地方税的内部构成中，地方税中的直接税占比大于国税中的直接税占比。2014 年地方税的直间比为 84.3：15.7,计入地方法人特别让与税后，为 85.2：14.8;而国税的直间比为 54.6：45.4,调整后为 52.6：47.4。作为间接税的消费税，具有宽税基的特点。消费税涵盖除土地转让与租赁、金融保险、医疗、教育、社保、房租之外的全部领域,自 2015 年 4 月 1 日起,日本政府已将消费税的税率由 5% 提高至 8%。2014 年度消费类税收占国税比重升至 28.6%,成为最大的国税来源,地方消费税在都道府县税中占比为 20.5%,排在个人道府县民税和地方法人二税等直接税之后。

日本资产类税收基本上归属地方。固定资产税在市町村税中占比最高,2014 年度为 42.2%,市町村民税占比为 34.6%,居第二位。保持较高的资产类税收占比,为地方政府提高居民收入及财产水平提供了动力。日本的固定资产税主要涵盖土地、住宅及折旧等,标准税率为 1.4%,再加上标准税率为 4% 的不动产取得税等,为稳定资产价格起到了重要作用。

日本每年都要对税制进行必要的调整,但税种改变及税率调整等大的变动,则要在进行年度税制改革时才会出台。税制改革的程序要比税制调整更为严格及公开透明,须以相关法案的立法为基础来进行,并纳入相关的年度税制调整大纲。

(三)制定规范的转移支付政策

在明确财权、事权的基础上,日本建立了完善的财政转移支付制度。财政转移支付对于日本调控区域经济、规范中央与地方财政关系、均衡地方财力起着十分重要的作用,主要包括地方交付税、国库支出金和地方让与税三种形式。

1. 地方交付税制度

地方交付税是以平衡各地方财力、实现财政均衡为目标,由中央给予地方的财政补助。按照《地方交付税法》第6条规定,在国税收入中,以个人所得税与酒税的32%、法人税的34%、消费税的22.3%、烟税的25%估算构成地方交付税总额,由中央政府向都道府县和市町村两级地方政府无条件拨付。在2014年中央政府预算支出中,"地方交付税交付金"为16.1万亿日元,占总支出的16.8%,是社会保障费、国债费之后的第三大支出。2014年国税与地方税比例为60.1∶39.9,经"地方交付税交付金"调整后,比例转变为43.7∶56.3,再经过地方让与税调整后,则变为39∶61,中央对地方转移支付超过了地方财政收入。地方交付税总额由中央与地方共享税的法定分享比例决定。通常,交付税中的94%属于普通交付税,6%属于特别交付税。特别交付税是指地方政府按照统一公式计算出的标准财政收入明显偏高,或者当标准财政需求不能体现的特殊财政需求出现时(如地方发生自然灾害),中央政府给予地方政府的特别补助;普通交付税,是中央政府根据地方标准财政收入与支出需求差额,给予地方政府的财政补贴。对某地方的交付税总额=该地方标准财政需求-该地方标准财政收入。日本 1955—2004 年地方交付税总额及占 GDP 比重如图 5-2 所示。

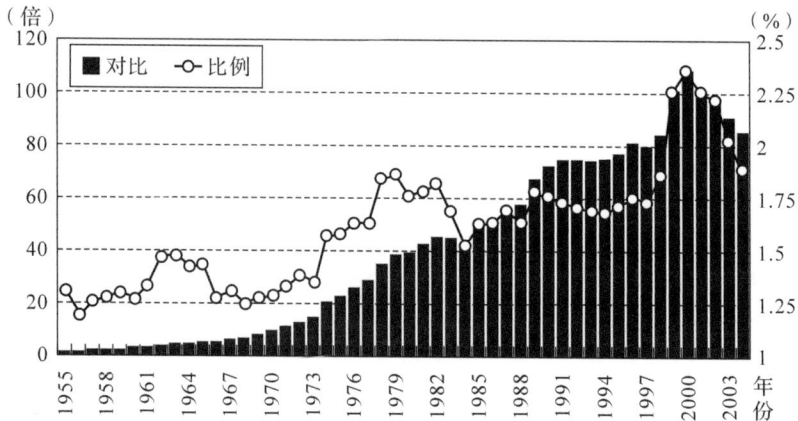

图 5-2　1955—2004 年日本地方交付税总额及占 GDP 的比重

资料来源：日本 GDP 数据来源于矢野恒太纪念会《从数字看日本的 100 年》(第 5 版)，2006 年。日本地方交付税交付额数据来源于 http://www. econ. keio. ac. jp/staff/tdoi/index-J. html。

以地方交付税为主的日本财政转移支付在高速增长阶段对缩小区域财力差距的均衡作用非常显著。1955 年与 1965 年，日本财政转移支付对区域财力差距的改善度分别为 68.2％与 62.1％；转移支付前后的变异系数分别从 0.6624 下降至 0.2103，从 0.5391 下降至 0.2044。[①]

2. 国库支出金制度

国库支出金制度是集规定用途和附加条件于一身的转移支付形式，相当于我国的专项转移支付。国库支出金分为三类：一是国库补助金，是中央政府出于宏观调控和均衡发展的考虑而下拨给地方政府的财政补助；二是国库负担金，当地方政府兴办关系到整个国家利益的项目时，由中央政府按照自身应负担的份额对地方政府进行补助；三是国库委托金，当中央

---

① 山口伸晴:《区域经济差异问题的中日经济政策比较研究》，厦门大学硕士学位论文，2008 年。

政府将本属于自身的事务委托给地方政府承办时,由中央政府给予地方政府补助。其中,国库负担金主要用于支持地方与国家有共同责任的重要公共事业;国库补助金主要用于对地方特定事业的奖励;国库委托金主要用于地方代为执行事权的费用。2012 年度国库支出金决算额 15.53 万亿日元,占地方收入的 14.3%。国库支出金由中央本级财政支出,以指定用途为条件对地方进行拨付,中央政府对这笔资金的使用负有监管职责。具体由财务省监督,会议检察院审计。

3. 地方让与税

地方让与税是中央政府为补充地方建设财源而征收的特定税种,征收后全部返还地方。2012 年度地方让与税决算额为 2.27 万亿日元,占地方收入的 2.1%。其中,地方法人特别让与税占比最高,达 73.6%,汽车重量让与税占 12.4%,地方汽油让与税占 12.4%,其余为石油燃气让与税、航空燃料让与税、船舶特殊吨位让与税等。由于地方让与税额度较少,不具有地方财政均衡作用。

(四)制定完善的国土综合开发政策

日本的区域经济政策不仅考虑个别地区的开发问题,而且从全国的角度制定开发战略和经济发展战略,涉及各地区特别是落后地区的社会基础设施、生活和文化设施建设,以及自然环境保护等重大战略问题。1998 年,日本制定了"21 世纪国土的宏伟蓝图——促进区域自立和创造美丽国土"的新战略,把恢复自然生态环境、改善都市人居环境、提高经济与国土质量作为战略目标,强调以国土均衡开发、丰富生活、美化环境、向世界开放特别是向亚洲开放为主旨,构筑国土开发主轴线,力图促进西南、东北、冲绳、北海道等经济欠发达或产业布局过疏地区发展,奠定日本国土均衡开发的基础。日本中央财政占总财政收入的 70%,其中大部分拨付给地方政府,并适时调整投入力度和方向。在鼓励重点地区发展时期,主要拨付给重点开发地区；在解决区域发展不平衡时期，则主要拨付给落后地区。日本还积极发展地区开发金融公司，将其作为政策性金融的重要组成部分，在贷款的发放上以促进特定地区的产业发展为直接目的，贷款对象限定于特定地区的企业或法人。比如，日本北海道东北开发公库，就是日本第一个指导区域开发的政府金融机构，该机构以低息贷款和刺激政策，促进北海道和东北地区的产业开发。1999 年，日本开发银行与日本北海道东北开发公库合并成为"日本政策投资银行"，地区开发金融是新银行的主要业务之一，主要任务是为促进特定地区产业振兴和开发，对民间投资和一般金融机构的融资活动进行补充或奖励，包括以低息、长期贷款投资于与产业开发、能源、环境和城市工程相关的工厂和设备的研究与开发等等。由国家控股的"道路公团"，则重点投资建设跨地区的干线道路和高速公路。随着日本高速公路不断向边远落后地区延伸，加强了这些地区与大都市圈的经济联系，为推动落后地区的经济发展发挥了巨大作用。

六、德国促进区域协调发展的经验

德国是高度发达的工业化国家，但地区经济发展之间的不平衡现象也客观存在。在德国长期的历史发展过程中，逐渐形成了柏林、汉堡、慕尼黑、法兰克福、斯图加特等多个地区性的经济中心，这种分散格局使德国地区发展之间不平衡的问题较其他国家轻得多。第二次世界大战结束后，地区经济发展之间不平衡的问题日渐突出。由于当时苏占区和美英法占领区之间对峙，致使交界地区人口流失严重，经济发展受阻。在之后的西部地区经济复苏中，大量农村人口为获得稳定的就业岗位和更高质量的生活而不断涌入城市。自 20 世纪 50 年代末开始，随着石油、天然气和核能等的发展，以煤炭、钢铁等传统产业为主的鲁尔地区和萨尔州经济遭受了巨大冲击，大量人员失业、社会问题骤增。到 1997 年，鲁尔区的失业率高达

14％,远高于全德 10.3％ 和西部各州 8.8％ 的平均水平。随着 1990 年两德重新统一,德国东、西部之间的发展不平衡问题更为突出。因此,无论是在老联邦州还是在新联邦州客观上都需要国家的地区经济政策。老联邦州地区的主要问题是应对环境变化加剧的地区经济结构转换,如地区局部调整与人工成本高的压力、部分老工业行业与新兴国家及日益增加的全球化竞争的压力、农村发展滞后和人口问题(老龄化和人口下降)的压力等。新联邦州面临的主要问题是,尽管经历了 20 年从计划经济体制到市场经济体制的转换,但重建过程及任务仍然没有结束,在推进企业现代化、创建新的有竞争力的就业岗位和自主增长能力,应对农村地区的人口挑战等方面问题仍然很多。德国政府十分重视缩小地方发展差异,制定了财政转移支付、征收团结税等一系列地区经济发展政策,尤其是确定了"改善地区经济结构"(简称 GRW)的共同任务并为此立法,旨在增强经济落后地区的内在发展动力,改善其经济结构,促进其整体经济的发展。

(一)从法律上保证地区经济政策与任务的实施

德国地区经济政策是以德国根本大法《基本法》为依据的。德国《基本法》确定,国家实行社会市场经济体制,要求在保证个人自由价值和市场经济效率的基础上,建立具有平等公民权利和发展机会、社会和解、共享繁荣的社会。因此,在不同地区创造同等的生活条件,缩小地区发展差异,不仅是德国地区经济政策的最高目标,也是联邦、州等各级政府的共同任务。1953 年,德国政府就批准了总额为 1 亿马克的刺激方案,专门用于扶持边界等落后地区经济的发展,并确定了定向扶持等原则,地区促进政策粗具雏形。60 多年来,德国地区经济政策不断完善,既有中期计划又有长期方案,成为国家经济和社会发展政策的重要组成部分。在德国地区经济政策中,德国政府于 1969 年颁布实施的《改善地区经济结构法》(GRW)具有重要意义,堪称德国地区经济发展政策的基石。该法主要有以下特点:①将经济落后地区划分为不同等级的扶持区域,企业在此投资可享受政府的优惠政策。②成立由联邦经济部长担任主席、联邦财政部长和各州经济部长组成的协调委员会,制订包括扶持区域范围、资金分配、监管等内容的落后地区经济促进框架。联邦政府参与制订宏观协调框架,必要时为具体项目提供财政补贴和优惠贷款等扶持措施。州政府为具体承担者,负责制订本地区发展战略、确立未来区位形象,并确定扶持重点、资金用途和资助比例,进行项目审批。③充分调动地方经济主体和企业的主动性,规定申请补贴的企业自身投资不得低于总投资额的 25%,公共财政补贴由联邦政府和所在州各承担一半。④为保证公平竞争,避免对其他地区造成不利影响,该政策的实施受联邦政府和欧盟的双重监督。协调委员会的决议必须在联邦政府代表同意和州政府多数票通过的前提下才能获得批准;各州每个月要向联邦经济部汇报资金使用情况,向联邦经济与出口管制局报告项目审批情况;联邦经济部向联邦议院定期通报执行情况,联邦议院根据执行情况审批下一年度的补贴总额。自 1969 年以后,德国政府根据经济发展形势和地区经济发展的新变化,不断对《改善地区经济结构法》进行修改、补充和完善,一直延续至今,成为最重要的地区经济发展政策之一。

(二)因地制宜动态确定区域政策援助地区

为确保资金效益的最大化且能最大限度地支持落后地区发展,德国政府根据各地实际情况和需要,动态地调整需要扶持的区域,合理地分配补贴资金。2006 年,德国政府根据欧盟有关要求制定了 2007—2013 年"改善地区经济结构区域图"。这个"区域图"参考了 2002—2005 年的平均失业率(权重 50%)、参加法定社会保险人员的年度毛收入(40%)、2004—2011 年的就业预测(5%)和基础设施(5%)等四项指标,把全国划分为 270 个就业区,排名靠后的列为 A、B、C 补贴地区。A 类地区包括除柏林以外的大部分东德地区以及西德的部分地区,共有人口 1404.5 万,占全德总人口的 17.1%;被选定的企业投资享受最高类别的财政补贴(含欧盟以及德国联邦和州政府的补贴),其中小企业为 50%,中型企业为 40%,其他企业 30%。B 类地区包括柏林大部分地区、西德部分农村地区、老工业基地和巴伐利亚州东部与捷克接壤地区,人口 907.5 万人,占德国总人口的 11%;小企业、中型企业和其他企业进行投资时,最高可获得 35%、25% 和 15% 的政府补贴。C 类地区人口 996 万,占德国总人口的 12%;小企业和中型企业的投资补贴上限为 20% 和 10%,其他企业三年内补贴额不超过 20 万欧元。以上三类地区共有 3318 万人,占德国总人口的 40.1%。

(三)建立纵向和横向转移支付制度

德国《基本法》第 72 条规定,联邦各地区的发展和居民生活水平应该趋于一致;联邦《空间布局法》第 1 条规定,联邦领土在空间上应该得到普遍的发展;联邦《改善地区经济结构法》规定,联邦和州各出资 50% 对落后地区的开发给予补贴。德国的区域经济政策核心内容之一就是通过实行财政的横向和纵向平衡政策,努力缩小各州之间的人均收入差距。德国政府允许各州之间的人均收入可以有 10% 的差距,主要根据社会收入水平、失业率、基础设施水平和未来发展潜力四项指标,确定各州生活水平是否趋于一致。超出全国平均水平的州,要拨出部分收入给低收入的州;低于全国平均水平的州有得到财政补贴的权利。财政横向平衡,主要是采取法人税的分配、税款转移和联邦特别拨款,促使各州人均税收均等化。通过法人税分配,使财政收入低的州达到各州平均财力的 92%;通过税款转移,使财力弱的州人均财政收入达到全国平均水平的 95%;缺口部分由联邦财政提供,称为联邦特别拨款。财政纵向平衡,则主要是促使州与乡镇之间的财政平衡,做法与横向平衡类似。对落后地区进行财政补贴,以财政补贴为基础,改善地区经济结构,是德国区域经济政策又一重要内容。

实施区域经济发展政策,40 多年来,德国在促进地区经济发展,缩小地区发展不平衡方面取得了很大成就。1991 年,东部各州人均国内生产总值仅为西部的 43%,到 2009 年已增至 71%,人均可支配收入从 60%提高到 80%。

七、澳大利亚促进区域协调发展的经验[①]

澳大利亚属于联邦制国家,其行政管理体系主要沿袭英美模式。国家行政管理分为联邦、州(6 个州和 2 个领地)和地方(约 863 个)三级政府。每个州都是独立拥有高度自治权的政治实体,负责管理地方政府。澳大利亚地广人稀、自然资源丰富,但各地区之间的人口、资源禀赋等差异较大,州与州之间的社会经济结构不尽相同,有的州靠矿产资源发展经济,有的州靠旅游业或农牧业,各州的自有财力基础存在差距。另一方面,由于人口数量、经济结构及自然地理等不同,各州提供的公共服务成本也有较大差异。澳大利亚联邦政府通过明确各级政府间的事权和财权划分,制定规范、透明的财政转移支付制度来平衡区域发展,并使公民享受均等化的公共服务。财政政策在澳大利亚区域政策中起着核心作用。

(一)明确各级政府事权划分

澳大利亚联邦政府负责涉及全国的事务,主要包括:国防、国际贸易、外交事务、金融体系与货币政策、移民、国家税务、州际基础设施、社会保险、宏观经济管理等。与联邦事权划分相适应,联邦政府支出也主要是行政、国防等本级支出,以及对州政府的转移支付支出,转移支付支出约占联

[①] 国家发展改革委培训团组:《澳大利亚政府间财政关系及对我国的借鉴》,2013 年。

邦总支出的 60％左右。各州级政府负责联邦政府事权外的所有其他事务。作为第三层级的地方政府,其事权及收入均由本州立法确定。总体上看,州政府是公共服务的提供和管理主体,主要包括教育、公共秩序、医疗健康、交通和州内基础设施等。2012—2013 财年,州政府各项支出中,医疗健康支出占比最高,达 27％;其次是教育支出,占比达 24％;公共秩序和安全、交通和通信设施、社会福利、住房保障和社区福利设施、文化休闲等支出分别占 12％、7％、7％、7％和 3％;其他支出占 13％。州以下地方政府只负责本地区域化的一些具体事务,主要包括:社区服务、社会治安、环境服务(垃圾和污水处理等)、城市规划建设和基础设施维护等。近年来,地方政府的行政管理改革更加注重为大众和社区提供人性化的公共服务。2012—2013 财年,地方政府各项支出中,占比最大的是文化娱乐,占 21％;地方道路和桥梁、家庭和社区服务、商业服务、老龄服务、交通和街道管理、垃圾收集和处理、其他基础设施服务支出分别占 14％、12％、11％、10％、10％、9％和 8％;政府自身支出仅占 5％。

从澳大利亚各级政府支出结构看,用于教育、卫生和社会保障与福利的支出占总支出的比重均在 15％以上,三项合计超过总支出的 60％,是澳大利亚政府的主要支出项目。社会保障与福利是澳政府第一大支出项目,属于联邦政府事权,社会保障与福利支出中,联邦政府支出占 90％,州政府支出占 10％。医疗健康是澳政府第二大支出项目,主要是州政府事权,但联邦政府也承担一些直接支出责任,以及通过转移支付方式对州政府给予支持。联邦和州政府在医疗健康事权的划分是:联邦政府承担个人医疗保险补贴、药品与医疗服务支出以及防疫性支出等;州政府负责提供公立医院服务、精神卫生服务、临终关怀服务、社区保健和公共卫生监督等。医疗健康总支出中,联邦政府支出占 42％,州政府直接支出占 43％,联邦对州转移支付支出占 15％。教育支出是澳政府第三大支出项目,与医疗健康事务一样,教育主要是州政府事权,但联邦政府也承担一些直接支出责任,并通过转移支付方式给州政府提供支持。联邦和州在教育支出上的分工是:联邦政府主要负责高等教育,并对各州提供公共教育经费补助;州政府负责中小学教育、职业教育资助等。教育支出中,联邦政府直接支出占22%,联邦对州转移支付支出占23%,州政府直接支出占55%。

(二)规范转移支付

澳大利亚转移支付制度的产生主要是联邦政府和州政府之间存在财力与事权的不均衡。为解决联邦与州政府间财力不均衡问题,澳大利亚也先后采取过一些措施,包括下放一些税收权限给州政府,如1971—1972年将工资税下放到州政府;将一些支出责任上划到联邦政府,如1974年将义务教育的支出责任交给联邦;将一些特定的税种收入分配给州政府,如将联邦政府负责征收的GST收入通过转移支付方式再重新全部分配给州政府。2008年,澳大利亚联邦政府委员会(The Council of Australian Governments,COAG)通过《联邦政府与州政府财政关系改革的政府间协议》,明确了联邦政府和州政府之间的转移支付目标,即通过转移支付使不同地区的公民享受到均等化的公共服务水平,达到横向财政平衡(Horizontal Fiscal Equalization)。该协议还对转移支付的主要类型和分配制度进行了具体规定。目前,联邦政府对州政府的转移支付分为一般性转移支付和特定目的转移支付。2012—2013财年,转移支付总规模903.7亿澳元,其中一般性转移支付493.8亿澳元,占54.6%,特定目的转移支付409.9亿澳元,占45.4%。从近年发展趋势看,2009年以来,一般性转移支付占比总体呈上升趋势。

目前,澳大利亚联邦政府的转移支付已经成为解决联邦与州政府间财力不均衡的主要方式,转移支付收入已经成为州政府收入的重要来源。转移支付在州政府收入中占比也由1901—1902财年的37%提高到1946—1947财年的46%,后逐渐保持在40%~60%,2010—2011财年为50%。

　　GST 是 2000 年澳大利亚为理顺联邦和州政府财政关系而引入的新税种,是转移支付中占比最大的项目。所有 GST 收入均按公平原则转移支付给州政府,以均衡地区间的财力差异。联邦拨款委员会分配 GST 的原则是,使各州政府有相当水平的财力为每个居民提供标准化服务(如教育、医疗、住房、法律服务、交通等),并设计了一套复杂模型,主要考虑州政府财力和服务成本两方面因素。

　　州政府财力,包括州政府税收收入和联邦政府专项转移支付两部分。由于各州资源禀赋和经济发展程度各异,不同州之间的税收收入存在较大差距。以西澳洲为例,因矿产资源丰富,近年矿产税收入增速较快,所以该州地域内每年征收的 GST 收入逐年递增,得到的 GST 转移支付收入却逐年递减。此外,联邦政府专项转移支付也是影响州政府财力的重要因素。

　　服务成本,主要包括提供标准化服务的直接成本和基础设施建设成本。标准化服务直接成本,指州政府为居民提供基本的教育、医疗、住房、法律、交通等服务而产生的成本。由于各州人口数量、人口的年龄结构、原住民占比等不尽相同,提供公共服务的成本存在较大差异。以北领地为例,因其面积较大、人口稀少、原住民占比较高,北领地政府为其居民提供的标准化服务成本远高于其他各州。基础设施建设成本,指政府为提供标准化服务需投资的基础设施产生的支出成本。

　　综上两方面因素,联邦拨款委员会按照每年 GST 收入的预计规模,结合各州人均财力和服务成本之间的缺口,计算各州 GST 转移支付的分配比例。人均财力较强、服务成本较低的州,GST 分配比例相应较低;财力较弱、服务成本较高的州,GST 分配比例相应较高。

　　澳大利亚政府间财权事权关系的划分,对促进区域间协调发展发挥了重要作用。特别是能够保证落后地区政府的收入能力达到基本水平,从而为全国各地居民提供更好、更均衡的公共服务。

参考文献

[1]中华人民共和国国民经济和社会发展第一个五年计划,1953.

[2]中华人民共和国国民经济和社会发展第七个五年计划,1986.

[3]中华人民共和国国民经济和社会发展第九个五年计划,1996.

[4]中华人民共和国国民经济和社会发展第十一个五年规划纲要,2006.

[5]中华人民共和国国民经济和社会发展第十二个五年规划纲要,2011.

[6]中国统计年鉴,中国统计出版社,2003—2012.

[7]费根.资本主义与社会主义的生产配置[M].北京:生活·读书·新知
三联书店,1957.

[8]毛泽东.毛泽东选集(第五卷)[M].北京:人民出版社,1977.

[9]陈栋生.经济布局的理论与实践[M].沈阳:辽宁大学出版社,1989.

[10]陈栋生.区域经济学[M].郑州:河南人民出版社,1993.

[11]汪海波.新中国工业经济史(1949.10—1957)[M].北京:经济管理出
版社,1994.

[12]魏后凯.区域经济发展的新格局[M].昆明:云南人民出版社,1995.

[13]戴宾.欧盟国家落后地区的经济发展与欧盟的区域经济政策[J].西南

民族大学学报(哲学社会科学版),2000(6).

[14]刘俊林.论毛泽东关于中国工业化道路的探索[J].中山大学研究生学刊,2000(3).

[15]郭腾云,陆大道,甘国辉.近 20 年来我国区域发展政策及其效果的对比研究[J].地理研究,2002,21(4).

[16]陆大道.中国区域发展的理论与实践[M].北京:科学出版社,2003.

[17]董志凯,吴江.新中国工业的奠基石:"156"项建设研究[M].广州:广东经济出版社,2004.

[18]吴晓军,赵海东.产业转移与欠发达地区经济发展[J].当代财经,2004(6).

[19]张可云.区域经济政策[M].北京:商务印书馆,2005.

[20]王洛林,魏后凯.东北地区经济振兴战略与对策[M].北京:社会科学文献出版社,2005.

[21]中央民族工作会议精神学习辅导读本编写组.中央民族工作会议精神学习辅导读本[M].北京:民族出版社,2005.

[22]郑志国.中国区域经济政策历史演变与制度变迁[D].重庆工商大学硕士学位论文,2006.

[23]宋晓梧.大力促进我国资源型城市可持续发展[J].北方经济,2006(18).

[24]路江涌.中国制造业区域聚集与国际比较[J].经济研究,2006(3).

[25]中华人民共和国国务院发展研究中心课题组.中国区域科学发展研究[M].北京:中国发展出版社,2007.

[26]陈秀山.西电东送工程区区域效应评价[M].北京:中国电力出版社,2007.

[27]陆大道,姚士谋.2006 中国区域发展报告——城镇化进程及空间扩张[M].北京:商务印书馆,2007.

[28]陈宣庆,张可云.统筹区域发展的战略问题与政策研究[M].北京:中国市场出版社,2007.

[29]靳万军.关于区域税收与税源背离问题的初步思考[J].税务研究,2007(1).

[30]张志勇.大型企业汇总与合并纳税管理研究[J].税务研究,2007(5).

[31]陕西省国家税务局课题组.税收与税源地背离问题探索[J].税务研究,2007(5).

[32]湖北省国税局课题组.三峡电站税收与税源背离问题研究[J].税务研究,2007(5).

[33]魏后凯.改革开放30年中国区域经济的变迁[J].经济学动态,2008(5).

[34]山口伸晴.区域经济差异问题的中日经济政策比较研究[D].厦门大学硕士学位论文,2008.

[35]税收与税源问题研究课题组.区域税收转移调查[M].北京:中国税务出版社,2008.

[36]中共中央文献研究室编.改革开放三十年重要文献选编(上)[M].北京:中央文献出版社,2008.

[37]许善达.国家税收[M].北京:中国税务出版社,2008.

[38]张继良.中国区域竞争力研究[M].南京:东南大学出版社,2008.

[39]王丰.论欧盟地区政策的沿革及其对中国的启示[D].山东大学硕士学位论文,2009.

[40]程必定,陈栋生,肖金成.区域科学发展论[M].北京:经济科学出版社,2009.

[41]中华人民共和国国务院新闻办公室.《中国的民族政策与各民族共同繁荣发展》白皮书[M],2009.

[42]谢伏瞻主编.政策研究与决策咨询:国务院研究室调研成果选[M].北

京:中国言实出版社,2009.

[43]张军扩,侯永志.中国区域政策与区域发展[M].北京:中国发展出版社,2010.

[44]魏后凯.中国区域经济发展态势与政策走向[J].中国发展观察,2010(5).

[45]中华人民共和国国家发展和改革委员会地区经济司.促进区域协调发展文件、规划与方案汇编(2003—2009)[M].2010.

[46]李明.欧盟区域政策及其对中国中部崛起的启示[M].武汉:武汉大学出版社,2010.

[47]中华人民共和国国务院发展研究中心.转变经济发展方式的战略重点[M].北京:中国发展出版社,2010.

[48]陈凤英.G20机制架构设计与中国战略对策[N].经济参考报,2010(6).

[49]中华人民共和国国务院新闻办公室.中国农村扶贫开发的新进展白皮书[M].2011.

[50]张启春.区域基本公共服务均等化的财政平衡机制——以加拿大的经验为视角[J].华中师范大学学报(人文社会科学版),2011(6).

[51]张平.中华人民共和国国民经济和社会发展第十二个五年规划纲要辅导读本[M].北京:人民出版社,2011.

[52]李善同."十二五"时期中国经济社会发展的若干关键问题政策研究[M].北京:科学出版社,2011.

[53]林兆木.实施"十二五"规划的几个重大问题[N].中国证券报,2011(6).

[54]魏后凯.中国区域政策——评价与展望[M].北京:经济管理出版社,2011.

[55]许欣.四大区域板块经济增长的差异性研究(2000—2010年)[J].中

国经贸导刊,2012(33).

[56]深圳大学中国经济特区研究中心.中国经济特区文献资料[M].北京：
社会科学文献出版社,2010.

[57]中华人民共和国国家自然资源和地理空间基础信息库项目办公室.中
国区域规划与可持续发展分析报告[R/OL].（2013-04-23）[2013-04-
23].http://www.geodata.gov.cn/book/zgqygh/.

[58]杜鹰.中国区域经济发展年鉴（2013）[M].北京：中国财政经济出版
社,2013.

[59]中共中央宣传部.习近平总书记系列重要讲话读本[M].北京：人民出
版社,2013.

[60]陈秀山等.区域协调发展：目标、路径、评价[M].北京：商务印书
馆,2013.

[61]姜晓萍.我国基本公共服务体系的共同趋势与地区差异——基于国家
和地方基本公共服务十二五规划的比较[J].吉首大学学报（社会科学
版）,2014(2).

[62]中华人民共和国国家发展改革委编.“十二五”国家级专项规划汇编
[M].北京：人民出版社,2013.

[63]世界银行,国务院发展研究中心联合课题组.2030年的中国：建设现
代、和谐、有创造力的社会[M].北京：中国财政经济出版社,2013.

[64]吴润生,等.我国重要战略机遇期内涵和条件变化研究[M].北京：中
国言实出版社,2014.

[65]中共中央文献研究室.十八大以来重要文献选编（上、下）[M].北京：
中央文献出版社,2014.

附　录

附表 1　近年来国家级区域规划和政策文件出台的基本情况
（2003—2013 年，不完全统计）

1. 分省（区、市）区域政策性文件（共 67 个）

省（区、市）	区域文件名称
天津	1. 国务院关于推进天津滨海新区开发开放有关问题的意见
	2. 国务院关于天津滨海新区综合配套改革试验总体方案的批复
	3. 国务院关于天津北方国际航运中心核心功能区建设方案的批复
河北	4. 国务院关于河北沿海地区发展规划的批复
山西	5. 国务院关于山西省国家资源型经济转型综合配套改革试验总体方案的批复
内蒙古	6. 国务院关于进一步促进内蒙古经济社会又好又快发展的若干意见
	7. 国务院办公厅关于同意广西东兴、云南瑞丽、内蒙古满洲里重点开发开放试验区建设实施方案的函

续表

省(区、市)	区域文件名称
辽宁	8. 国务院关于辽宁沿海经济带发展规划的批复
	9. 国务院关于沈阳经济区新型工业化综合配套改革试验总体方案的批复
	10. 国务院关于同意设立大连金普新区的批复
吉林	11. 国务院关于中国图们江区域合作开发规划纲要的批复
	12. 国务院办公厅关于支持中国图们江区域(珲春)国际合作示范区建设的若干意见
黑龙江	13. 国务院关于黑龙江省两大平原现代农业综合配套改革试验总体方案的批复
	14. 国务院关于大小兴安岭林区生态保护与经济转型规划的批复
	15. 国务院关于黑龙江沿边与内蒙古东北部地区沿边开发开放规划的批复
上海	16. 国务院关于在上海浦东新区开展国家级综合配套改革试点的意见(国务院常务会议决定)
	17. 国务院关于推进上海加快发展现代服务业和先进制造业建设国际金融中心和国际航运中心的意见
江苏	18. 国务院关于江苏沿海地区发展规划的批复
	19. 国务院关于国家东中西区域合作示范区建设总体方案的批复
浙江	20. 国务院关于浙江海洋经济发展示范区规划的批复
	21. 国务院关于浙江省义乌市国际贸易综合改革试点总体方案的批复
	22. 国务院关于同意设立浙江舟山群岛新区的批复
	23. 国务院关于同意设立中国(杭州)跨境电子商务综合试验区的批复
安徽	24. 国务院关于皖江城市带承接产业转移示范区规划的批复
福建	25. 国务院关于支持福建省加快建设海峡西岸经济区的若干意见
	26. 国务院关于海峡西岸经济区发展规划的批复
	27. 国务院关于平潭综合实验区总体发展规划的批复
	28. 国务院关于厦门市深化两岸交流合作综合配套改革试验总体方案的批复
	29. 国务院关于支持福建省深入实施生态省战略 加快生态文明先行示范区建设的若干意见

省（区、市）	区域文件名称
江西	30. 国务院关于鄱阳湖生态经济区规划的批复
	31. 国务院关于支持赣南等原中央苏区振兴发展的若干意见
山东	32. 国务院关于黄河三角洲高效生态经济区发展规划的批复
	33. 国务院关于山东半岛蓝色经济区发展规划的批复
	34. 国务院关于同意设立青岛西海岸新区的批复
河南	35. 国务院关于支持河南加快建设中原经济区的指导意见
湖北	36. 国务院关于武汉城市圈资源节约型和环境友好型社会建设综合配套改革试验总体方案的批复
湖南	37. 国务院关于长株潭城市群资源节约型和环境友好型社会建设综合配套改革试验总体方案的批复
广东	38. 国务院关于珠江三角洲地区改革发展规划纲要（2008—2020 年）的批复
	39. 国务院关于深圳市综合配套改革总体方案的批复
	40. 国务院关于横琴总体发展规划的批复
	41. 国务院关于前海深港现代服务业合作区总体发展规划的批复
	42. 国务院关于广东海洋经济综合试验区发展规划的批复
	43. 国务院关于广州南沙新区发展规划的批复
广西	44. 广西北部湾经济区发展规划
	45. 国务院关于进一步促进广西经济社会发展的若干意见
	46. 国务院办公厅关于同意广西东兴、云南瑞丽、内蒙古满洲里重点开发开放试验区建设实施方案的函
	47. 桂林国际旅游胜地建设发展规划纲要
海南	48. 国务院关于推进海南国际旅游岛建设发展的若干意见
重庆	49. 国务院关于推进重庆市统筹城乡改革和发展的若干意见
	50. 国务院关于同意设立重庆两江新区的批复
四川	51. 国务院关于成都市统筹城乡综合配套改革试验总体方案的批复
	52. 国务院关于同意设立四川天府新区的批复

续表

省(区、市)	区域文件名称
贵州	53. 国务院关于进一步促进贵州经济社会又好又快发展的若干意见
	54. 国务院关于同意设立贵州贵安新区的批复
云南	55. 国务院关于支持云南省加快建设面向西南开放重要桥头堡的意见
	56. 国务院办公厅关于同意广西东兴、云南瑞丽、内蒙古满洲里重点开发开放试验区建设实施方案的函
	57. 国务院关于云南省加快建设面向西南开放重要桥头堡总体规划的批复
	58. 国务院关于滇西边境片区区域发展与扶贫攻坚规划(2011—2020 年)的批复
陕西	59. 国务院关于同意设立陕西西咸新区的批复
	60. 国务院关于陕甘宁革命老区振兴规划的批复
甘肃	61. 国务院办公厅关于进一步支持甘肃经济社会发展的若干意见
	62. 国务院关于同意设立兰州新区的批复
青海	63. 青海三江源国家生态保护综合试验区总体方案
宁夏	64. 国务院关于进一步促进宁夏经济社会发展的若干意见
	65. 国务院关于宁夏内陆开放型经济试验区规划的批复
新疆	66. 国务院关于支持喀什霍尔果斯经济开发区建设的若干意见
	67. 国务院关于新疆天山北坡经济带发展规划的批复

2. 跨省(区、市)的区域政策性文件(共 33 个)

所在区域	区域文件名称
陕西、甘肃	1. 国务院关于关中—天水经济区发展规划的批复
湖北、湖南	2. 国务院关于洞庭湖生态经济区规划的批复
山西、陕西、河南	3. 国务院关于晋陕豫黄河金三角区域合作规划的批复
湖北、湖南、重庆、贵州	4. 国务院关于武陵山片区区域发展与扶贫攻坚规划(2011—2020 年)的批复
四川、贵州、云南	5. 国务院关于乌蒙山片区区域发展与扶贫攻坚规划(2011—2020 年)的批复
河南、湖北、重庆、四川、陕西、甘肃	6. 国务院关于秦巴山片区区域发展与扶贫攻坚规划(2011—2020 年)的批复
河南、湖北、陕西	7. 国务院关于丹江口库区及上游地区经济社会发展规划的批复

所在区域	区域文件名称
河南、河北、山西、安徽、山东	8.国务院关于中原经济区规划(2012—2020 年)的批复
广西、贵州、云南	9.国务院关于滇桂黔石漠化片区区域发展与扶贫攻坚规划(2011—2020 年)的批复
陕西、甘肃、青海、宁夏	10.国务院关于六盘山片区区域发展与扶贫攻坚规划(2011—2020 年)的批复
内蒙古、吉林、黑龙江	11.国务院关于大兴安岭南麓片区区域发展与扶贫攻坚规划(2011—2020 年)的批复
河北、山西、内蒙古	12.国务院关于燕山—太行山片区区域发展与扶贫攻坚规划(2011—2020 年)的批复
四川、重庆	13.国务院关于成渝经济区区域规划的批复
内蒙古、宁夏、陕西	14.国务院关于呼包银榆经济区发展规划的批复
广东、广西	15.国务院关于珠江—西江经济带发展规划的批复
上海、江苏、浙江	16.国务院关于进一步推进长江三角洲地区改革开放和经济社会发展的指导意见
	17.国务院关于长江三角洲地区区域规划的批复
西部地区	18.中共中央 国务院关于深入推进西部大开发战略的若干意见
	19.国务院关于进一步推进西部大开发的若干意见
	20.国务院关于西部大开发"十一五"规划的批复
	21.国务院办公厅关于应对国际金融危机保持西部地区经济平稳较快发展的意见
	22.国务院关于西部大开发"十二五"规划的批复
东北地区	23.中共中央 国务院关于实施东北地区等老工业基地振兴战略的若干意见
	24.国务院办公厅关于促进东北老工业基地进一步扩大对外开放的实施意见
	25.国务院关于东北振兴规划的批复
	26.国务院关于进一步实施东北地区等老工业基地振兴战略的若干意见
	27.国务院关于东北振兴"十二五"规划的批复
	28.国务院关于中国东北地区面向东北亚区域开放规划纲要(2012—2020 年)的批复
	29.国务院关于近期支持东北振兴若干重大政策举措的意见

续表

所在区域	区域文件名称
中部地区	30. 中共中央 国务院关于促进中部地区崛起的若干意见
	31. 国务院关于促进中部地区崛起规划的批复
	32. 中共中央 国务院关于大力实施促进中部地区战略崛起的若干意见
中西部地区	33. 国务院关于中西部地区承接产业转移的指导意见

资料来源：根据中华人民共和国国务院网站和国家发展改革委网站资料等整理。

附表2　2014年全中国各省区主要经济指标数据

地　区	地区生产总值		固定资产投资（亿元）	社会消费品零售总额（亿元）	规模以上工业增加值增速（％）	城镇居民人均可支配收入（元）	农村居民人均纯收入（元）
	现价总量（亿元）	增速（％）					
全国	636463	7.4	502005	262394	8.3	28844	9892
东部							
北京	21331	7.3	6873	9098	6.2	43910	20226
天津	15722	10.0	10490	4739	10.1	31506	17014
河北	29421	6.5	26147	11690	5.1	24141	10186
上海	23561	7.0	6013	8719	4.5	47710	21192
江苏	65088	8.7	41553	23209	9.9	34346	14958
浙江	40154	7.6	23555	16905	6.9	40393	19373
福建	24056	9.9	17912	9026	11.9	30722	12650
山东	59427	8.7	41599	24492	9.6	29222	11882
广东	67792	7.8	25843	28471	8.4	32148	12246
海南	3501	8.5	3039	1091	12.0	24487	9913

地　区	地区生产总值		固定资产投资（亿元）	社会消费品零售总额（亿元）	规模以上工业增加值增速（%）	城镇居民人均可支配收入（元）	农村居民人均纯收入（元）
	现价总量（亿元）	增速（%）					
中部							
山西	12759	4.9	11977	5550	3.0	24069	8809
安徽	20849	9.2	21069	7321	11.2	24839	9916
江西	15709	9.7	14677	5129	11.8	24309	10117
河南	34939	8.9	30012	13836	11.2	24391	9416
湖北	27367	9.7	22492	11806	10.8	24852	10849
湖南	27048	9.5	20575	10082	9.6	26570	10060
西部							
内蒙古	17770	7.8	17431	5620	10.0	28350	9976
广西	15673	8.5	13288	5717	10.7	24669	8683
重庆	14265	10.9	12137	5096	12.6	25133	9470
四川	28537	8.5	22662	11666	9.6	24381	8803
贵州	9251	10.8	8778	2580	11.3	22548	6671
云南	12815	8.1	11074	4547	7.3	24299	7456
西藏	921	10.8	1069	324	6.0	22026	7471
陕西	17690	9.7	16840	5573	11.3	24366	7932
甘肃	6835	8.9	7760	2410	8.4	20804	5736
青海	2301	9.2	2789	615	9.1	22307	7283
宁夏	2752	8.0	3094	673	8.3	23285	8410
新疆	9264	10.0	9058	2280	10.0	22160	8296
东北							
辽宁	28627	5.8	24427	11793	4.8	29082	11191
黑龙江	15039	5.6	9587	6964	2.9	22609	10453
吉林	13804	6.5	11255	6081	6.6	23218	10780

资料来源:根据中经网统计数据库,有关省、市政府工作报告及统计公报等整理。

后　记

　　本书的选题立意、篇章结构及写作在宋晓梧主持下,与武士国、许欣共同讨论确定。许欣承担了大部分章节的资料收集和整理工作,武士国收集整理了部分国外区域协调发展方面的资料,宋晓梧撰写本书绪论并负责全书的修改定稿。

　　三位作者都有从事区域协调发展方面的行政工作经历。本书可以说是作者多年来从事区域协调发展工作经验的提炼升华和对当前区域协调发展面临问题的深层次思考。在回顾和总结新中国成立以来区域发展战略转变的基础上,作者提出了面向经济新常态的区域发展战略:以区域间基本公共服务均等化为主要目标、以构建全国统一的社会主义市场经济为基本准则、合理界定中央与地方的事权财权关系、深化阻碍区域协调发展的相关税收体制改革,在充分发挥"四大板块"各自优势的基础之上,开拓板块与轴带有机结合、国内区域与国际区域有机结合,把"一带一路"、长江经济带和京津冀协同发展作为区域协调发展的三大新支撑带,将大大丰富中国的区域发展战略,形成中国区域协调发展的全新格局。

　　本书如能为研究区域经济的理论工作者提供一点借鉴,为从事区域协